끌리는 얼굴에 숨겨진 비밀

페이스 리딩

끌리는 얼굴에 숨겨진 비밀

페이스 리딩

FACE
READING

김서원 지음

다연
DAYEONBOOK

Prologue

끌리는 얼굴에
숨겨진 비밀

"제 얼굴 어때요?"

나를 처음 만난 사람들이 내게 가장 많이 하는 질문이다. 이 질문은 한 가지 범주 속에서 25년간 쌓아온 내 경력에 대한 관심의 발로일 것이고, 무엇보다 인상학적 측면에서의 자기 얼굴을 궁금해하는 직관적 물음일 것이다. 가끔 피곤한 상태에서 혹은 무례한 사람에게서 무례함이 깔린 이 질문을 받자면, 얼굴을 만지고 얼굴을 고치고 얼굴을 읽는 일을 오랫동안 해왔던 만큼 영락없이 나의 숙명이자 업보라는 생각이 든다.

"선생님 얼굴은 이러저러하니 앞으로는 이렇고 저럴 거예요" 하는 식의 운명론적 관점으로 얼굴을 속 시원하게 말해주고 싶긴 하다. 그러나 25년간 얼굴을 개척론적 관점으로 접근했던 만큼 일단 얼굴에 대한 기초적인 이야기만 해준다. 그러면 질문이 "어떻게 하면 좋은 얼굴을 만들 수 있죠?"로 바뀐다.

얼굴은 '우리의 얼이 머물고 지나다니는 동굴'이다. 얼굴은 주인이 어떻게 노력하느냐에 따라 변화한다. 얼굴의 30% 정도만 타고날 뿐 70%는 후천적 환경이나 노력으로 만들어진다. 마음에 따라 우리 얼굴에 있는 수천 개의 미세한 근육이 아주 세밀하게 움직인다. 경직되고 침울하고 우울한 표정을 많이 지을수록 그런 근육들이 굳어진다. 그 근육들은 얼굴 생김새를 좌우하고 결국 그렇게 자기만의 얼굴로 고착화시킨다.

'활을 만드는 사람이 방패를 만드는 사람보다 착하지 않은 것은 아니다. 화살을 만드는 사람은 어떻게 하면 사람을 상처 나게 할 수 있을까 고민하고, 방패를 만드는 사람은 어떻게 하면 사람을 보호할 수 있을까 고민한다.'

이는 《맹자》의 '시인함인(矢人函人)'에 나오는 것으로, 직업 선택의 신중함을 강조한 말이다. 어떻게 하면 상처를 낼까? 어떻게 하면 보호할까? 이런 생각의 차이에서 짐작할 수 있듯 생각은 행동으로 발산되게 마련이다.

같은 맥락이다. 어떤 생각을 하고 어떤 행동을 하느냐에 따라 얼굴은 바뀐다. 하지만 많은 사람이 얼굴을 미래를 알려주는 '미래욕(未來慾)'의 대상으로 생각한다. 우선 밝히지만 이 책은 얼굴을 화두로 하되, 미래욕에서 출발하지 않는다. 이 책은 얼굴의 강점은 강화하고, 단점은 보강하며, 얼굴로 좋은 인연을 만들 수 있다는 전제로부터 출발한다.

강의를 비롯한 수많은 경험을 토대로 나는 기존 관상학의 길흉화복 관점에서 벗어나 인류의 가장 오래된 생존 과학인 '얼굴심리학'으로써 실생활에서 활용 가능한 인상학 관점으로 이 책을 집필했다. 이 책에는 얼굴에 대한 그간의 연구 성과와 현장에서의 강의 경험들이 고스란히 녹아 있다. 한마디로 이론에 얽매이지 않고 실생활의 사례 위주로 구성된 페이스 리딩의 아주 실질적인 실용서인 것이다.

최근 얼굴에 관한 다양한 연구가 이루어지고 있다. 얼굴을 통해 유전자를 읽음으로써 기질과 속성 분석·근육 변화 및 얼굴 탄력, 색으로 심신의 건강 상태 파악·사회적 관계와 조직에서의 예측 가능한 경영의 길을 분석 및 제시할 수 있게 되었다.

얼굴이 주는 방대한 정보를 기반으로 '얼굴경영학'은 물론 진로 탐색, 고객 응대법, 조직의 인재경영 등 실용적 활용이 늘어났다. 이런 실용성을 체계적으로 정리한 학문이 바로 '인상학'이다. 인상학은 미래를 예언하는 학문이 아니다. 인상학은 현상을 보고 현재를 바꾸고 미래를 만들어가는 실용 학문이다.

우리는 지금 정보가 곧 경쟁력인 시대에 살고 있다. 얼마나 많은 정보를 확보하느냐에 따라 삶이 달라진다. 얼굴은 거짓이 없다. 얼굴 안에는 방대한 데이터가 있다. 얼굴은 오랜 세월 어떻게 얼굴을 관리했고 어떤 마음으로 살았는지에 대한 많은 정보를 제공한다. 이 정보를 바탕으로 우리는 많은 것을 할 수 있다.

이 책에는 얼굴로부터 순수한 정보를 읽어내는 방법이 제시되어 있다. 이 책을 통해 내 얼굴은 물론 고객 등 타인의 얼굴을 분석해보자. 우선 내 얼굴의 정보부터 알아야 한다. 그래야 개선책이 나온다. 고객 등 상대의 얼굴도 마찬가지다. 상대의 얼굴 정보를 읽고 상대가 무엇을 필요로 하고 무엇을 개선하고 싶어 하는지 알고 나면 해결책이 나올 것이다. 이 책은 나의 얼굴, 고객 등의 상대 얼굴, 자녀 진로 등 다양한 정보를 얻고 그것을 활용하는 데 많은 도움이 될 것이다.

끝으로 이 책의 지면을 빌려 감사 인사를 전할까 한다. 국내 인상학박사 1호로서 '얼굴경영'을 주창한 원광디지털대학교 얼굴경영학과장이자 나의 스승이신 주선희 교수님께 감사드린다. 인상학 콘텐츠를 듣고 출간 인연을 만들어준 위드원교육연구소 윤석일 대표님께도 감사의 인사를 드린다. 강의와 집필 때문에 바쁘다는 핑계로 그간 소홀히 했던 두 딸에게 미안한 마음과 고마운 마음을 함께 전한다.

행운의 여신이 미소 짓는 얼굴은 누구나 만들 수 있기에 나는 오늘도 얼굴을 경영한다.

얼굴을 읽어주는 여자
김서원

Prologue

끌리는 얼굴에 숨겨진 비밀 ◆4

Part 1

얼굴을 읽어야 마음을 얻는다

---

01 생긴 대로 사는가, 사는 대로 생기는가 ◆ 14

02 인생의 나침판을 봐야 할 때 ◆ 19

03 성형으로 인생을 변화시킬 수 있나 ◆ 24

04 얼굴을 통해 오장육부를 본다 ◆ 29

05 주름으로 내 마음부터 읽는다 ◆ 35

06 얼굴 속 나이를 읽어보자 ◆ 41

07 얼굴을 넘어 운명을 바꾸는 법 ◆ 46

Part 2
나를 읽는 페이스 리딩과 얼굴경영

Chapter 1 내가 읽는 나의 페이스 리딩

01 많이 듣는 사람이 출세한다, 사람을 움직이는 귀 ◆ 55

02 출세하고 싶으면 이마를 밝혀라, 돈이 들어오는 얼굴의 대문 ◆ 61

03 눈썹이 좋으면 사람이 따른다 ◆ 70

04 거짓말 못하는 마음의 창, 눈이 말한다 ◆ 76

05 부의 메시지, 코 ◆ 83

06 명예가 쌓이는 광대뼈 ◆ 90

07 매력을 발산하는 입 ◆ 96

08 내 주머니 인중, 그 안에 돈이 있다 ◆ 102

09 법령이 확실한 사람은 자기 직업이 확실하다 ◆ 106

10 편안한 노후를 확인하는 턱 ◆ 111

Chapter 2 꼴의 값, 부자가 되는 얼굴의 법칙

01 부자가 되고 싶다면 얼굴부터 읽어라 ◆ 119

02 돈이 들어오는 얼굴, 이렇게 만든다 ◆ 124

03 얼굴로 보는 재테크 투자법 ◆ 131

04 큰 부자들의 꼴의 값, 재벌 3세대 페이스 리딩 ◆ 138

Chapter 3 내 얼굴을 좋게 만드는 습관

01 좋은 얼굴은 좋은 운을 부른다 ◆ 157

02 첫인상을 결정하는 눈썹, 눈썹관리법 ◆ 163

03 복을 부르는 제2의 얼굴, 목소리 ◆ 170

04 습관적인 화장법에서 운이 열리는 화장법으로 ◆ 176

Part 3
상대보다 한 수 먼저 읽는 페이스 리딩과 그 활용

Chapter 1 직업 탐색, 얼굴에 타고난 직업이 있다

01 얼굴이 주는 직업 정보를 읽어라 ◆ 187

02 이과? 문과? 예체능? 무엇을 공부해야 할까 ◆ 192

03 페이스 리딩으로 말하는 내 아이 코칭 ◆ 202

04 얼굴로 읽는 공부의 길 ◆ 211

Chapter 2 인상 마케팅, 매출을 올려주는 고객 얼굴

01 고객의 얼굴을 읽어야 매출이 오른다 ◆ 219

02 이목구비와 행동 분석을 통한 비즈니스 활용법 ◆ 223

03 얼굴 유형으로 보는 고객 마케팅전략 ◆ 229

04 얼굴별 불만 고객 대응법 ◆ 236

Chapter 3 인사경영, 스펙보다 직원의 얼굴을 읽어라

01 기업의 승패는 채용이 가른다 ◆ 243

02 얼굴형에 따른 인재 배치 지도 ◆ 249

03 부서별로 알아보는 적재적소 인사 배치법 ◆ 258

04 이 회사에 합격할 얼굴인가 ◆ 265

Part 4
유명인으로 보는 얼굴의 특징

01 노무현 전 대통령의 관골 ◆ 274

02 마이클 잭슨의 코 ◆ 279

03 프리다 칼로와 재클린 케네디 오나시스의 명궁 ◆ 283

04 마크 저커버그의 성공 이마 ◆ 290

05 희망의 셰프 제프 핸더슨의 마음경영 ◆ 294

06 빈센트 반 고흐의 잘린 귀 ◆ 299

Part 1

얼굴을 읽어야
마음을 얻는다

01

생긴 대로 사는가,
사는 대로 생기는가

"생김새가 운명을 결정할까? 아니면 운명이 생김새를 만들까?"

페이스 리딩을 시작할 때부터 끊임없이 받은 질문이다. 10년이 넘도록 다른 사람의 얼굴경영을 도와주었지만, 이 질문을 받을 때마다 답하기 어려웠다. 시간이 흘러 부족하지만 그동안 쌓은 지식과 경험을 바탕으로 내린 결론은 '자신을 돌아보면 알 수 있다'였다. 이 결론에 큰 도움을 준 책이 있다. 바로 다산 정약용의《상론》이다.

서당에 다니는 무리는 상(相, 얼굴)이 어여쁘고, 목동의 무리는 산란(散亂)하고, 뱃사공이나 마부는 사납고 약빠르다. 대체로 그 익히는 것이 오래되면 그 성품이 날로 변하여 그 마음속으로 생각하고 있는 것이 겉으로 나타나서 상이 변하게 된다. 사람들은 상이 변한 것을 보고 "그 상이 이러하니 하는 짓이 저렇지"라고 하니, 그것은 틀린 말이다. 사람들은 어떤 사람의 상, 곧 관상을 보고, "관상이 저러하니 그런 직업을 택할수밖에 없었다, 혹은 운명이다"라고 하니, 참으로 어리석다.

다산은 생김새와 운명의 관계를 연결 짓지 않는다. 다산이 주장하는바는, 한 인간에게 선천적으로 주어진 운명과 직업은 없다는 것이다. 그사람이 무슨 일을 하는가에 따라 얼굴이 변한다는 주장이다. 아침에 활짝 폈다가 저녁에 시드는 사람도 있고 어제 초췌했다가 오늘은 살이 찐사람도 있다. 그런데 상이라는 것이 어떻게 정해진 것이겠는가?

사람의 상은 외적 조건에 따라 변하게 마련이다. 상이 원래부터 정한운명은 없는 것이다. 다산의 말처럼 누구에게나 기회를 공정하게 준다면 누구나 발전할 가능성이 있다. 또 그런 세상이어야만 신명 나지 않겠는가? 다산은 생긴 대로 노는 것이 아니라 노는 대로 생긴다고 이른다.그 사람이 무슨 일을 하는가에 따라 얼굴이 변한다는 것이다. 다산의 글을 더 읽어보자.

한 아이가 있는데 눈동자가 빛나면 부모는 "가르칠 만하다" 말하면서서적을 사들이고 스승을 정한다. 선생도 "그렇다" 하곤 붓과 먹, 서판을더 주니 아이는 한층 공부에 힘쓰고 날로 부지런해진다. 대부(大夫)가"이 사람은 등용할 만하다" 하고 천거하면 임금 역시 칭찬하고 선발하니 이윽고 재상에 이르게 된다. 거꾸로 아이의 미모(眉毛, 눈썹)가 더부룩하고 콧구멍이 밖으로 드러나기라도 했으면 부모와 사장(師長) 모두양성(養成)하고 협조하기를 위와 반대로 하니 그들이 어찌 제 몸을 귀(貴)하고 부(富)하게 할 수 있겠는가.

사람의 능력과 부의 유무는 타고난 얼굴에 상관없이 후천적인 익힘과 노력에 좌우되고, 상 또한 무엇을 어떻게 익히느냐에 따라 점차 달라진다는 주장이다. 다산은 그런데도 세상 사람 대부분이 외관만 보고 "얼굴이 그러하니 공부를 시켜야 하고, 생긴 게 그러하니 형세도 그렇다"고 한다며, 이는 실로 잘못된 일이자 어리석기 짝이 없는 노릇이라고 말한다.

요즘은 생긴 대로 산다는 운명론적 관점을 뒤집어 사는 대로 생긴다는 개척론적 관점에서 인상학을 말한다. 인상(人相)은 우리가 흔히 보는 관상(觀相)과는 다르다. 관상이란 얼굴의 고정된 모습에서 운명을 초년, 중년, 말년으로 나누어 개략적으로 읽는 것이다. '얼굴이 그렇게 생겼으니까 그렇게 산다'는 식이지만, 인상이란 '그렇게 사니까 얼굴이 그렇게 생긴다'라는 것. 즉, 관상이 콘크리트처럼 굳어져 변할 수 없는 것이라면 인상은 좋은 얼굴을 가지기 위해 어떤 마음가짐, 어떤 생각, 어떤 행동을 가져야 하는지를 인도해주는 것이고 노력 여하에 따라 얼마든지 달라질 수 있는 것이다. 따라서 인상만 바꾸면 운명까지 바꿀 수 있다는 미래지향적 특징을 지닌 것이 인상학이고 그게 바로 '페이스 리딩'이다.

아울러 인상학에서 인상이란 '사람(人)과 사람 사이에서 서로(相) 소통의 역할을 해주는 것'이며, 마주한 상대가 있기 때문에 시간과 장소에 따라 달라질 수 있다. 즉, 얼굴을 읽는 사람의 컨디션이나 분위기에 따라 달라진다는 말이다.

얼굴은 태어날 때 모습을 그대로 유지할 수 없다. 사람의 얼굴은 그가 사는 방법과 환경에 따라 표정이 형성되고 근육의 변화를 가져와 그

속에 본인의 운명과 삶의 방향 등을 담아낸다. 어떤 인생관을 가지고 살아가느냐에 따라 인상이 변하며, 또 거꾸로 인상이 변하면 삶의 방향도 변한다.

얼굴은 주인의 노력 여하에 따라 변화한다. 얼굴의 30% 정도가 타고나지만 70%는 후천적 환경이나 노력으로 만들어진다. 마음에 따라서 사람의 얼굴에 있는 아주 미세한 수천 개의 근육이 매우 세밀하게 움직인다. 경직된 표정, 침울한 표정, 우울한 표정을 많이 지으면 그에 해당하는 얼굴 근육이 활성화되어 굳은 인상이 되기 쉽다. 한편 즐거운 표정, 행복한 표정, 밝은 표정을 자주 짓는다면 그에 해당하는 얼굴 근육이 활성화된다. 이처럼 어떤 근육을 사용하느냐에 따라 자기 얼굴의 생김새가 결정되고 자기만의 얼굴이 만들어진다. 이왕이면 좋은 생각과 가치관, 밝고 에너지 넘치는 표정을 내 표정으로 만드는 게 낫지 않을까?

사람과 사람 사이에서는 첫인상이 아주 중요하다. 처음 보았을 때 드러나는 나의 표정들로 인해 상대방이 어떤 느낌을 받는가가 중요하다. 힘들고 지쳐도 애써 밝은 표정을 짓고, 아무리 스트레스 받고 짜증나는 일이 있어도 얼굴만큼은 좋은 인상 유지를 습관화하자. 그러다 보면 밝은 표정들이 나의 인상이 될 것이다.

살아온 배경, 지금의 가치관, 직업, 감정 등 모든 것이 사람 인상에 담겨 드러나게 마련이다. 마음 따라 얼굴값을 한다는 말이 괜히 나온 말이 아니다.

생각은 말을 만들고, 말은 행동을 만들며, 행동은 습관을, 습관은 인격을 만든다. 인격이 달라지면 상이 바뀌고 운명도 바뀐다. 긍정적인 마음을 갖고 인상을 잘 관리하여 어제의 마음이 오늘의 얼굴이 되고, 오늘의 마음이 내일의 얼굴이 된다는 생각으로 꾸준히 노력하면 언젠가는 분명히 좋은 상을 갖게 될 것이다.

지금 어떤 얼굴을 가지고 있든 그것이 당신의 얼굴이다. 따라서 얼굴 때문에 운명을 비관하며 살 필요도 없다. 충분히 노력으로 만들어질 수 있다. 그래서 첫 질문의 답을 '자신을 돌아보면 알 수 있다'로 정한 것이다.

02
인생의 나침판을
봐야 할 때

새해가 밝으면 북적거리는 업종이 몇 가지 있다. 그중 하나가 점(占)집이다. 유명한 점집은 말할 것도 없고 인터넷 점집 사이트도 새해가 시작되는 시점에는 사람이 몰린다. 우리는 '현재'밖에 살 수 없는 존재로 '미래'는 우리 영역이 아니다. 그럼에도 미래를 알아내고 예상하기 위해 다양한 방법을 동원한다. 이 미래욕은 사람이 가진 원초적인 욕구이다. 동서고금을 막론하고 미래를 읽는 수만 가지 방법이 발명된 것이 미래욕이 원초적 욕구라는 방증이다.

전문가들은 미래를 알기 위해서는 세 가지 기본기술이 있어야 한다고 말한다.

첫째, 방대한 정보 수집 기술이다.

미래는 하나의 사건, 한 명의 인물로 일어나지 않는다. 다양한 요소가 복합적으로 작용해 일어난다. 방대한 정보가 있어야 단편적으로 보지 않고 복합적으로 보고 미래를 읽을 수 있으며, 그 적중률 또한 높다.

둘째, 일정한 패턴 파악 능력이다.

겨울이 오면 봄이 오고, 밤이 오면 낮이 오는 것처럼 꾸준한 관찰로 일정한 패턴을 찾는다면 미래를 읽을 수 있다.

셋째, 발달된 직관력이다.

직관력은 신(神)의 모습과 동물의 모습을 동시에 갖춘 인간이 신적인 모습을 보일 때 나온다. 직관력을 기르기 위해선 주색(酒色)을 피하고 명상을 하는 등 스스로 정화하는 시간이 많이 필요하다.

얼굴을 생각해보자. 얼굴은 과거와 현재의 모습을 담고 있을 뿐 미래를 읽을 수는 없다. 하지만 얼굴이 주는 과거의 다양한 정보를 토대로 앞으로 나아갈 방향은 가늠해볼 수 있다. 얼굴 안에 과거와 현재의 방대한 정보, 그리고 방대한 정보를 바탕으로 한 일정한 패턴이 나타나므로 앞으로의 모습을 읽을 수 있는 것이다.

최근 얼굴에 관한 다양한 연구가 이루어지면서, 얼굴이 주는 방대한 정보를 토대로 한 '얼굴경영학', 진로 탐색, 고객 응대법, 기질 파악 등 실용적 활용이 늘어났다. 실용성이 늘어났다는 것은 원초적 미래욕이 아닌 최적화된 방향을 알려주는 실용 학문적 측면이 부각되었다는 의미다. 그래서 얼굴을 미래 예언 도구가 아니라 '인생의 나침반'이라 칭한다.

강의가 끝나면 남녀노소 할 것 없이 호기심 가득한 눈으로 나에게 말을 걸어온다. 얼굴경영을 강의했으니 '내 얼굴'에 담긴 '내 미래'를 읽어달라는 요청이 태반이다. 심지어 누구는 "내년 3월에 사업을 시작하는데 잘될까요?", "우리 딸 사진인데 이번에 수도권 대학에 갈 수 있을까요?" 등 구체적인 창업 날짜나 합격 여부를 알려달라는 사람도 있다.

얼굴경영이 관상학과 겹치는 부분이 있기에 호기심 가득한 수강생들의 마음은 충분히 이해한다. 하지만 얼굴경영의 참의미는 예언이 아니다. 얼굴에 담긴 성향이나 기질을 읽고 자신의 장점을 파악해 극대화하는 것이다. 즉, 최적화된 방향을 알려주는 게 얼굴경영이다.

지금 대학생들의 최대 화두는 단연 '취업'이다. 대학에서도 교양보다는 취업 중심으로 강의를 요청한다. 대학생 취업 강의는 이미지 컨설팅과 진로 탐색 두 가지로 나뉜다. 이미지 컨설팅은 얼굴에 맞는 화장법, 컬러 진단 등 당장 써먹을 수 있는 내용이라 집중도가 높은 편이다. 반대로 진로 탐색 및 설계는 집중도가 천차만별이다. 특성화된 과를 다니는 학생이나 가고 싶은 방향이 확실한 학생은 재미로 수업을 듣는 경우가 많다. 반면 방향을 정하지 못한 학생은 강의에 진지하게 참여한다.

2014년 취업 통계에 따르면, 대졸 취업자 10명 중 7명은 3년 내로 이직한다고 한다. 이직 원인 중 상위권에 속하는 이유가 '적성에 안 맞아서'다. 그만큼 자기 적성을 찾기란 어려운 일이다. 반대로 적성을 일찍 찾은 사람은 20대 때 타의 추종을 불허하는 성과를 토해낸다. 그만큼 자기 적성을 찾는 일은 개인의 성공은 물론 사회 공헌에도 중요한 일이다.

10대 때 학과 선택 시기나 취업 시기 때 자기 적성을 잘 파악하였다면 이직률은 낮아지고 직업에 따른 자기 만족도는 높아질 것이다. 적성을 찾아내기 위해 다양한 테스트를 거치면서도, 정작 과거의 무수한 정보가 담긴 얼굴을 보고 자기 적성을 진지하게 알아내려는 시도는 드물다.

얼굴경영을 외치는 사람으로서 안타까울 뿐이다. 일찍이 얼굴로 자기 적성을 찾는다면 개인의 삶은 이직에 따른 각종 비용도 아낄 수 있다.

　세계 피겨스케이팅 역사를 새로 쓴, 천재 김연아 선수의 얼굴을 삼등 분해보자. 이마가 좁아 힘든 운동과 싸운 시간들이 보이고 이마에 잔털이 많아 감수성이 풍부하고 끼가 많다. 즉, 예체능에 재능을 보이는 이마다. 공부보다는 스케이팅에 발군의 실력을 보이는 인상학적 특징을 보인다.

　그녀의 매력 포인트는 성형하지 않은 외까풀 눈, 양쪽의 찢어진 눈은 인상학적으로 자기 자신과의 싸움에 강한 눈이다. 눈 앞머리는 꽤 날카롭고 예리하게 관찰하고 잘 기억하고 습득하여 그대로 표현해내는 능력이 있다. 가로로 긴 눈과 다소 올라가 시원하고 신비로운 느낌을 주는 눈꼬리는 지기 싫어하는 욕심, 자신과의 싸움에서 견뎌내는 힘을 나타낸다. 눈앞의 일보다 멀리 보고 계획을 세우는 일을 잘한다. 어지간한 일엔 흔들리지 않는 성격이다. 눈에 쌍꺼풀은 없지만 눈동자가 큰 편이라 감성이 풍부한 편이다.

달걀형의 얼굴, 둥글고 높은 이마, 가로로 긴 눈매는 전형적인 동양미인의 얼굴이다. 뾰족하지 않고 적당히 두둑하면서 높은 코와 통통한 볼은 귀티가 난다. 볼록하게 잘 솟은 광대뼈는 사회적 명예도 이룰 수 있다. 입은 구각(口角, 입꼬리)이 잘 조여져 있고 입꼬리에 긴장감이 있다. 어금니를 다물기만 해도 바깥으로 당겨지면서 특유의 야무진 얼굴 표정이 나온다. 갈매기 입술로 말도 잘하고 재물도 잘 챙기는 입으로, 눈에서 계산 없이 베푼 것을 입에서 잘 마무리한다. 운동선수로서 관리를 철저히 하는 야무진 입을 가졌다.

그녀는 얼굴을 보고 직업을 선택한 사례가 아니다. 하지만 진로 선택을 앞둔 사람이 얼굴 정보를 알고 직업 선택에 적용시킬 수는 있다. 이 직업이 꼭 '맞다, 안 맞다'가 아니라 과거에 쌓아온 정보를 바탕으로 일정한 패턴을 찾고 진로 탐색에 적용하는 일이 얼굴경영의 일이다.

얼굴은 인생의 나침반이다. 얼굴로 나의 과거를 읽고, 수천 년간 쌓은 일정한 패턴을 가지고 최적화된 직업을 제시해준다. 또한 얼굴은 나를 망치는 습관이 무엇인지도 보여준다. 즉, 진단이 가능하다는 말이다. 진단이 내려져야 치료도 가능하듯 얼굴로 잘못된 습관을 진단하여 인상을 바꿀 수 있다. 이처럼 얼굴경영은 실용적이다.

얼굴이 주는 정보를 활용해 최적화된 결정으로 내가 가진 '그 무엇'을 극대화하는 얼굴경영을 활용해보자. 이제 내 몸에 있는 인생 나침반을 들여다볼 때다.

성형으로
인생을 변화시킬 수 있나

　많은 시청자에게 사랑받은 채널 스토리온의 〈렛미인〉은 외모로 고통받는 이들을 위한 메이크오버쇼다. 성형 전문가는 물론 심리 전문가, 패션 전문가 들의 도움을 받아 사연을 지닌 사람들이 새로운 삶을 시작할 수 있도록 도와준다. 방송을 통해 소개되는 주인공들의 극적이고 감동적인 사연도 눈길을 끌지만, 무엇보다 시청자들이 가장 관심을 갖는 것은 몰라보게 예뻐진 렛미인 성형수술 지원자들의 변화다. 성형을 통해 몰라보게 달라진 외모를 보고 모두들 감탄한다. 나 역시 인상학을 공부하는 사람으로 전·후 비교 사진을 볼 때 전율이 올라올 때가 있다. 하지만 내 눈에 더 들어오는 건 렛미인 주인공들의 자신감과 사회성이다.

　강의를 나가면 "이런 부분이 있는데 성형을 해야 합니까?" 하는 질문을 자주 받는다. 나는 자기 얼굴에 자신이 없거나 편견을 줄 만한 인상 때문에 손해를 입는 경우라면 성형수술을 권한다. 성형수술을 통해 자신감을 회복하고 더 나은 생활을 할 수 있다면 개인과 상대방 모두에게 좋은 일이다. 하지만 꼬이는 자신의 운명, 실패와 불행의 원인이 마음에 들지 않는 신체의 한 부위 때문이라고 생각하거나 수술로써 생활이 나아지리라는 기대를 하고 있다면 성형수술을 말린다.

눈과 얼굴은 고쳐도 눈빛과 기상(氣像)은 바꿀 수 없다. 에너지를 바꿀 수 없다면 10년 후 다시 원위치로 돌아온다. DNA는 성품을 가지고 있으니 마음과 행동에 따라, 근육의 이완과 희로애락의 감정에 따라 본연의 모습으로 온다는 것이다. 즉, 마음이 얼굴에 반영된다.

한평생 사는 동안 사람의 얼굴이 몇 번은 변한다고 한다. 나의 마음가짐과 생활 태도에 따라 얼굴의 품위와 특성이 정해진다. 성형수술처럼 하루아침에 달라지는 것은 아니지만 10년, 20년이 지나는 동안 변화가 온다. 자신의 삶에 따라 아름다운 얼굴도 추한 얼굴도 될 수 있으니, 아름다움은 마음에서 우러나오는 것이라고 하겠다. 문제는 얼굴 모양이 달라진다고 인상이 달라지는 것은 아니라는 점이다. 성형수술로 얼굴은 바꿀 수 있어도 인상은 달라질 수 없다. 그럼 어떻게 인상을 바꿀 수 있을까? 답은 고유성과 자신감에 있다.

고유성과 자신감. 가장 대표적인 사람이 배우 K다. K는 참 연기 잘하는 배우다. 성형 이전 그녀의 턱은 턱과 입 쪽이 뚱한 느낌을 주는 듯 약간 돌출해 있었다. 예쁘다기보다는 그 모습이 오히려 대중들에게 묘한 매력으로 어필할 수 있었다. 그런 모습이 그녀의 연기력과 어우러져 뛰어난 배우로 성장했다. 그런데 주변의 권유로 치아 교정을 하고 있던 중 교정틀을 빼야 출연 가능하다는 작품이 있었다. 교정틀을 빼고 작품에 들어갔는데 그로 인해 잇몸이 망가졌다. 빨리 복구할 방법을 찾던 중 알게 된 게 발치 교정이었다. 교정 후 샐쭉한 하반으로 예전의 뚱한 듯한 그녀의 매력이 사라져버렸다. 교정 이후 그녀가 출연한 영화나 드라마 자체가 실패의 요인을 안고 있었는지는 모르겠으나 그녀의 매력 포인트가 빠져버린 얼굴이 인기 하락의 요인임을 결코 부정하긴 힘들겠다.

반대의 예도 있다. 모 지역구 시의원 Y는 정치를 꿈꾸었던 시절 답답한 마음에 점집을 갔다. 점집에서 눈이 고라니 눈 같아 기운이 사납다는 말을 들은 Y는 눈 트임 성형수술을 고민했다. 주변에서는 생긴 대로 살지 뭣하러 수술하느냐 핀잔을 주었지만 정치 입문이 절실했기에 결국 수술을 감행했다. 사나운 인상에서 부드러운 인상으로 바뀌자 Y는 자신감이 생겼고 더욱 활발하게 활동하며 자신의 포부를 말하고 다녔다. 그리고 지방선거에서 당선되었다. 눈 트임 수술이 정치와 연관 있다 할 수는 없지만 분명한 건 Y의 자신감을 끌어올렸다는 사실이다. 또한 얼굴이 아닌 자기 내면의 심성과 포부로 고유성을 확보할 수 있었다.

성형으로 달라진 얼굴에 따라 운명이 바뀌기도 하는데 운기(運氣) 면에서 안 좋은 것이 60%다. 대개 얼굴이 납작하면 납작한 대로 균형이 맞아서 자연스러워 보이는데 누구의 코나 누구의 눈처럼 만들고 싶어서 성형을 하기 때문에 자신의 얼굴형이나 전체 부위와 균형이 맞지 않는 경우가 많다. 차라리 눈, 코, 입, 이마, 턱을 다 하면 균형이 맞는다. 얼굴이 균형이 맞아야 하는데 한 부위만 고치면 균형이 안 맞는 게 당연하다. 얼굴이 작은 사람이 눈, 코, 입이 작다면 균형과 조화가 잘 이루어진 것이고 마찬가지로 얼굴이 큰 사람이라면 눈, 코, 입이 커야 균형과 조화를 이룰 수 있다.

눈이나 코 혹은 턱을 성형하여 그 모양이 바뀌더라도 그 사람의 성격과 체질 자체가 바뀌지 않는 한 시간이 지나면 얼굴은 본래의 모양과 비슷해지고 만다. 특히 눈과 입가의 표정은 원래대로 돌아가기 쉽다. 성형 기술이 아무리 뛰어나도 눈동자까지 고치기란 어렵다. 쌍꺼풀 수술을 했어도 눈동자의 움직임은 변하지 않는다. 입가의 표정도 주변의 형태는 바뀌어도 입 모양과 말할 때의 표정은 쉽게 바뀌지 않는다. 즉, 아무리 성형을 해도 주위에 자신을 힘들게 하는 사람이 있다면 몇 년 안에 좋은 얼굴이 아닌 다른 인상이 되고 만다.

성형수술로 좋은 인상이 만들어졌더라도 예전의 생활 습관과 본인의 성격이 그대로인 이상 본래의 얼굴은 바뀌지 않는다. 뇌는 많이 사용한 근육을 기억하기 때문에 인상을 자주 찌푸린 사람의 경우 이 부분의 근육이 발달한다.

우리의 인상과 삶은 고정된 것이 아니다. 어떻게 사느냐에 따라 끊임없이 변한다. 결과는 자기 자신에게 달렸다. 얼굴에 자신감이 있고 위축되지 않으며 적극적인 자세를 취하다 보면 대인관계도 자연스럽게 좋아지고, 그것이 자신의 운을 좋은 방향으로 바꿔주는 것이다. 중요한 것은 자신감 회복이라는 '심리적 측면'의 작용이다.

사람은 개개인의 고유한 개성과 분위기가 있다. 타인에게 인상을 심어주는 데 표정이 중요하기 때문에 많이 웃고 즐겁게 살아서 좋은 얼굴색을 가져야 매력적으로 보이고 유능한 느낌을 준다. 성형을 했거나 탄력이 없으면 결코 매력적일 수가 없다.

인상도 중요하지만 소통은 주로 목소리로 하기 때문에 좋은 목소리를 갖추는 것도 중요하다. 듣기 좋은 목소리는 능력 있어 보이게 하고 신뢰감을 준다. 그러니 성형만 한다고 만사가 달라지는 게 아니다. 거기에 수반하는 다양한 조건을 겸비해야 좋은 상이 형성된다.

미켈란젤로가 성전에 그려 넣을 예수와 유다의 모델을 찾아 오랜 세월을 보내며 완성했다. 그런데 선한 예수와 악한 배신자 유다의 모델이 한 사람이었다. 이에 비추어봤을 때 좋은 생각, 좋은 마음을 가지면 언제나 예뻐지고 아름다워지며 행복해지는 게 아닐까 싶다.

혹시 성형을 하더라도 너무 욕심부리지 말고 전체적으로 균형과 조화를 살펴가며 해야 한다. 집으로 따지자면, 재건축이 아닌 리모델링 정도만 하는 게 좋다.

최근에는 취업을 위해 성형수술을 서슴지 않는다는 이야기가 많이 들린다. 그들에게 얼굴 성형보다 마음 성형을 권하고 싶다. 성형으로 운명을 변화시키기보다 심성을 바로잡아 얼굴의 인상을 바뀌게 하는 것이 훨씬 좋다. 긍정적인 사고를 갖고 자주 웃는 게 일차적 성형이 되어야 한다. 지금 당장 날이 선 눈매를 풀고 입꼬리를 올려보자. 그것이 진정한 운명을 바꿀 가장 확실한 성형 아니겠는가!

04

얼굴을 통해
오장육부를 본다

흔히 안색(顏色)이 안 좋은 사람에게 "어디 아프세요?"라고 묻는다. 비록 그 사람의 이런저런 구체적 사정은 알 수 없어도 안색 하나로 몸 상태를 짐작할 수 있다.

정말로 안색이 몸 상태를 대변할까? 정답은 '그렇다'이다. 실제로 안색이 나쁘면 몸 어딘가가 아픈 경우가 많다. 사람의 얼굴은 오장육부의 거울이기 때문이다. 몸 어딘가에 병이 들면 반드시 얼굴에 나타날 수밖에 없다.

지구가 오대양 육대주로 이루어졌듯이, 사람의 몸도 오장육부로 이루어져 있다. 얼굴은 모든 세포와 경락 그리고 오장육부와 연결되어 있다. 이런 이유로 장기(臟器)의 상태에 따라 얼굴색이 변한다. 인상학에서는 이를 가리켜 '찰색(察色)'이라고 한다. 그렇다면 찰색, 즉 얼굴색을 좋게 만드는 방법도 있지 않을까?

피부가 하얀 사람 중에 건강한 얼굴색은 우윳빛이다. 분필가루처럼 '하얗다'든지 죽은 이처럼 창백하다면 좋지 않다. 피부가 노란 사람은 얼굴색이 하얀 찰밥에 조를 얹어놓은 듯한 빛깔이어야 좋다. 누런색은 좋지 않다. 피부가 붉은 사람은 소주 한 잔 정도 마신 화사한 색이어야 좋다. 소주를 다섯 잔 정도 마신 색이거나 화가 나서 올라온 듯한 색이면 좋지 않다. 얼굴이 검은 사람은 햇볕에 잘 그을린 듯한 구릿빛이어야 좋다. 속이 썩어서 올라오는 담배 연기 같다거나 검은색 흙먼지를 발라놓은 것처럼 거뭇거뭇해서는 좋지 않다.

그럼 얼굴로 건강을 체크하는 방법을 살펴보자.

우선 아침에 일어나면 얼굴의 색과 윤기를 체크해야 한다. 기색을 살필 때는 명궁(命宮, 미간)을 집중해서 봐야 한다. 기색은 일출과 동시에 얼굴의 명궁 부위에 그 색을 보인다. 낮에는 코끝에 나타나 얼굴 전체로 퍼지고 밤이 되면 그 기(氣)가 오장육부로 스며든다. 아침에 밥을 먹으면 혈액순환이 되기 때문에 색깔의 변화는 밥 먹기 전에, 즉 일어나자마자 명궁의 색을 살펴야 한다.

명궁은 사람의 기분을 요약해서 보여주는 부위로 '인체의 기상도'라고 한다. 기상도가 하늘의 날씨를 잘 보여주는 것처럼 명궁은 사람의 기분을 잘 나타내는 부위이다. 기쁠 때는 명궁이 환해지고 슬플 때는 명궁이 찌푸려진다. 웃을 때나 울(哭) 때나 모두 명궁에 표현이 되니 잘 살피면 현재의 상태를 알 수 있다. 아침 하늘에 먹구름이 짙게 끼었다면 우산을 준비할 것이다. 명궁에 먹구름이 낀 것처럼 색깔이 흐리다면 뭔가 좋지 않은 일이 생길 수 있다. 명궁이 흐리다면 오늘의 바이오리듬이 좋지 않다는 의미로 해석한다.

찰색 정도에 따라 우리의 상태를 읽을 수 있다. 지금 배가 고프다고 생각하면 간절한 눈빛이나 누렇게 뜬 얼굴색이 나타난다. 배고프다는 생각이 눈빛으로 나타나고 시간이 지나면 색의 변화로 나타나며, 세월이 흐르면 다시 얼굴 부위의 살이 빠지는 현상으로 나타난다.

가령 신경 쓰는 일이 많다면 수시로 위에서 산이 나와 위장에 부담을 준다. 그럼 코 중앙 부분이 어두워진다. 눈밑이 검으면 신장에 문제가 있다고 본다. 피곤하면 얼굴에 검은색이 올라온다. 명궁에 검은빛이 돌면 두뇌 활동이 원활하지 않으니 시험운이 좋지 않다고 본다. 또한 이마 부위에 검은색이 돌면 금전운이 나빠지고 있는 것이다.

눈두덩은 스태미나, 눈밑살은 애정, 눈꼬리 옆은 부부관계를 가늠해 볼 수 있다. 눈밑과 콧방울은 돈과 상관없이 몸이 힘들면 색이 어두워지는 부분이다. 콧방울 옆은 신문지로 코를 푼 듯한 색이거나 숨을 몰아쉬어서 거의 멍든 상태가 되면 좋지 않다. 이런 색이 눈밑에서 머물지 않고 이곳저곳 나타나고 이마까지 올라가면 돈 못 벌고 집에 있어야 되는 색이다.

뺨은 수시로 색깔이 변한다. 고운 분홍빛이 돌면 연애를 하거나 일이 잘되고 있다는 증거다. 위가 상하면 대개 뺨이 붉어진다. 피부가 희더라도 뺨에 윤기가 없고 붉은색이 올라와 있다면 화가 계속 나 있거나 속이 상한 상태라는 의미다. 속이 상하면 그 상한 기운이 얼굴로 올라오는 것이다. 또한 현재 사람들과의 관계에 불평불만이 가득한 상태다. 위나 간의 신진대사가 원활하지 않을 때, 한마디로 억울하다고 느끼고 흥분

할 때 나타나는 색이다. 이럴 때는 마음을 안정시키고 다듬는 작업이 필요하다. 빠른 시간 내에 나빠진 찰색을 되돌리지 않으면 찰색이 머문 시간만큼 어떤 때는 더 많은 시간을 들여야 겨우 원래대로 되돌릴 수 있다. 그날 일은 그날 가슴에서 응어리를 풀고 잠자리에 들어야 좋은 찰색을 유지할 수 있다.

찰색은 비단 건강진단뿐만 아니라 운기와도 연결된다. 얼굴색이 좋지 않은 사람은 일도 잘 안 풀린다. 따라서 담배 연기 같은 색깔이 보인다면 주의를 기울여야 한다. 그 찰색을 빨리 보내버리기 위해 노력해야 한다.

이마에 먹구름이 낀 것처럼 거뭇거뭇하면 직장인의 경우, 상사와의 관계가 원만하지 않아 가슴을 끓이고 있다고 보면 된다. 턱 주위에 어두운 색이 있거나 뾰루지가 나면 부하 직원과 트러블이 생기기 쉬우므로 마음을 잘 다스려 언짢은 일이 생기지 않도록 미리 주의해야 한다.

얼굴색이 변하는 것은 하루아침에 이루어지는 것이 아니라 오랜 시간에 걸쳐서 진행된다. 심성이 오장육부의 변화를 가져오고 오장육부의 변화는 얼굴 전반에 걸쳐서 찰색이나 뾰루지 등으로 나타나는 것이다. 따라서 매일 아침과 저녁, 거울을 보고 자신의 얼굴을 살펴 기와 색을 판단해야 한다. 기색이 어두워지지 않았는지 살피고, 기색에 무엇인가 부족한 것이 보인다면 이는 마음에 문제가 있는 것이니 그 마음을 바꾸려고 노력해야 한다.

얼굴색이 좋다는 의미는 사람과 상황에 따라 다르다. 거지가 그날 찰색이 좋으면 동냥이 잘된 것이고 사업가라면 원하는 계약을 체결하여 큰돈이 들어온다거나 한다. 찰색은 실시간 마음 상태, 환경 상태에 따라 바뀐다. 아무리 찰색이 좋아도 보름만 아파버리면 얼굴에 어두운 색이 올라온다.

얼굴이 평소보다 창백하면(허옇게 뜬 색) 놀랄 일이 있을 것이다. 그럴 때에는 기혈을 통하게 하는 활동을 하면 된다. 그 색을 보내버리면 그 일도 오지 않는다. 반대로 얼굴에 돈이 들어오는 색이 오면 가서 달라고 하지 않아도 돈을 받을 수 있다. 현재 돈, 운이 안 들어오는 색이라면 좋은 생각을 하고 편안한 마음으로 좋은 찰색을 만들어 그런 기운을 불러 들여야 한다.

이목구비, 즉 얼굴의 생김새보다 찰색이 우선이다. 찰색은 현재의 운을 나타낸다. 단, 현재 찰색이 좋은데 뺨 자리가 너무 들어갔다든지 좋지 않은 부분이 있다면 현재는 좋으나 해당 나이에 새로운 일을 벌였을 때 잘되지 않는다고 본다.

인중부터 코까지 색이 환하면 돈이 들어올 징조다. 돈이 들어와도 남들 모르게 들어오면 인중에서 턱까지 색은 껌껌하고 나머지 부분은 빛이 환하다. 남들에게 알려서 축하받고 덕담을 들으면 속이 편안해져서 위장, 소장, 대장, 입 주위와 뺨 색이 환해진다.

마의(麻衣) 선생의 관상학이 구전으로 전해오던 것을 송나라 때 제자 진박이 체계적으로 저술한 책《마의상법(麻衣相法)》에 따르면, 아무리 힘든 일이 있어도 절망하는 기색이 없고 희망적인 기색을 내보이는 사람은 나중에 반드시 일어선다고 했다. 지금 처지가 힘들다고 이마에 내 천(川) 자를 그리고 얼굴을 우는 것처럼 찡그리고 습관적으로 한숨을 내쉬며 절망적인 낯빛으로 지내면 다시 일어서지 못한다. 자신의 마음이 편하고 건강해야 좋은 색이 올라온다.

행운이 들어오는 명궁을 열어놓고 있어야 행운이 우리 집이라 생각하고 들어온다. 엉겁결에 들어왔다가도 미간이 닫혀 있으면, 아 내 집이 아니네, 하고 나가버린다. 근심이나 걱정거리와 맞대면하러 나가야 하는 날이라도, 어떤 걱정이든 밝은 마음을 방패 삼아 막아내겠다는 마음가짐으로 나선다면 그날 밤은 다시 감사하는 마음으로 잠드는 하루가 될 것이다.

편안한 마음을 갖고, 그 가운데 사람을 대하고, 충분하게 휴식을 취하며 즐겁게 살다 보면 얼굴에 화색이 돌게 마련이다. 얼굴색은 그 사람의 현재 심성을 말한다. '모든 질병의 원인은 마음에 있다'고 말하는 것도 이와 관련되어 있다. 마음의 병을 다스리지 못하면, 몸의 병으로 번진다. 그리고 이러한 변화가 가장 먼저 나타나는 곳이 바로 얼굴이다. 뭔가 좋지 않은 일에 대비해서 마음을 삼가고 자중하는 자세로 하루를 사는 것이 바람직하다.

오늘부터 세안 뒤 자세히 내 얼굴을 들여다보자. 내 얼굴은 어떤 행운을 불러오는 색일까?

주름으로
내 마음부터 읽는다

'40세가 되면 자신의 얼굴에 책임을 져야 한다'는 말이 있다. 즉, 자신이 어떻게 살아왔는지가 얼굴에 나타난다는 말이다. 더욱 깊게 들어가자면, 얼굴에 생기는 주름은 그 사람이 어떤 표정을 주로 지으면서 살아왔느냐와 관련되어 있음이다.

얼굴은 표정 근육이라 개인마다 평소 많이 사용하는 근육을 어떻게 움직이느냐에 따라 주름이 다르게 나타난다. 인생의 희로애락이 담긴 주름을 보면 그 사람의 성격을 읽을 수 있다. 이렇게 얼굴에 하나둘씩 자리잡아가는 주름은 '세월의 훈장'이지만, 나이 들어 보이는 것임에는 확실하다. 또한 주름이 어느 부위에 있느냐에 따라 이미지가 달라지므로 어떻게 하면 주름을 없앨 수 있을지 고민해볼 필요가 있다.

얼굴에 주름이 많으면 그 사람의 인생이 고달팠음을 대변하는 것은 물론, 좋은 기운을 막아 앞날을 어렵게 만든다는 인식이 있다. 흔히 얼굴 주름은 나이가 들어 생기는 자연스러운 것이라고 생각한다. 그러나 평소 얼굴을 찡그리는 습관 때문에 생기는 경우도 많다. 주름 중에는 인상을 해치는 주름이 있고 그냥 두는 편이 훨씬 나은 주름도 있다. 인상학적으로도 주름이 생기는 위치나 주름 모양에 따라 다양한 해석이 나온다. 그래서 얼굴로 마음을 읽을 때 주름 형태를 가장 주의 깊게 보는 것이다.

수많은 배우의 사진을 분석해본 일이 있다. 악역 전문 배우는 미간의 세로 주름이 많고 선한 역할만 하는 배우는 주름이 훨씬 많다. 악역은 다양한 감정을 표현하는 일이 적고 인상 쓰는 장면이 많기 때문이고, 착한 역할은 희로애락의 다양한 감정 표현을 하기 때문이다. 사람의 다양한 표정 중에서 미간을 찌푸리는 표정은 뭔가 불만이 있다는 것이다. 찰스 다윈은 저서 《인간과 동물의 감정 표현(The Expression of the Emotions in Man and Animals)》에서 눈썹 사이에 주름을 짓게 하는 이 근육을 '불만근육'이라고 불렀다.

나이가 들어서 옆으로 누워 자느라 생기는 주름도 있다. 나이가 들면 콜라겐이 빠져서 눌린 근육이 잘 안 올라온다. 젊은 사람이 미간에 주름이 있으면 허리가 아픈 경우가 많은데, 앉았다 일어났다 할 때마다 아프니 인상을 쓰는 것이다.

미간에 주름이 세 개 있으면 열심히 하려고 따지고 깊이 파고드는 유형이 많다. 이해가 안 되면 끝까지 하려고 밤새워 안 자고 하다 보니까 생기는 경우가 대부분이다. 또한 몸이 안 좋고 짜증이 나고 일이 힘들어서 생기기도 한다. 미간에 깊은 주름이 생겼다면 고민이 많은 예민한 성격으로, 일이 해결되지 않으면 발을 동동 구르는 스타일이다. 지나치게 진지한 사람, 또는 승부욕이 강한 유형 또한 마찬가지다. 꼭 이길 수 있다 또는 꼭 이겨야 한다 같은 자세를 가지고 있으니 내 천 자 모양의 미간 주름이 깊어진다.

미간은 현재와 미래의 운세에 강한 영향력을 행사하기에 중요한 곳이다. 미간에 주름이 많을수록 심적 갈등이 많고 재산이 흩어진다고 한다. 평소에 근심이 있고 잔걱정이 많거나 매사를 못마땅하게 여기기에 인상을 많이 쓰는 것이다. 주름이 안 생길 수 없는 노릇이다.

이마 주름은 역경과 고난, 살아온 날들의 어려움이 많이 나타나는 곳이다. 따라서 이마에 주름이 많으면 그만큼 인생 전반에 고생이 심했거나 어려움을 많이 겪은 사람이다. 입과 함께 신체와 기분의 변화에 따라 민감하게 변하는 부분으로, 이마에 주름이 많을 경우 힘든 고생의 방증이기도 하거니와 몸의 상태가 허약함을 나타낼 가능성이 있다. 특히 이마의 주름이 난문(難紋, 모양이 일정하지 않음)으로, 주름이 이어지지 않고 어지러운 것은 삶이 편안하지 않음을 말해준다.

이마 주름은 자연스럽게 생기는 경우가 많지만 눈꺼풀이 얇고 약하다면 그 정도가 심해진다. 눈을 뜰 때 눈꺼풀을 위로 올려야 하는데 나이가 들수록 눈꺼풀 근육이 약해져 이마 근육을 이용하기 때문에 이마 주름이 늘어난다.

부와 명예 등의 전체적인 운을 관장하는 이마는 넓고 동그스름하며 도톰해야 좋다. 이마에 주름이 많으면 인생의 길흉화복이 심하고 마음고생할 일이 많다고 알려져 있다. 이마에 굵게 생기는 일자 주름의 경우, 그 개수가 많지 않다면 인상에 나쁜 영향을 주지는 않는다. 이마에 가로로 쭉 뻗은 세 개의 주름이 가지런하게 난 사람은 평생 걱정 없이 살며 성격도 원만하고 매사 막히는 일 없는 좋은 이마로 여긴다. 노무현 전 대통령의 이마 주름 같은 경우 인상학적으론 나쁘지 않다. 인상학에서 노무현 전 대통령의 주름을 예시로 사용하는 이유이기도 하다.

1세대 아이돌 그룹 핑클에서 단연 눈에 띄는 멤버였던 이효리 씨의 눈웃음은 인상학에서 빼놓을 수 없는 예시다. 그녀는 "예전에 눈가에 보톡스를 맞아봤는데 눈웃음이 안 되더라"고 말했다. 나이가 들면 누구에게나 생기는 눈가의 주름은 피부가 얇거나 잘 웃는 사람에게는 더 잘 생기게 마련이다.

고전 상법에는 눈가에 웃음 지을 때 생기는 부위를 어미라고 해서 어미 주름이 지저분하게 지면 바람을 피우거나 부부 사이가 좋지 않다거나 이성 문제가 복잡할 수 있다고 보았다. 피부가 유난히 얇고 민감해도 눈가 주름이 많아진다. 현대에는 많은 사람을 만나면서 열심히 웃어서 생긴 것이라 좋은 주름으로 보는 편이다.

상대에게 호감을 얻는다는 것은 사회생활에 플러스 요인으로 작용한다. 특히 남녀 간에는 더더욱 그렇다. 여성에게 호감을 받는 매력적인 남자라면, 사람에 따라 다소 차이는 있을 수 있으나, 바람을 피울 확률이 높다. 반면 피부가 얇고 많이 웃는 사람은 특유의 어미 주름이 생기는데, 국민배우 안성기 씨처럼 눈꼬리의 가지런한 주름은 보는 이에게 마음씨 좋은 아저씨를 연상시킨다. 웃을 때 눈가가 상당히 주름져 보이지만 기분 좋게 쭉 주름져 사람 좋다는 인상을 풍기는 것이다.

입술 위 주름도 생각해볼 일이다. 나이가 들어 입술 위에 주름이 많으면 자식이 부모를 힘들게 한다든지 자신이 너무 오래 살아 자식을 힘들게 할 수도 있다고 본다. 입가에 주름이 깊으면 고독이 깊어지고, 부부생활이 원만치 않다. 특히 입가 주름이 위로 드리우면 극단적 상황이나 독신으로 사는 경향이 짙다.

'법령(法令)'은 흔히 말하는 입 주위 팔자 주름, 즉 양쪽 광대뼈와 코 사이에서 입가를 지나 내려오는 굽은 선이다. 법령선이라고도 하는 이 주름은 나이가 들면서 삶의 지혜와 노하우가 쌓여 성공한 이들에게 나타나는 권위를 상징한다. 좋은 팔자 주름은 입 주위를 타원형으로 부드럽게 살짝 감싸되 깊이 파이지 않는 형태다. 특히 여성들의 팔자 주름은 본인 뿐 아니라 남편까지 출세시키는 성공의 원천이라고 한다. 팔자 주름은 은은하고 옅은 모양일 때 성공을 돕는 인상이 되지만, 반대로 너무 짙으면 고독해질 수 있다. 독단적 성향이 강해져 주변 사람들과 원만하게 지내지 못할 수 있다. 입 주위 주름이 너무 깊이 파이면 실제보다 나이 들어 보이는 데다 기세가 강해져 부부 이별, 고독 등을 초래한다. 인상학적으로 법령선은 중·말년의 밥줄이자 명줄이므로 과유불급(過猶不及)의 우를 범하지 말아야 한다.

주름은 표정이나 습관에 의해 자리를 잡는다. 주름은 한 번 생기면 없어지지 않기 때문에 생기기 전에 예방하는 게 중요하다. 평소에 과도하게 인상을 쓰거나 얼굴을 찡그리는 습관을 없애야 한다.

자신도 모르게 컴퓨터 모니터를 찡그리면서 보거나 습관적으로 인상을 쓰면서 말하는 사람들은 양미간 사이와 이마에 굵게 주름이 잡힌다. 보톡스 등의 시술로 일시적 효과를 본다고 해도 평소 표정 짓는 습관을 버리지 않으면 주름은 다시 자리를 잡는다. 따라서 되도록 얼굴을 펴고 밝은 표정을 짓도록 표정관리를 해야 한다. 또한 수시로 얼굴 근육을 스트레칭해서 자주 쓰지 않는 얼굴 근육을 움직여주고 많이 사용하는 근육의 피로를 풀어주는 것이 좋다.

피부에 수분이 부족하거나 영양 상태가 좋지 않으면 주름이 잘 생길 수 있으니, 평소 물을 많이 마시고 비타민 C를 충분히 섭취하는 것이 좋다. 하루에 8컵 분량의 물을 마시면 몸 안의 독소를 밖으로 배출하여 피부를 촉촉하고 탱탱하게 유지할 수 있다.

얼굴은 우리에 대해 많은 정보를 제공해주고 있다. 자기 얼굴을 자기답게 가꾸어야 한다. 자기 얼굴은 그 누구도 아닌 자기 자신만이 만들 수 있다. 사람의 얼굴을 가리켜 이력서라고 하는 것도 그 이유이다.

피부의 노화와 함께 주름은 피할 수 없다. 그러나 주름이 꼭 늙음의 상징은 아니다. 이효리 씨와 안성기 씨의 눈가 주름을 떠올리자. 만인이 좋아하는 얼굴 주름도 있는 것이다. 그것이 자기만의 매력 포인트가 될 수 있음이다.

이 포인트를 잘 살핀다면 내 과거의 마음 상태를 파악할 수 있고 나아가 앞으로 보완하거나 강화해야 할 점을 알 수 있다. 주름은 이력서 중에서 가장 중요한 부분임을 잊지 말자.

06

얼굴 속 나이를
읽어보자

모든 사람이 같은 나이에 비상한다면 끔찍한 일이 벌어질 것이다. 말 그대로 이전투구(泥田鬪狗)의 시기가 될 것이다. 그래서 혼란이 없으라고 누구는 20대 때 비상하고 누구는 70대 때 비상하는 것 같다. 그래서 우리는 꾸준한 노력과 더불어 그 '때'를 기다려야 하고, 날개를 펼치지도 못했는데 비상의 시기가 끝난 것 같다며 실망할 필요가 없다.

얼굴을 읽어달라는 사람들의 요청을 받으면, 현재 나이를 묻곤 한다. 우리 얼굴 속에는 나이가 머물러 있기 때문에 중점으로 어디를 봐야 하는지 사전에 파악하기 위해서다. 얼굴 전체를 100으로 치고 현재 나이에 맞는 얼굴 부위를 읽어 그 사람의 현재의 운기와 미래를 읽을 수 있다.

인상학에서는 자신의 노력이나 마음 씀씀이에 따라 얼마든지 좋은 운의 얼굴로 바뀔 수 있다고 본다. 다른 사람의 얼굴을 보기 전에 자기 얼굴의 장단점을 파악하여 좀 더 좋은 방향으로 바꾸기 위한 노력을 지속하면 운이 점차로 열릴 것이다.

자! 지금부터 얼굴 속 내 나이를 읽어 인생에서 활동이 가장 완성한 시기와 운이 좋은 시기를 알아보자.

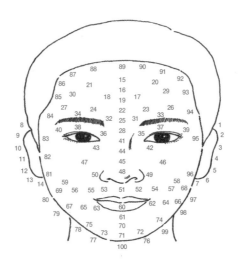

얼굴의 연대에는 생애주기별 인간의 생물학적 변화와 나이에 따른 사회문화적 환경 요소들이 담겨 있다. 나이를 지칭하는 부위가 따로 지정되어 있지만 그 부분만 보는 게 아니라 그 나이와 어우러지는 부위를 참고하여 함께 보아야 한다. 그 나이를 지칭하는 곳에 흉이나 굴곡이 있다면 해당 나이에 처신 및 활동을 주의하며 기색을 좋게 만들어 편안하고 좋게 넘어갈 필요가 있다. 즉, 얼굴이 주는 나이 때 메시지를 읽고 유비무환하자는 말이다.

얼굴은 귀부터 1세로 보는데 남성과 여성은 양과 음이니 반대로 읽어야 한다. 즉, 남성은 왼쪽 귀부터 1세로 시작하고 여성은 오른쪽 귀부터 1세로 시작한다.

여성의 경우, 1~7세까지는 오른쪽 귀를 본다. 처음 세상에 나와서 부모를 만나고 형제를 만나고 가정이라는 울타리 안에서 자신의 인성을 만들어가는 시기이다.

8~14세는 왼쪽 귀를 본다. 가정의 범위에서 사회라는 세상으로 출발하는 시기이다. 아이의 사회성이 만들어지며 자아성장의 결정적 단계이다. 친구들과 경쟁하고 규범을 지킬 줄 알며 자신에게 주어진 일에 적절한 성취를 하지 못하면 열등감에 빠져든다.

잘생긴 귀를 가졌으면 어린 시절 좋은 환경에서 부모로부터 교육을 잘 받았다고 볼 수 있다. 과거에는 부처님 귀를 가진 사람이 조직에 순응하고 윗사람이 시킨 것을 잘한다고 보았는데, 요즘은 곽(郭, 가장자리)이 튀어나온 귀를 가진 사람이 튀는 기질로 창의적 아이디어를 많이 내고 조직에 성과도 더 잘 낼 수 있다고 본다.

이마의 발제(헤어라인) 중앙의 아래 부위는 15세로 시작하고, 눈썹 위 이마 부분에서는 초년 30세까지의 운기를 본다. 즉, 스스로 독립된 개체로 살아가는 시기이다. 급격한 신체적 변화와 더불어 새로운 사회적 압력과 요구에 부딪히게 된다. 기본 신뢰감이 형성되는 중요한 시기이기도 하다.

이마가 전체적으로 넓으면서 둥글고 색이 좋은 사람은 어렸을 때부터 머리가 좋아 다른 사람보다 빠르게 두각을 나타내고 부모와 윗사람으로부터 후원을 많이 받아 30세 전후로 성공을 거둘 수 있다. 그러나 이마에 상처나 흉터 등이 있으면 그 시절 고생을 하고 어려움을 겪을 수도 있다.

다음으로 눈썹에서 양쪽 콧방울까지 중년으로 보고 31~50세까지의 운기를 읽는다. 가정을 이루는 시기이며 사회적으로는 대인관계 형성과 자신의 인기를 잘 관리해야 하는 시기이다. 타인과의 관계에서 친밀성을 이루는 일이 중요 과업이 된다.

눈썹은 31~34세까지를 보는데, 눈썹이 눈보다 길고 적당히 짙으면서 가지런히 잘 누워 있으면 좋다. 옛날에는 눈썹으로 형제·자매운을 짐작했지만 지금은 핵가족 시대라 대인관계의 운을 보는 곳이다. 35~40세의 눈과 눈빛, 41~50세까지는 코 모양과 관골(顴骨, 광대뼈)의 크기로 자신의 재복, 사회에서의 능력, 자신감, 실행력을 본다. 자녀 양육과 직업적 성취를 이루고 사회적 명성과 평판을 중요시하는 시기이다.

얼굴에서 코와 관골이 다른 부위보다 눈에 띄면 중년운이 가장 좋다. 46~47세의 관골이 너무 낮으면 자신을 나타내도 아무도 알아주지 않아 힘겨운 일이 많다. 또한 너무 강한 관골은 밀어붙이는 힘이 강하여 독선적일 수 있다. 48세의 준두(準頭, 코의 끝)가 지나치게 뾰족하거나 약하면 전문가가 아닌 경우 외로운 삶을 살 수 있다. 49~50세의 양쪽 콧방울은 돈, 저축력을 보는 부위이다.

눈이 좋은 것은 5년, 관골과 코가 좋은 것은 10년을 본다. 인생의 가장 절정기로서 내가 얼마만큼 열심히 사느냐에 따라 말년이 달라질 수 있다.

51~60세는 입이 주관하는 매듭의 시기이다. 51~55세까지는 코밑 인중부터 식록창(코와 입 사이의 공간)으로, 이 부위는 인중의 모양과 법령 안쪽 부분으로, 금전과 건강을 함께 보는 곳이다. 56~57세는 법령선의 모양을 중요하게 본다. 입이 중요한 이유는 60세 이후 말년의 운세와 복을 보기 때문이다. 입의 생김새, 입 모양이 위로 향하느냐 아래로 처졌

느냐, 법령의 주름 모양 등에 따라 그 사람의 성품과 살아온 삶을 볼 수가 있다.

61~70세에 해당하는 말년의 기운은 좌우 턱 선부터 얼굴 전체의 둘레를 보게 된다. 아랫사람과 부하에 대한 운을 판단하며 주거와 가정의 안정을 보는 자리이다.

71세부터 시작하여 100세까지 턱 아래 중앙에 이른다. 101세가 되면 다시 귀부터 시작한다. 아래턱이 잘 발달된 사람은 말년에 복이 있으며 주거운도 좋아 행복한 여생을 보낼 수 있다고 본다. 자기 인생에 만족감과 충만감을 가지고 돌아보는 시기로, 턱과 목선이 뚜렷하게 나타나야 좋고 장수한다. 90세가 넘어서도 왕성하게 활동하는 인물로, 전국노래자랑 진행자 송해 씨가 있다.

자신의 나이를 고려하며 거울을 들여다보자. 얼굴이 주는 나이 메시지에 시기가 좋게 나오면 조금 더 분발하고 운을 더욱 극대화하자. 반대로 좋지 않게 나왔다 해도 움츠러들 필요는 없다. 상황을 돌파하기 위한 노력을 기울이면 된다. 자기 절제와 수련을 통해 상황을 얼마든지 역전할 수 있다.

07

얼굴을 넘어
운명을 바꾸는 법

사람이 태어난 해와 달과 날과 시간을 간지(干支)로 나타내면 여덟 글자가 되는데, 이 속에 일생의 운명이 담겨 있다고 본다. 이것을 사주 팔자(四柱八字)라고 한다. 옛날 속담에 '독 안에 들어가도 팔자 도망은 못 한다', '사나운 팔자는 불에도 타지 않는다' 등 팔자는 정해져 있어서 거스를 수 없다는 인식이 태반이다.

많은 사람이 팔자를 '변하지 않는', '이미 정해진' 숙명이라고 생각한다. 그러나 타고난 팔자를 고치는 방법이 있다. 바로 적선(積善)을 많이 하는 것이다.

한국에서 500년의 역사를 지닌 명문가들을 조사해본 결과 그들의 공통점이 바로 적선이었다. 적선을 많이 하면 팔자를 바꿀 수 있고 집안이 잘된다는 명제는 이론이 아니라 500년 임상 실험의 결과다. 당장에 효과가 나타나지 않더라도 후손을 통해서 반드시 나타난다. 즉, 적선이 얼굴을 넘어 팔자를 바꾼다는 것이다.

옛사람들의 말에도 거듭 강조하고 있으니,《주역》〈문언전(文言傳)〉에 '적선지가 필유여경(積善之家 必有餘慶)'이라는 말이 있다. 착한 일을 계속해서 행하면 복이 자신(自身)뿐만 아니라 훗날 자손(子孫)에까지도 반드시 그 보답을 주어 복을 누리게 된다는 의미다.

적선은 착한 일을 많이 한다는 뜻이다. 흔히 구걸하는 사람들이 "적선하십시오"라고 머리를 조아리며 손을 내미는데, 이는 좋은 일을 하라는 뜻이다. 많은 착한 일 가운데 특히 딱한 사람과 불쌍한 사람을 동정하는 것을 적선이라고 하는데, 이는 '여경(餘慶)'이라는 말과 관련이 있다. 여경은 남은 경사라는 뜻으로 뒤에 올 복된 일을 말한다.

오늘날의 적선으로는 기부천사 션-정혜영 부부나 가수 김장훈 씨가 하는 것을 주로 꼽는다. 김장훈 씨는 2012년에 오바마 미국 대통령이 수여하는 자원봉사상을 받은 것으로도 유명하다. 당시 미국의 공연 스태프는 "백악관에서 김장훈의 한국 내 기부 총액이 150억 원에 달하고 공연 수익금을 전액 현지에 기부한 것에 오바마 봉사상 시상을 결정한 것 같다"고 말했다. 김장훈 씨 못지않게 션-정혜영 부부도 누적 기부액이 36억 원을 넘어섰고 이외에도 다양한 선행을 베풀고 있다.

적선은 돈이나 물건을 기부하는 것만이 아니다. 재능 및 사회봉사 활동도 적선이다. 팔자를 바꾸기 위해 적선을 하면 좋다는 사실은 알고 있으나 우리처럼 평범한 사람들은 마음은 있지만 억대의 기부를 할 수는 없는 형편이다. 하지만 '적선은 다른 사람의 가슴에 하는 저금'이라는 말이 있듯, 그 이자는 지금 받을 수도 있고 나중에 받을 수도 있다. 반드시 돌아온다.

어떤 이가 석가모니를 찾아가 호소했다.

"저는 하는 일마다 제대로 되는 일이 없으니 이 무슨 이유입니까?"

"그것은 네가 남에게 베풀지 않기 때문이다."

"저는 아무것도 가진 게 없는 빈털터리입니다. 남에게 줄 것이 없는데, 뭘 준단 말입니까?"

"그렇지 않다. 재산이 없더라도 줄 수 있는 것은 일곱 가지는 있느니라."

재물이 없어도 남에게 베풀 수 있는 그 일곱 가지가 바로' 무재칠시(無財七施)'다. 하나하나 살펴보면 결코 돈이 들지 않고 설사 돈이 들어간다 해도 누구나 부담 없는 금액이다.

첫째, 화안시(和顔施)이다.

얼굴에 화색을 띠고 밝고 편안한 얼굴로 대하는 것이다. 밝은 미소를 짓거나 자기도 모르게 찡그리는 표정을 없애기만 해도 상대에게 호감을 줄 수 있으므로 보시(普施)에 해당한다. 감정 커뮤니케이션의 90%가 무언의 얼굴에서 표출된다는 말도 있지 않은가. 웃는 얼굴은 얼굴빛도 좋아 모든 일이 잘 풀린다.

둘째, 언시(言施)이다.

좋은 말씨란 상대를 배려하는 말이다. 말을 잘못하면 칼이 되고 말을 잘 쓰면 천 냥 빚도 갚는다. 사랑의 말, 칭찬의 말, 부드러운 말, 위로의 말, 격려의 말은 힘을 내게 해준다. 부드럽고 친절하며 예의 바른 말 한마디, 그것은 자신의 인격을 나타낼 뿐만 아니라 타인에게는 따뜻한 배려가 되는 것이다.

셋째, 안시(顏施)이다.

온화하고 따뜻한 편안한 눈빛으로 바라보면 상대의 장점을 알 수 있다. 따뜻한 눈은 말하지 않아도 가장 호소력을 가질 수 있는 베풂이다. 미국 보스턴의 한 백화점에서 손님을 향한 일곱 가지 눈매를 터득시켜 165%의 매출을 올렸다는 보도도 있었다.

넷째, 심시(心施)이다.

마음의 문을 열고 착하고 따뜻한 마음을 주면 타인은 그 마음을 느끼고 위로와 기쁨을 얻는다.

다섯째, 신시(新施)이다.

즉, 몸으로 베푸는 일이다. 무거운 짐을 든 사람의 짐을 들어주거나 봉사 활동을 통해 몸으로 덕을 베푸는 일 등이 이에 해당한다. 공손하고 반가운 인사와 예의바른 몸가짐 또한 상대방에게 훈훈한 마음을 안겨주는 보시다.

여섯째, 상좌시(床座施)이다.

타인에게 자리를 양보함으로써 베푸는 것이다. 추운 날 밖에서 방금 들어온 이에게 따뜻한 자리를 내어준다든지, 지하철에서 자리를 양보한다든지, 운전 중에 다른 차가 끼어들기를 순순히 허락한다든지, 상대를 존중하는 마음으로 배려하는 것 등으로 덕을 베푼다.

일곱째, 찰시(察施)이다.

사람의 마음을 미리 관찰하여 배려하는 것도 중요한 베풂이다. 감동은 작은 관심과 배려에서 온다.

무재칠시를 한마디로 줄여서 표현하면 무엇일까? 바로 '친절'이다.

친절이야말로 재산 한 푼 없는 사람도 남에게 베풀 수 있는 무형의 보시이다. 돈 한 푼 들이지 않고도 사회를 밝게 해주는 요소이다. 이러한 적선을 지속적으로 할 경우, 그 복이 자신은 물론이거니와 자손에게까지도 미친다. 적선은 결코 남을 위해서 하는 것이 아니다 자기 자신을 위한 것이다. 남을 도와서 마음이 즐겁고 복이 되어 돌아오니까 결국 자기 자신을 위한 일인 것이다. 반면, 착한 일도 하지 않으면서 팔자를 고치고 싶어 하거나 좋은 운을 바라는 것은 도둑 심보와 다름없다.

운명이 정해져 있다면 참으로 서글픈 세상일 것이다. 다행히 운명, 팔자, 주어진 관상 등은 바꿀 수 있다. 적선으로 말이다. 또한 적선이 오직 돈으로만 이루어지는 것이라면 그것도 서글픈 일이겠다. 그러나 아니다. 2600여 년 전 석가모니가 말한 무재칠시를 압축해 친절을 베풀면 그것도 적선이다. 지금 얼굴과 상관없이 분명 운명이 바뀔 것이다.

많은 이가 나에게 관상을 묻곤 한다. 때에 따라 억울한 면도 귀찮은 면도 있다. 하지만 어쩌겠는가? 나에게 주어진 일생의 과업인 것을! 관상도 말해주면서 얼굴경영도 함께 말해준다. 이것 역시 무재칠시 중 하나가 아닐까? 지금처럼 책을 쓰고 많은 사람을 만나야 하는 것도 운명인가 싶다.

Part 2는 자기 얼굴을 읽는 방법, 부자 얼굴 및 좋은 얼굴 만들기 습관, Part 3은 상대 얼굴을 읽는 법을 제시할 것이다. 인상학은 일정한 패턴과 통계를 거쳐 나온 것으로, 개인에게 맞지 않는 내용도 있을 것이다. 어디까지나 독자들의 선택이다. 하지만 분명한 것은 무재칠시처럼 적선을 통해 분명 운명을 바꿀 수 있다는 점이다.

Part 2

나를 읽는
페이스 리딩과
얼굴경영

Chapter 1

내가 읽는
나의 페이스 리딩

01

많이 듣는 사람이 출세한다,
사람을 움직이는 귀

귀와 관련해 쉽게 떠오르는 인물이 바로 삼국 시대의 유비이다. 다양한 기록에 따르면 유비는 귀가 크고 귓불이 늘어져서 어깨에 닿을 지경이었다고 한다. 중국 드라마 〈신삼국(新三國)〉에서도 조조가 유비를 "귀 큰 놈아!"라고 외치며 놀려댔다.

귀에 관한 유명한 인물이 또 있다. 바로 공자다. 중국 북경의 천안문 광장에 가면 공자 동상이 있는데 유난히 귓불이 크고 길다. 귀만 놓고 본다면 절에 있는 부처님 귀에 버금간다. 이처럼 난세의 영웅이나 자비의 깨달음을 얻은 성인들은 모두 귀가 크고 귓불이 길다.

유비, 공자, 부처처럼 귀가 크면 지혜와 인덕이 많다고 여겨진다. 이유는 '경청'에 있다. 성공한 사람들은 다른 사람의 이야기를 끝까지 들을 줄 안다. 항상 자신만 옳다고 생각하며 자기 말만 떠벌이고 남의 말을 듣지 않는 사람에 비해 의견이 다른 이야기를 귀담아들을 줄 아는 사람은 그만큼 세상 보는 눈이 넓고 지혜가 깊다는 인상을 준다. 무엇보다 어진 심성을 바탕으로 다른 사람의 이야기를 끈기 있게 듣기 때문에 지혜롭게 생각을 펼친다. 타인과 의견, 정서 교류를 능숙하게 하기에 자연스럽게 주변 사람이 따르고 대화도 즐겁게 진행하며 소통에도 무리가 없다.

아무런 기반이 없는 유비를 당대 영웅 관우, 장비, 조운, 제갈량 등이 따랐던 이유도 귀를 통해 알 수 있다. 공자 역시 지금으로 말하면 수석 컨설턴트로서 우선 잘 들으니 해결법을 잘 내놓을 수 있었던 것이다.

그래서 공자 관상을 내놓은 고포자경(姑布子卿, 춘추 시대 진나라의 학자)은 공자를 두고 "눈썹에 열두 가지의 광채가 어려 있고 몸에 마흔아홉 가지의 위표가 있으면 뒷날 반드시 대성인이 된다(眉有十二彩 有四十九表 後必是大聖之格)"고 하였다. 그중에 귀는 절대적 위치를 차지했을 것이다.

한국을 방문한 프란체스코 교황의 귀는 '세상의 말'을 다 들어주시는 큰 귀다. 건강과 지혜로움을 읽을 수 있는 두툼한 귓불에서는 따뜻한 정과 조직을 잘 이끄는 마음이 드러난다. 부족한 아랫사람을 잘될 때까지 기다려주는 리더십이 그 표상이다.

대인관계에 문제 있다고 생각하는 사람 중 상당수는 자신이 말을 잘 못한다고 생각한다. 하지만 그것은 틀린 생각이다. 대인관계의 문제는 말을 못해서가 아니라 제대로 듣지 않아서 생기는 경우가 더 많다.

사람들은 말을 잘하는 인물보다 잘 들어주는 인물을 더 선호한다. 왜 사람들은 자기 말에 귀를 기울여주는 사람을 좋아하고 그의 요구를 더 잘 수용할까? 정서적 카타르시스가 되기 때문이다. 누군가 진지하게 자신의 이야기를 들어주면 슬픔이 해소되고 마음이 후련해진다. 또한 존중받고 이해받는다는 느낌을 받는다.

따라서 사람들이 마음의 문을 열게 하려면 먼저 자신의 귀를 활짝 열어놓아야 한다. 사람을 움직이는 힘은 입이 아니라 귀에서 나온다. 우리나라를 대표하는 삼성그룹의 3대, 즉 이병철, 이건희, 이재용 씨의 귀를 살펴보면 정면에서 볼 때 귀가 잘 보일 정도로 적당히 노출되어 있다. 이런 귀는 경청을 할 줄 아는 귀로, 그만큼 소리를 잘 받아들여 변화하는 시대에 빨리 적응하고 누구보다도 정보를 빨리 받아들이며 활용하는 능력 또한 뛰어나다. 이병철 회장이 후계자로 이건희 씨를 지명하고 부회장으로 승진시키던 날, 그를 자신의 방으로 불러 직접 붓으로 '경청'이라는 휘호를 써주었다는 일화는 유명하다.

귀가 크더라도 얇으면 흔히 "귀가 얇다"라고 하는데, 다른 사람들의 의견에 이리저리 흔들리고 주관이 없음을 이르는 표현이다. 일명 '팔랑귀'는 정면에서 귀가 훤히 잘 보이는 모양이며 두께가 매우 얇다. 저기서 들은 말 금방 까먹고 여기서 들은 말에 금방 솔깃해한다. 이들은 남의 소문에 이리저리 휘둘리거나 중요한 일에 성급하고 경솔하게 결정해서 일을 빈번히 그르친다. 또한 계획을 세우긴 해도 중간에 흐지부지되기 일쑤고 끝까지 밀어붙이는 힘이 약하다. 이런 유형은 특히 부동산 거래 시 큰 타격을 입을 가능성이 있으니 신중해야 한다.

귀가 잘생기고 못생기고는 어머니가 아기를 가졌을 때의 환경에 따라 좌우된다. 귀는 부모의 유전인자를 제일 많이 받는 곳이다. 임산부가 남편이나 주위 사람으로부터 대접을 받으면 아이의 귓바퀴가 예쁘게 만들어지고 연골조직이 바르게 붙는다. 그러나 가족이 무관심하거나 경제적인 고통으로 스트레스를 받는다면 아이의 귀가 예쁘게 형성되지 않는다.

스트레스 없이 잘 먹고 편안하게 임신 기간을 보냈다면 태아의 귀 모양은 예쁘게 자리 잡는다. 그래서 귀를 태교 기록카드라고 한다. 그뿐만 아니라 14세까지 유년 시절의 가정환경을 볼 때 귀를 보면 어렸을 때 고생을 겪으며 자란 사람은 귀의 모양이 그리 잘생기지 못한 경우가 많다.

자식을 키울 때, 부모나 선생님 혹은 직장 상사 등 윗사람의 말을 잘 듣고 모범적으로 사는 사람들의 귀를 보면 대체로 예쁘고 반듯하고 단정하게 생겼다. 그래서 배우자를 선택할 때, 면접을 볼 때, 가정교육을 잘 받았는지, 윗사람을 알아보고 예의바른 반듯한 사람인지, 조직생활이나 결혼생활을 잘할 수 있는지를 알고자 한다면 귀의 생김새를 보는 것이다.

귀의 생김에 따라 조직에 순응할 수 있는지, 튀는 성격인지, 창의적인지, 성격이 급한지 등을 알 수 있고 건강 상태도 가늠할 수 있다. 연예인들의 귀를 자세히 살펴보면 제대로 잘생긴 귀가 별로 없다. 튀는 성격의 기질이 있기 때문이다. 자아가 강하면서 개성이 뚜렷해 조직에 잘 어울리지 못한다. 구속받기를 싫어하고 자유로운 영혼의 소유자이며, 반짝이는 아이디어와 뛰어난 판단력을 갖추고 있는 데다 한번 마음먹은 일에 포기가 없고 끝까지 밀어붙인다.

　귀의 아랫부분인 귓불은 인복의 창고다. 귓불의 모양이 크고 두툼하면 인정이 많고 성격도 다정다감하며 마음이 따뜻하고 훈훈한 사람이다. 인정을 사심 없이 베풀기 때문에 주위 사람들로부터 존경을 받고 도움받을 여지가 많다.

　귓불이 없고 귀의 윗부분이 발달한 모양의 귀를 '칼귀'라고 하는데 이런 귀를 가진 사람들은 감정보다 이성적인 판단을 주로 한다. '빨리빨리'를 외치는 급한 성격으로 일을 미루지 않고 신속하게 처리한다. 자립심이 강해서 매사 혼자 힘으로 해결하려고 하며 남의 도움을 뿌리치는 스타일이다. 연인관계에서도 칼 같은 면이 있어서 정 때문에 오랫동안 망설이거나 하지 않고 단번에 돌아서며 맺고 끊음이 분명하다.

　귀는 몸의 축소판이자 신장 기능을 간접적으로 읽는 기관이다. 귀를 만지고 귓불을 잘 만져주면 마음이 편안해지고 오장육부도 편안해진다. 추울 때 귀가 붉어지는 것은 신장이 긴장을 했다는 뜻이다. 추우면 신장이 긴장하게 되고 소변도 더 마렵게 마련이다.

　귀를 만질 때는 좌우의 엄지와 검지 끝을 이용해 귀의 전체 부분과 함께 위에서 아래로 꼭꼭 집어준다.《동의보감》에서는 '손으로 귀를 많이 문지르면 수명을 연장하고 양기(陽氣)를 돋우며 귀먹는 것을 예방한다'라고 하였다. 귀에 있는 오장육부의 반사구(reflex zone)를 자극하니 장기들이 튼튼해지고 건강해진다. 귀 윗부분을 만져주면 다리가 튼튼해지고 귀 라인을 만져주면 척추가 튼튼해지고 귓불을 만져주면 두뇌가 좋아진다.

손으로 귀를 문지를 때는 중지와 약지 사이에 귀를 끼우고 아래위로 마찰하면 된다. 그리고 엄지와 검지 사이에 귓불을 끼우고 누르거나 당겨주면 정신이 맑아지는 느낌이 든다. 이때 살짝 만지듯이 하지 말고 귀가 아플 정도로 집어 귀에서 약간 열이 나면 좋다. 아파한다고 살짝 만져주면 효과가 없으니 한 번 집었을 때 꼭꼭 눌러 아픈 느낌이 들 정도로 만져야 효과를 볼 수 있다.

진동을 소리로 만드는 곳이 귀다. 두뇌에 판단력을 미치는 건 시각과 소리이다. 그만큼 소리는 삶에 지대한 영향력을 미친다. 귀를 소중히 다루고 읽어야 하는 이유도 여기 있다. 자기 귀의 특징을 알고 장점이 있다면 더욱 발달시키고 단점이 있다면 보완하자. 특히 소통이 화두인 세상에서 귀에 경청을 넣어보자.

02

출세하고 싶으면 이마를 밝혀라,
돈이 들어오는 얼굴의 대문

"대머리는 어디까지가 얼굴일까?"

많은 사람이 발제(髮際) 부분(머리카락이 난 부분)이라 생각할 것이다. 틀린 답은 아니지만 질문을 다시 생각해보자. 대머리는 발제 부분이 정확하지 않다. 강의 도중에 이 질문을 하면 많은 교육생이 "예전에 머리가 났던 부분까지요"라고 답한다. 일부 분위기를 리드하고 싶은 교육생은 "세수할 때 손이 미치는 부분까지요"라고 말하면서 세수하는 제스처를 해보인다. 이처럼 대머리의 얼굴 기준이 다양한 것을 보면 그 기준이 불분명한 게 확실하다.

'공짜를 좋아하면 대머리가 된다'는 속담이 있다. 이것은 어떤 면에서 사실이다. 대머리는 이마가 좋은 편이다. 동서고금을 막론하고 한 시대를 움직였던 정치가는 물론이요 경제, 사회, 문화, 예술, 과학, 스포츠에 이르기까지 어떤 분야에서 두각을 나타내고 그 시대에 크게 성공했던 인물들은 거의 예외 없이 대머리였거나 이마가 굉장히 잘생겼다.

성공한 사람들은 밥 먹고 돈 계산할 일이 별로 없다. 주로 다른 사람들이 밥을 살 일이 많고 명절이면 선물도 주는 일보다는 받는 일이 많다 보니 이런 속담이 나오지 않았나 싶다.

이마 위치를 보자. 이마는 하늘의 복을 받는 마당이고 부모, 사회적 지위, 출세, 직업운을 보는 자리다. 이마 넓이와 머리카락이 나는 헤어라인의 생김새, 이마 전체 모습, 이마 색을 통해 본래 성격과 앞으로의 운을 살필 수 있다. 이마가 잘생기면 부모가 잉태했을 때부터 편안해 부모 복을 잘 타고난 것이며 윗사람의 복도 많다.

이마는 간을 엎어놓은 것처럼 약간 볼록하고 살이 풍만하며 반듯해야 창의적이고 이지적이다. 또한 학습 능력이 뛰어나 좋은 운을 이어갈 수 있다. 이마를 가만히 바라보면 시원함이 느껴져야 하고 울퉁불퉁하지 않아야 하며 윤기가 흘러야 한다. 우리 선조들, 어머니들은 아침에 일어나면 동백기름으로 참빗을 이용해 머리를 잘 가다듬었다. 이유는 어른들을 모시고 살기 때문이었는데, 윗부분인 머리를 잘 다듬어야 윗사람을 잘 모신다고 믿었다.

이마가 넓고 잘생기면 '소년등과(少年登科)'의 운세로 봤다. 어려서 과거에 급제하고 엘리트 코스를 밟아 높은 벼슬에 오른다는 의미이다. 요즘 말로 하면 어린 나이에 국가고시에 패스한다는 의미이다. 넓은 이마는 세상을 보는 눈이 넓고 합리적이며 사교성 또한 좋아 왕성한 사회활동을 한다고 볼 수 있다.

이마가 넓은 사람이 대체적으로 머리가 좋은 것으로 본다. 그렇지만 이마가 좁으면 머리가 나쁘다고 단정 지을 수는 없다. 이마가 좁아도 세상 보는 촉이 좋고 세상살이 능력이 뛰어나 재운, 명예를 갖는 사람이 있다. 또 유년 시절에 고생이 많았지만 말년부터 행복해지는 사람이 많다. 이마가 좁다고 지레 부정적으로 단정할 필요는 없다.

소위 잘나가는 직업군인 의사, 교수, 판검사들 중에는 예상보다 이마가 잘생기지 않은 이가 많다. 잘생기지 않은 이마는 윗사람을 두지 않는 직업군에 많으며, 윗사람을 두지 않으니 결국 윗사람의 보살핌이 부족하다는 의미이다. 또한 윗사람이 이끌어줌으로써 성공에 다가가기는 힘들 것이니, 마이웨이 스타일이 강하다.

이마가 좁은 사람은 이마와 머리 언저리에 머리숱이 많은 편이다. 이마가 좁은 사람은 속도 좁아 보일 뿐만 아니라 부정적 느낌을 주고 마음에도 그늘진 사람이라는 인상이 남는다. 비호감으로 비춰질 수 있다. 따라서 이마가 좁으면 개그맨 강호동 씨나 노무현 전 대통령처럼 이마를 훤히 드러내는 헤어스타일이 좋다. 그래야 답답해 보이지 않는다.

편편한 이마를 가진 사람은 계획하고 움직이기보다는 행동하며 생각한다. 어려서 좋은 환경에서 자라거나 일찍 인정받지 못하지만 부단한 노력으로 성공을 얻어내며 학습한 것을 몸속 깊이 체화하고야 마는 무한 지구력을 가진다.

이마가 약간 들어가 굴곡이 보이면 학업보다는 바깥에서 노는 것을 즐긴다. 무슨 일이든 최초로 하면 이루기가 어렵다. 남이 성공하는 걸 보고 있다가 뒤이어 하면 그 역시 성공 가능하다. 어떤 일이든 크게 고민하지 않고 일단 부딪쳐보는 도전정신과 추진력이 강하다.

이마 가운데 부분이 약간 들어가 있는 것은 적극적으로 눈썹을 들었다 내렸다 하는 생활을 통해 눈썹 근육이 발달한 것으로, 상대적으로 이마가 들어가 보인다. 즉, 미릉골(눈썹 근처의 뼈)이 혹처럼 튀어나온 것이다. 무언가 열심히 하려고 눈썹을 올렸다 내렸다를 반복한 결과이다.

보통 들어간 이마(뒤로 넘어가거나 측면에서 봤을 때 경사진 이마)는 미릉골이 더욱 발달했다. 고전 상법에서 미릉골이 튀어나온 사람은 부모에게 혜택을 받지 못하고 마흔 넘어 성공한다고 했다. 그러나 시대가 변했고, 현대는 열심히 하면 한 만큼 표시가 나고 인정받을 수 있다.

요즘 이마가 튀어나온 아이들이 많은데 이런 경우 공부를 잘한다. 내가 본 카이스트 출신들은 거의 다 미릉골이 튀어나왔다. 그런데 이마가 둥글면서 미릉골이 튀어나온 경우가 많다. 들어간 이마에 미릉골이 튀어나왔으면 부모로부터 지원을 받지 못해 열악한 환경에 놓였음을 나타낸다. 그러나 환경에 굴복함 없이 극복하기 위해 노력하는 경우다. 반면 둥근 이마에 미릉골이 튀어나오면 지원을 많이 받았고 머리가 좋은데도 더 열심히 하는 경우다.

김정은은 이마가 부족하다. 그럼에도 왜 정권을 받았을까? 이마만 본다면 가로 폭이 볼의 폭보다 좁고 눈썹에서 머리로 이어지는 이마의 세로 폭도 얼굴 전체의 균형에 비해 좁다. 눈썹 윗부분의 근육 발달로 이마가 전반적으로 매끄럽지 못하다. 이런 이마는 깊이 생각하기보다 먼저 행동이 앞서는 스타일이며 강한 승부욕을 품고 지도자가 되기 위해 자신의 인생을 끊임없이 개척하고 노력하는 스타일이다. 이런 성향 덕분에 그는 여러 형제를 다 제치고 정권을 이어받을 수 있었다. 하지만 그가 이어받은 상황은 아버지 김정일 때보다 훨씬 안 좋다. 김정일이 김일성에게 정권을 이어받을 때만 해도 정권 이양은 안정되었고 국제관계도 괜찮았다. 정치적 문제를 떠나 김정일은 동그랗고 잘생긴 이마로 정권을 받기에 좋은 이마였다.

  M 자형 이마도 있는데 거울을 본다면 쉽게 파악할 수 있다. M 자형 이마는 지모와 지략의 대가로 영리하고 철두철미하여 남보다 한발 앞서 생각하는 능력과 강한 집념이 있다. 학문 분야나 연구 및 분석 분야에 뛰어난 능력을 발휘한다. 회사에서는 기획이나 연구직에 종사자에게서 볼 수 있는 이마다.

  M 자형 이마는 매사에 진지하고 철학적이며 인간적인 사람에게서 많이 볼 수 있다. 혹시 고민 있고 가슴이 답답할 때 내 이야기를 잘 들어줄 사람을 원한다면 둥근 이마를 가진 사람을 찾고, 문제 해결 또는 조언가를 원한다면 M 자형 이마를 가진 사람을 찾으면 된다.

  네모난 이마는 현실감각이 뚜렷하여 실무 능력이 뛰어나고 전문성과 결단력을 겸비한 사람에서 많이 볼 수 있다. 철저히 현실주의자로서 완벽함을 추구하는데, 고집스러울 정도로 융통성이 없고 이해타산적이라 인간관계도 경제적 환경에 비추어 철저한 이윤 추구를 목적으로 한다. 작은 일에 마음을 두지 않고 뒤를 돌아보지 않는 카리스마도 있다.

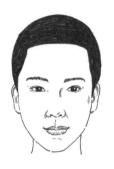

이들에게는 대인관계에서 부드러움이 적은 탓에 자신도 모르는 적이 많다. 따라서 남을 배려하는 마음이 필요하다. 이들은 지능이 뛰어나고 실천력과 행동력이 강하다. 사리가 분명하고 직선적 표현을 많이 하며 업무관리가 철두철미하다. 자기중심적이고 잘난 체를 하여 주위에 미움을 사기도 하지만 일 처리에 안정감이 있고 성실한 인상에 맞게 묵묵히 주어진 일에 최선을 다하는 실행형이다. 사무직, 영업관리직, 채권관리직, 지원 부서 등 규정과 원칙에 따라 수행하는 실무형으로 관리 능력과 통솔력이 있다.

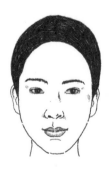

둥글게 잘 발달된 이마를 가진 사람은 머리가 좋은 것은 물론 순발력과 기지가 있고 눈치도 빠르며 타인을 이해하는 능력도 뛰어나다. 무엇이 문제인지, 어떤 요인이 장애 요소로 등장했는지 등 핵심을 파악하

는 능력이 최고다. 경제적 관념이 탁월하여 작은 것을 착실히 쌓아서 안정된 투자를 하고, 남들보다 일찍 자리를 잡아 남의 부러움을 산다. 고객을 직접 접촉하는 영업 부서 적임자이고 광고 홍보나 총무 부서에도 좋다.

이마 양옆의 머리털이 많아 좌우 폭이 좁으면 일찌감치 집을 떠나거나, 집 밖에서 많은 시간을 보내는 경우가 많다. 공부할 나이에도 책상 앞에 앉아 있기보다는 골목길에서 배회할 수 있다. 이마의 양옆 발제 부분에 잔털이 많으면 감성이 풍부하여 예체능으로 진로를 선택하는 경우가 많다. 공부보다는 바깥 활동을 좋아하는 유형이라 학문과는 인연이 적다.

김연아 선수가 수없이 다치면서도 연습을 거듭하는 끈기가 바로 잔털에서 나온다고 보면 된다. 이마의 머리카락 난 부분에 잔털이 많으면 근심과 걱정을 나타내므로 항상 깔끔하게 정리해주면 좋다. 이런 경우 윗사람에게 반항 심리가 강하고 대인관계에서 많은 문제가 발생할 수도 있다.

중년 이후 이마에 드러나는 게 있다. 바로 주름이다. 주름은 한 사람이 태어나 40년 이상 살아온 삶의 내용을 짐작케 하는 인생 이력서다. 그만큼 주름은 일상의 희로애락을 담고 있다. 이마에 주름이 연결되어 있으면 편한 삶에서 우러나오는 밝은 표정이 주름을 정리해준 것으로 본다.

주름이 이어지지 않고 어지러운 것은 삶이 편안치 않았음을 뜻한다. 이런 주름을 가지는 사람은 생활, 환경, 심리, 건강 상태 등이 굉장히 불안정하다. 이마의 가로 주름은 감정의 표현 방식과 연관이 있는데, 주름이 길고 뚜렷한 사람일수록 감정 표현이 풍부하다. 겉모습은 부드럽고 조용해 보이지만 한 번 화가 나면 감정을 주체하지 못한다. 이런 사람과는 싸움을 피해야 한다. 또한 일직선 주름은 의외로 눈물도 많고 정도 많다. 하지만 한번 돌아서면 영영 남처럼 지낸다.

이마의 주름은 천, 지, 인이라 하여 삼문(三紋)으로 불린다. 이마의 맨 위에 있는 주름을 천문(天紋)이라 하며 사람의 전반적 운세를 드러낸다. 또한 윗사람의 관계를 나타내는 부분이다. 가운데 주름인 인문(人紋)은 건강 상태와 재운을 나타내는데, 자기 역량을 발휘하며 주도적으로 성공한 모습을 보이는 자수성가형을 의미한다. 노무현 전 대통령 이마의 주름은 굵고 끊어짐이 없다. 나이가 어려 이런 주름이 생기면 안 좋을 수 있으나 40대가 넘어가 생긴다면 좋은 것이다. 맨 아래 주름인 지문(地紋)은 견실하고 인내심 있는 성품을 나타내는데, 자손들과 가족운, 아랫사람의 운을 본다.

이마 전체의 색이 밝은 사람은 현재 윗사람과의 관계가 좋을 뿐만 아니라 사업운도 최상이다. 이마 전체는 밝고 깨끗해야 한다. 이마를 깨끗하게 관리하기 위해서는 머리카락을 항상 청결히 유지하고 이마를 덮지 않게 신경 써야 한다. 자신의 이마를 수시로 살펴서 밝고 건강하게 보이도록 드러내야 한다.

이처럼 이마에는 무수한 내용이 담겨 있다. 이런 이마의 의미를 알고 강점을 살리고 부족한 부분을 보완한다면 재물과 출세가 담긴 이마를 더욱 소중히 여기게 되지 않을까?

03

눈썹이 좋으면
사람이 따른다

이탈리아 천재 화가 레오나르도 다 빈치. 다 빈치 하면 가장 먼저 '모나리자'를 떠올릴 것이다. 모나리자는 눈썹이 없는 것으로 유명하다. 이에 대해서는 당시 미의 기준이 넓은 이마였기 때문에 눈썹을 뽑는 것이 유행이었다는 설이 있다. 이 밖에도 '미완성작'이라는 설, 잦은 복원 과정에서 지워졌다는 설 등 다양한 설이 전해진다. 모나리자에게 눈썹은 '있어서는 안 될 존재'이다. 하지만 여자에게 눈썹은 '없어서는 안 될 존재'이다. 따라서 눈썹은 정기적으로 다듬어주고 매일 그려주어야 한다.

첫인상을 결정하는 요인이자 개인 성격을 가장 잘 보여주는 곳이 눈썹이다. 눈썹은 모양만 살짝 바뀌어도 전체적 이미지에 영향을 미칠 만큼 중요한 부분이다. 특히 인상학에서 눈썹은 사람의 성격, 능력, 수명 등을 나타내는 매우 중요한 역할을 맡고 있다. 눈썹은 두 눈을 돋보이게 하는 부위며 눈을 보호하는 지붕과 같다. 지붕이 비와 바람을 막아주듯이 눈썹이 눈을 보호해준다. 그래서 눈길이보다 약간 긴 것이 좋다. 눈썹의 특징을 보자.

눈썹이 길면 자신이 보호를 받는다는 의미이며 형제와의 우애도 깊고 대인관계의 운도 좋다. 반면 눈썹이 가늘고 짧거나 희미하면 형제운도 없고 인덕이 약하여 어려울 때 주위에서 도와주는 사람도 없고 고독하다.

짙은 눈썹은 자기표현을 여과 없이 하는 편이다. 자신의 역할이나 운동 등 매사를 열심히 해내는 억척성이 있다. 남에게 절대로 아쉬운 소리를 하지 못하는 성격이라 손해를 많이 본다. 오로지 자신의 노력으로 달려가 깃대를 꽂는 성격이며, 시간을 끌지 않고 예스와 노를 즉각 얘기하는 한편 순발력 또한 뛰어나다.

짙은 눈썹을 가진 사람은 인재를 발탁할 때도 과거의 경력보다는 현재의 실력이나 성과를 본다. 오늘 안 되는 일이 있으면 흔히 다음날을 기약하는데, 이들은 안 되면 안 되는 것이라 단정 짓고 아니다 싶으면 바로 바꾸어버리는 성향이다. 사람을 천천히 알아가면서 친해지기보다는 금세 사귀는 유형이다. 될 사람이면 한 번 만남에 바로 호형호제하지만 안 될 사람이면 바로 보내버리기 때문에 사람을 많이 모으기도 하지만 많이 보내기도 한다. 나이가 들어서도 사업을 자식에게 물려주기보다는 경영 일선에서 활약하는 남성 중 눈썹이 짙은 사람이 많다.

각진 눈썹은 권력욕과 명예욕이 강하다. 사회 활동에서 권위와 영향력 행사에 관심이 높다. 권력과 지위를 차지하기 위해 사람과의 관계에서 갈등이 일어나는 것을 개의치 않는다. 복잡한 상황에서도 힘의 향방을 금방 찾아내고 선두 경쟁에서 앞서기 위해 즉시 행동하는 유형이다. 각진 눈썹 중에서도 눈썹 앞부분은 올라가면서 분명하지만 뒤로 가면서 흐려지는 모양이라면 적극성은 띠지만 사람들과 어울리기보다는 고독을 즐긴다. 자기주장이 뚜렷하며 자신이 하고 싶은 대로 하는 사람이다. 눈썹이 살짝 올라간 듯 그리는 여자라면 무슨 일이든 눈앞에서 해결되어야 잠을 이루는 성격이라고 보면 된다.

눈썹뼈가 돌출한 사람은 관찰력이 뛰어나고 직관력이 우수하다. 또한 유머가 있고 임기응변에 능하고 활동적이어서 사회 활동을 선호한다. 이런 유형은 대단히 적극적이며 밀어붙이는 힘이 강하다. 미릉골이 발달하면 눈썹 위 이마 부분 또한 더불어 발달하기 때문에 26~27세가 대부분의 사람들에게는 변화의 시기이다.

눈썹이 차분하게 누워 있으면 인맥이 좋다. 매사에 매끄럽게 넘길 술 아는 유연성을 지니고 있다. 주변의 엉킨 것을 잘 풀어주는 해결사요 분위기 메이커로서, 성격이 좋으니 자연히 도와주는 사람이 많다. 눈썹이 잘 누워 있긴 하지만 색이 연한 편이면 대인관계는 원만하지만 혼자 있는 시간을 즐기는 사람이다.

눈썹은 순간의 감정을 나타내며 한 가지 일에 몰두해 있을 때 옆에서 보면 털이 서 있다. 눈썹 앞쪽 털이 곤두서 있으면 이는 긴장한 상태를 나타내기도 하지만, 자기만족을 못하고 늘 새로운 것을 향해 나아가려는 도전정신이 강하다고 볼 수 있다. 자기 스스로를 되돌아보며 자신의 자리를 살피는 사람이다. 50세가 되어도 공부 좀 더 해야겠다고 생각하는 사람들을 보면 눈썹 앞 털이 서 있다.

눈썹은 교감신경과 부교감신경이 관장하는 자리로, 화가 나거나 기분이 좋거나 하면 그 상태가 고스란히 나타난다. 기분이 좋을 때는 눈썹 끝이 올라간다. 기분을 전환하고 싶다면 자주 들어올려줘야 한다. 반대로 슬프고 부정적인 기분이라면 눈썹이 쭉 내려간다. 눈썹이 곤두서면 몸이 긴장했다는 뜻이다. 눈썹이 잘 그려지지 않을 때는 편안한 날이 아니니 조심해야 한다.

눈썹 모양은 수시로 변한다. 운이 좋을 때는 눈썹이 좋다가 운이 나빠지면 숱이 빠지고 빛을 잃거나 갈라지고 심지어 거의 다 빠지다시피 한다. 눈썹 숱이 없는 경우는 인복도 없다고 볼 수 있다. 최근 화장을 하는 남자들이 늘어나고 있는데, 그리거나 간단한 시술을 통해 자연스럽게 눈썹을 진하게 만들면 인상도 바뀔 수 있다.

눈썹은 형제운, 자매운을 비롯해 대인관계의 운을 보여준다. 눈썹은 앞쪽에서 뒤쪽으로 가지런하고 푸르스름하고 2/3 부위가 약간 오르면서 굽어야 좋다. 또한 흩어지지 않아야 한다.

눈썹이 흐리고 주위가 지저분하게 흩어져 있으면 운기도 흩어진다. 가지런하게 정리하고 자기 전에 이를 깨끗이 닦고 난 뒤 침을 엄지에 발라서 눈썹에 대고 밀어주면 곱게 자란다.

《동의보감》에서는 '침을 종일토록 뱉지 않고 머금어서 삼키면 자연히 맑은 기운이 얼굴에 머물고 눈이 빛나며 장수한다'라고 하였다. 침이 가장 중요한 보약이다. 침은 몸을 건강하게 할뿐더러 좀 더 젊어지게 한다. 그래서 침을 눈썹에 발라 영양분을 주어 눈썹을 자라게 하는 것이다.

연예인들 중 눈썹이 기막히게 잘생겨서 눈썹 값을 하는 사람이 있다. 가수, 탤런트, 배우 들 중에는 잘생겼어도 상을 보면 내놓을 만한 얼굴이 아닌데 인기가 많고 잘 먹고 잘사는 이가 있다. 그 이유가 눈썹에 있다. 눈썹이 좋아 인기가 좋은 것이다.

한국 대표 문화 상품으로 자리 잡은 넌버벌 퍼포먼스(non-verbal performance, 대사가 아닌 몸짓과 소리, 즉 리듬과 비트만으로 구성된 비언어 퍼포먼스) '난타'의 기획자이자 제작사 PMC 프로덕션 예술총감독인 송승환 씨는 눈썹이 약해서 인기로 먹고살 사람은 아니다. 대신 이마는 잘생겨서 기획을 잘하고 콧방울이 좋아서 재물복이 있다. 난타를 세계적인 문화로 끌어올린 힘이 바로 그의 이마와 콧방울에서 나온 게 아닌가 생각한다.

연기 변신 혹은 이미지 말고도 타고난 눈썹으로 사랑받는 연예인도 있다. 얼마 전 국민 첫사랑이라 불리는 수지 씨는 일자 눈썹 덕분에 성품이 안정적인 인상을 가졌다며 연예계 최고 관상으로 뽑혔다. 일자 눈썹은 자기주장을 펴기보다는 순응하는 성격이다. 감정을 적극적으로 표현하지 않으며 싫은 자리라도 참고 머문다. 무엇이든 거부하기보다는 받아들이는 타입이다. 애교는 없지만 변덕스럽지 않고 늘 한결같아 믿을 수 있는 사람이다.

평소 덜렁거리는 이미지를 벗어나 도도해 보이고 카리스마 있어 보이고 싶다면 각진 눈썹을 하는 게 좋다. 반면 선하고 부드러운 이미지는 둥근 눈썹이 제격이다. 일자 눈썹은 동안 눈썹이라고도 하며 어려 보이게 해주어 요즘 대세다. 전문직 여성은 눈썹 머리 부분을 약간 굵게 하여 일자 눈썹을 그리면 이지적 분위기를 내고 인정받는 느낌이 도드라진다.

눈썹은 첫인상을 크게 좌우한다. 여성은 기본이고 남성들도 눈썹에 신경을 써야 한다. 특히 한순간에 많은 걸 보여줘야 하는 직업을 가진 사람은 눈썹에 많이 투자하면 분명 좋은 결과가 있을 것이다.

눈썹은 비와 바람을 막아주는 지붕임을 잊지 말고 어딘가 새지 않도록 잘 관리해야 한다. 멀리서도 잘 보이는 개성 넘치는 지붕처럼 눈썹에 나의 개성을 더해보자.

04

거짓말 못하는 마음의 창,
눈이 말한다

남북조 시대 북조의 여섯 왕조의 역사를 기술한 중국 25사 가운데 하나인 중국 역사서 《북사(北史)》에 '형불여면 면불여안(形不如面 面不如眼)'이라는 말이 있다. '사람의 상을 보려면 몸 전체보다는 얼굴을 보아야 하고 얼굴 중에서도 눈을 보아야 한다'는 뜻이다. 이 말은 심상(心相), 즉 체상(體相) 중 마음의 모습이 외모로 잘 나타나는 곳이 얼굴이고 얼굴 중에서도 눈(眼)에 나타난다는 의미이다.

사람은 눈으로 말을 한다. 눈은 입보다 많은 말을 하고 중요한 말을 한다. 이유는 간단하다. 눈은 거짓말을 하지 못하기 때문이다. 눈은 마음의 창이요, 눈을 통해 그 사람의 감정과 생각을 읽을 수 있기 때문이다. 또한 눈 모양으로 따뜻한 사람인지 차가운 사람인지도 알 수 있다. 잠잘 때는 정신적 실체가 마음에 머물지만 깨어 있고 활동할 때는 눈에 머물기에 눈을 보면 그 사람이 어떤 유형인지를 파악할 수 있다. '몸이 천 냥이면 눈이 구백 냥이다'라는 속담도 있듯 눈은 우리에게 보배이며 마음을 읽어낼 수 있는 창이다.

쌍꺼풀, 코, 턱, 어디든지 다 성형을 해서 고칠 수 있지만 고치지 못하고 수술 못하는 것이 있으니, 바로 눈빛이다. 눈이나 눈빛은 상황에 따라 수시로 변한다. 즉, 거짓말이 안 통하는 진실한 곳이 눈이라는 말이다.

눈이 예쁜 연예인 하면 한예슬 씨가 떠오른다. 고쳤다 안 고쳤다 말이 많지만 메이크업에 따라 고양이처럼 날카롭게, 어느 때는 청순하게, 어느 때는 여린 소녀처럼 느껴진다. 포도 알처럼 매력적인 큰 눈 덕분이다.

눈이 큰 사람은 자기 감정이나 생각을 빨리 표현하고 발산해버린다. 항상 밝게 생활하고 주위 사람에게 인기가 많으며 정이 많아 다정다감하다. 속을 훤히 드러내고 비밀이 없는 데다 솔직하며 남을 말을 잘 믿는 경향이 있다. 사교적이기 때문에 주위 사람들에게 편안함을 준다. 그러나 강한 면이 부족하고 의지력이 약하며 정에 약해 중도에 그만두거나 손해를 보는 일이 많다. 변화가 심하고 눈물이 많다는 단점이 있다.

다른 스타일의 눈을 살펴보자. 해박한 지식과 익살스러운 말솜씨를 자랑하는 방송인 김제동 씨는 눈이 작아 싸움이 끊이지 않는 사람이다.

그런데 경쟁 대상이 타인이 아니라 바로 자기 자신이다. 끊임없는 갈고 닦음 덕분에 큰 내공과 저력을 지니는 눈으로, 세밀하게 살피고 매사 돌다리를 두들기는 편이다. 신중하고 조심스럽게 말을 하며 자신의 감정을 많이 삭이는 유형이다. 뭔가 해결해야 할 일이 있으면 답을 찾을 때까지 파고드는 끈기도 매우 강하며 멀리 내다보고 치밀하게 계획을 세운다. 수많은 유혹에도 잘 흔들리지 않고 자기주장이 강한 이유도 눈에 있다고 할 수 있다.

외까풀의 눈은 사람의 진정성을 이해하려 노력하는 사람이 많이 가지는데, 눈두덩이 얇으면 시시콜콜 따지는 유형이고 눈두덩이 두꺼우면 무신경한 유형이다.

멕시코 텔맥스텔레콤 회장이자 세계 최고 부자인 통신재벌 카를로스 슬림의 눈은 각이 진 형태로, 매사 하나도 놓치는 일 없이 잘하려는 의지를 담고 있다. 어떤 일이든 조심스럽게 접근하고 관찰하며 고민이 많다. 스스로 걱정거리를 만드는 심사숙고형, 즉 걱정이 많고 맘에 들지 않으면 쳐다보지도 않는 성격이라고 하겠다.

기부를 크게 하는 사람들을 보면 대개 눈두덩이 넓다. 소외된 사람의 어려운 사정에 기울이고 잘 살펴주기도 하는 유형으로, 쉽게 마음을 주지는 않아도 한번 사귀고 나면 따지지 않고 믿으며 밀어준다. 정이 많고 까다롭게 계산하지 않으며 누가 뭐라고 하든 상관하지 않는다. 상대를 한번 믿으면 깊이, 끝내 믿어주는 특성이 있다. 또한 자기주장을 당장 관철시키기보다는 때를 기다려 적당한 시기에 내놓는다. 상대에 대한 배려심도 넉넉하여 덕을 갖춘 사람이라는 평판을 얻기도 한다.

코리안 몬스터, LA 다저스의 류현진 선수. 강한 눈매로 상대 선수를 압도한다. 눈꼬리가 올라간 유형은 승부욕이 강하며 지고는 못사는 성격이다. 한발 뒤로 물러서는 법이 없이 자신이 취할 만한 것은 확실히 취하며 자기의사 또한 분명하고도 직설적으로 표현한다.

이러한 눈을 가진 사람은 일 욕심이 많으며 눈앞에서 재빠르게 실속을 챙기는 순발력이 뛰어나다. 대개는 작은 눈이 올라가는 경우가 많은데 류현진은 눈이 크면서 끝이 올라갔다. 눈이 작으면 그 마음을 숨기는 편이고, 눈이 크면 다 드러내는 편이다. 기분이 언짢으면 참지 못하고 표출해버리는 성격이다.

약간 처진 눈은 때를 기다리며 표정관리를 할 줄 아는 지혜가 담겨있다. 내려온 눈은 올라간 눈보다 더 욕심이 많다. 욕심을 드러내지 않고 있다가 기회가 올 때 확실하게 챙기는 눈이다. 처진 눈은 애교가 있고 귀여운 인상을 주며 사람들과의 교제를 통해서 운을 잡는 유형이다.

과거에는 쌍꺼풀진 남자 스타들이 인기였다면 최근에는 쌍꺼풀이 없는 가느다란 긴 눈이 인기를 얻고 있다. 대표적 스타로는 영화 〈왕의 남자〉를 통해 최고의 인기를 얻은 이준기 씨다. 옆으로 긴 눈이 매력 포인트로 그는 "눈매를 다양하게 이용한 연기를 하고 싶어요. 눈을 이용한 연기가 매력적이잖아요"라고 말한다. 이런 눈을 가진 사람은 표정에 변화가 많지 않고 자신의 감정을 잘 드러내지 않는 편이다. 그래서 차가운 느낌을 줄 때도 있지만 오래 사귄 사람은 그가 사려 깊고 따뜻한 마음을 품고 있음을 잘 안다. 이런 눈을 한 사람은 거시적인 안목을 지닌 경우가 많아 당장 눈앞의 이익을 놓치는 한이 있어도 좀 더 멀리 보고 투자하는 등 미래를 준비할 줄 안다. 웃으면 눈가로 주름이 지면서 눈이 더 가늘고 길어지는데 이런 눈이 바로 참고 배려하는 눈이다.

튀어나온 눈은 하고 싶은 말도 잘 표현하며 하고 싶은 일도 잘하는 사람이다. 아이디어가 번뜩이며, 한 개를 가르치면 두세 개를 알아낸다. 다른 사람이 느끼는 것도 족집게처럼 집어내는 편이다. 한 번 보면 잘 기억할 만큼 눈썰미가 좋은 총명한 눈이다. 이런 눈을 가진 사람은 매우 파격적이며 창조적 기질이 있다. 잘된 것은 물론 잘못된 것도 족집게처럼 찾아낸다.

많은 연예인이 서클렌즈를 껴서 눈동자를 커 보이게 한다. 눈동자가 크면 화려한 것을 좋아하고 주인공이 되는 편이기에 외로울 시간이 없다. 이성보다는 감성이 풍부하여 다정다감하다. 특히 순간적인 감정에 예민하며 즉흥연기, 예능, 예술에 소질이 있다. 눈동자가 작을수록 강한 인상을 주는데, 이성적이고 정신력이 강한 유형이다.

검정색 눈동자는 매우 세심하며 무엇을 보든 일과 연결시켜 내실을 챙긴다. 상당히 현실적이다. 커다란 갈색 눈동자는 계산적이지 않고 돈 때문에 열심히 일하기보다는 일이 좋아서 열심히 하는 유형이다. 이 유형은 예쁘게 꾸미기도 잘한다. 인문학적 소양도 깊은 편이며 매우 감성적이다.

이렇듯 눈 하나에도 우리 정보를 무수히 담아낼 수 있다니, 놀랍지 않은가.

눈 이야기를 하자면, 사람들은 가장 좋은 눈은 무엇이냐고 묻는다. 인상학에서 가장 좋은 눈 모양은 가는 듯 길고 흑백이 분명한 눈이다. 1만 원권에 있는 세종대왕의 눈이 대표적이다. 요즘은 서구적인 미의 기준이 들어와 크고 쌍꺼풀이 짙은 눈을 아름다운 눈으로 치지만 인상학에서는 3.5센티미터를 기준으로 가로 길이가 긴 눈을 가장 이상적으로 본다. 길이가 길고 흑백이 분명하며 광채가 나는 눈을 가진 사람은 건강하고 두뇌 회전이 빠르다. 눈머리에서 눈꼬리까지 3.5센티미터 이하면 짧고 이상이면 긴 편으로 본다. 인상학적으로 눈길이가 4센티미터 이상이면 성공할 가능성이 높다고 친다.

첫인상을 결정짓는 데 중요한 역할을 하는 것이 바로 얼굴이며, 얼굴 중에서도 가장 중요한 것이 부드러운 눈매이다. 자주 웃고 자기표현을 잘하면 눈매가 편안해 보이고 예뻐진다.

매력적인 눈매는 인간의 대인관계나 사회생활에 몹시 중요한 부분이다. 아무리 많은 이론을 알아도 실천하지 않으면 소용없다. 당장 거울을 들고 웃어보자. 모두가 바라는 가장 좋은 눈이 만들어질 것이다. 연습하다 보면 성형으로 바뀌지 않는 눈빛도 충분히 변할 수 있다.

05

부의 메시지,
코

고대 이집트 프톨레마이오스 왕조 최후의 여왕 클레오파트라. 이집트로 원정 온 로마 황제 카이사르의 마음을 사로잡았다. 카이사르가 죽자 뒤를 이은 안토니우스와 결혼해 이집트를 독립시키고 다시 대제국을 형성한다. 시간이 흘러 안토니우스는 카이사르의 양자 옥타비아누스와 싸워 패하자 자살한다. 클레오파트라는 옥타비아누스 역시 유혹하려다 실패한다.

이런 클레오파트라를 보고 철학자 파스칼은 "클레오파트라의 코가 조금만 낮았어도 세계의 역사는 크게 달라졌을 것"이라 말했다. 세계 역사를 바꿀 정도로 코는 얼굴에서 중요한 곳이다. 세계의 역사까지는 아니더라도 개인의 역사를 바꿀 수 있는 부위가 바로 코다. 역사는 사람마다 각각 그 몫이 있으니 내 코가 역사를 바꿀 수 있다는 사실도 기억하자.

얼굴 한가운데 위치해 있는 코는 얼굴 중에서 유일하게 돌출되어 있어 인상을 결정짓는 가장 중요한 부분이라고 하겠다. 코는 본래 기능인 호흡 외에도 미적으로 중요한 역할을 한다. 인상학적으로 다른 부위가 다소 부족해도 코가 잘생기면 평생 의식이 풍족하고 재운이 좋다고 본다. '귀 잘생긴 거지는 있어도 코 잘생긴 거지는 없다'는 속담처럼 코가 인상에 얼마나 중요한 역할을 하는지 옛 선조들은 경험으로 잘 알고 있었던 것 같다.

코의 모양은 재산운과 금전운 및 사업운의 기준이 되고 40대 중년의 운을 판단하는 부위로, 인생의 절정에 최고 중요한 부위이다. 사람마다 코의 생김새가 다른데 그 모양에 따라 성격과 운도 모두 다르다. 자신의 코의 생김새를 잘 관찰하여 부족한 부분을 보완하면 좋은 기운을 만들 수 있다.

우리는 '콧대가 세다', '콧대가 높다'는 말을 한다. 이 말은 '자존심이 강하다'라는 뜻으로도 해석한다. 콧대는 자존심과 관계가 깊다. 사실 콧대가 높고 코끝이 이마를 향해 솟은 사람은 다른 사람 말도 안 듣고 누구에게나 지기 싫어하는 성격이 있다. 높은 코는 위상이 높고 도도한 모습이다. 맘에 들지 않는 자리면 박차고 나오는 칼 같은 성격을 보인다. 사업가보다는 교육자, 지도자의 길이 더 잘 어울린다.

코가 작으면 자기 자신보다 남을 많이 생각할 수 있다. 사람을 좋아해서 주위에 사람들은 많고 그 덕분에 외롭지 않다. 얼굴에 비해 코가 너무 작으면 온순하게는 보이지만 소심해지고 왜소하게 느껴 스스로를 위축하게 한다. 앞장서서 하는 일과 큰 사업은 맞지 않고 포기가 빠른 것이 단점이다.

긴 코는 가볍지 않고 신중하며 한 우물을 판다. 전략가 스타일로 행동이 필요한 사항이 있을 때 미리 구상하여 움직인다. 유행에 민감하지 않고, 사적인 면이나 공적인 면에서 보수적 가치관을 가지고 있다. 원칙 세우기를 좋아하고 그 원칙을 지키려고 노력하는 유형이다. 행동력보다는 사고력으로 승부한다.

코가 짧은 사람은 성격이 급하긴 하지만 순발력이 뛰어나고 변화를 따라잡는 경쟁력이 탁월하며 승부사적 기질이 있다. 애교스럽고 민첩하며 재치와 유머가 넘친다. 변화에 빨리 적응하는 기지가 있다. 한편, 코가 짧으면 심성이 유약하거나 여러 우물을 팔 수 있다. 체념도 빠르고 주위의 변화에 민감하게 반응한다. 막연해 보이는 일에는 거의 도전하지 않는 유형이다.

코와 이어지는 산근(山根, 콧마루와 두 눈썹 사이)이 낮아지는 사람은 저항을 잘 견딘다. 낮추는 게 좋다고 판단하면 엎드리기도 잘한다. 산근에 해당하는 때는 40대 초반으로 변화의 시기이다.

산근이 약하면 10년에 한 번 정도는 위기에 노출되니 잘 견뎌야 한다. 산근이 낮은 사람은 오래 속을 끓이기보다는 빨리 결정을 내려서 정리해버리는 쪽을 택한다. 41~43세 사이에 큰 변화를 맞는다.

코가 좋으면 44~50세 사이엔 자신이 원하는 위상과 명예를 누리며 승승장구할 것이다. 만약 코가 좋으면서 눈썹이 진한 사람이라면 이때 일을 크게 벌일 수 있다. 단, 그만큼 위험부담도 커지므로 꼭 멘토를 옆에 두고 그의 말을 경청하고 조언을 받아가면서 신중하게 위기를 타개해야 한다.

코끝이 살짝 갈라져 있으면 매우 부지런하고 매사 열심히 하며 끈기도 있다. 목표를 세우면 절대 포기하지 않고 끝까지 해내고야 만다. 낮에는 놀다가도 밤에 집에서 밤새우고 공부하는 유형이다. 대단히 열심히 스스로 만족할 때까지 끈기 있게 한다.

대한민국 연예계 역사의 한 획을 그은 '국민배우', '국민 할배' 등 국민이라는 호칭이 아깝지 않을 배우 이순재 씨의 코는 코가 들릴 정도로 콧방울에 탄력이 있으며 공격력과 방어력이 뛰어나다. 콧방울이 탄력이 있어 챙겨야 할 것은 반드시 챙기는 강단이 있고 자신이 하고 싶은 것은 기어이 한다.

콧방울이 **빵빵**하지 않으면 자신이 적극적으로 나서서 사업을 하거

나 일을 주도하지는 않지만 스스로 관리는 잘하는 편이다. 코가 옆으로 퍼져 있으면 자기 것을 잘 챙기지 않는 유형이다. 그래서일까, 순식간에 떠서 갑자기 사라지는 연예계에서 그는 오랫동안 명성을 이어나가고 있다.

예전의 복(福)코는 돈과 사람을 찾아다니는 코였지만, 지금은 남이 돈을 가져다주어서 받는 쪽으로 격이 바뀌었다. 콧방울의 점은 보통의 경우는 '재물 창고에 쥐가 들었다'고 표현할 정도로 돈이 나가는 점이다. 그런데 생각을 바꿔보자. 만약 창고가 비어 있다면 쥐가 들겠는가? 그러니 많이 벌어서 나누어주라는 의미로 보면 된다. 콧방울의 점은 주변 사람에게 자신의 재물을 나누어주어야 하는 점이요, 봉사하는 점이다. 건강 면으로 보면 무리할 때 허리에 고통이 오는 유형이다.

정주영 회장의 코는 길게 내리뻗어 힘이 코끝에 맺힌 집넘덩어리 모양새다. 매사 철저하고 흐트러짐이 없으며 꼭 해야겠다는 일에는 욕심을 가지고 끝까지 이루어내려는 능력이 대단해 성공 확률이 높고 재물이 새는 것을 막는다. 신발 밑창을 갈아서 신을 정도로 검소했지만 소떼를 몰고 북으로 갈 정도로 배포가 컸다. 코가 뾰족하면 말로 상대를 찌르는 유형인데, 반면 눈이 내려오고 코가 둥글면 바로 대놓고 아프게 하기보다는 에둘러서 얘기하는 유형이다.

정면에서 봤을 때 콧구멍이 보이면 씀씀이가 크고 배포가 크다. 돈을 모으려고 엄청 애를 써도 돈이 나갈 일이 수시로 생긴다. 일확천금을 노리지만 천만의 말씀이다. 시행착오가 많아 풍파가 심하다. 콧구멍이 보이는 유형은 욕심을 줄이고 자제력을 키워서 최대한 지출을 막아야 한다. 이들은 사교성과 애교가 많아 친구는 많지만 행동과 말이 가벼워서 오해를 살 수 있으니 평소 신중히 생각하고 말과 행동을 조심해야 한다. 반대로 코끝이 내려온 코는 화가 나도 표현하지 않고 차곡차곡 쌓아둔다.

콧구멍이 크면 사고방식이 개방적이며 자기 감정을 잘 숨기지 못한다. 그래서 감정을 고스란히 드러내어 손해를 보는 사람이 많다. 성격이 호탕한 것 같지만 의외로 자존심이 강해 체면 깎일 일은 잘하지 않는다. 세세하게 신경을 쓰지 않고 낙천적인 성격이거나 이해심이 많아 주위 사람들이 편하게 여기는 경우가 많다.

콧구멍이 작은 코는 소심하고 꼼꼼하나 지출이 적은 덕분에 알뜰하다는 평을 얻는다. 생활력은 강하나 이기적이고 타인에게 베풀지를 못한다. 경계심 또한 강해 주변에 사람이 없을 지경이다. 말이든 행동이든 과장되지 않고 실수가 없는 편이며 어떤 일에 개입하는 것을 싫어해 최대한 삼가는 유형이다.

코털이 콧구멍 밖으로 삐져나오면 주머니 속의 돈이 새나가는 것과 다름없다. 항상 관리를 잘하여 털이 삐져나오지 않도록 주의하자.

성형수술을 할 때 흔히 코 높이를 올리다 보니 콧방울이 줄어들거나 없어지거나 하는데 매우 옳지 못한 일이다. 그런 모양이어야 미인이라고 떠벌리는 것은 성형을 부추기는 사람늘의 이야기일 뿐이다. 콧방울이 없이 코가 형성된다는 것은 이미 균형이 깨졌다는 것이나 다름없기 때문이다.

잘생긴 코를 만들려면 긍정적 태도로 세상을 밝게 살고 자주 미소를 지으면 된다. 이런 생활 태도와 사고를 꾸준히 지속하면 코 모양이 원만해지고 건강한 모습으로 자리 잡는다.

진심으로 사람을 대하고 많이 웃어주면 콧방울은 낚싯바늘처럼 동그래지고 탄력이 생긴다. 코를 빵빵하고 탄력 있게 만들어 재물이 들어오도록 이제부터 신나게 웃어보자.

06

명예가 쌓이는
광대뼈

한때 여자 대학생이 닮고 싶은 여자로 유명했던 세계 오지 여행가이자 국제구호 활동가 한비야 씨. 여성으로서는 광대뼈가 유난히 발달한 것을 볼 수 있다. 세계 곳곳의 긴급구호 현장에서 숨 가쁘게 뛰며 열정 가득한 삶을 사는 그녀의 에너지는 큰 광대뼈에서 나온다. 이러한 광대뼈를 가진 사람은 강한 의지를 지녔기에 어렵고 힘든 일을 당해도 꿋꿋이 헤쳐 나아가는 힘이 있다. 재난 지역, 전쟁터 등 여성으로서는 쉽지 않은 곳에 다닐 힘이 바로 그녀의 광대뼈에서 나왔다고 하겠다.

빛나는 금발, 푸른 눈동자, 인형 같은 이목구비 그리고 튀어나온 광대뼈. 귀엽고 섹시한 이미지를 동시에 갖춘 할리우드 미녀 스타 캐머런 디아즈를 보자. 그녀는 짐 캐리 주연의 〈마스크〉로 데뷔한 미녀 배우다. 완벽해 보이는 그녀의 광대뼈가 자꾸 눈에 거슬린다. 우리나라에서는 자신의 얼굴에 도드라져 보이는 광대를 부끄러워하는 경우가 종종 있다. 얼굴이 커 보이고, 인상이 사나워 보일 수 있다는 생각 때문이다. 하지만 외국의 경우 많은 여배우가 광대뼈를 자신의 매력 포인트로 꼽는다. 그만큼 광대뼈가 하나의 개성으로 자리 잡은 것이다.

인상학에서는 '관골은 권력을 나타낸다'라고 하여 광대뼈를 통해 46~47세의 운을 본다. 광대뼈는 그 사람의 힘, 자신의 의지력, 사회생활, 주변 사람들에게 받는 인덕의 크기, 사회적 파워(정치), 단호함, 자기주장 정도, 적극성, 자신의 명예를 나타내는 부분으로, 남 앞에 많이 나서다 보면 발달하게 마련이다.

관골은 살집이 풍만하여 높이 솟아야 좋고, 둥글며 뼈를 잘 감싸고 있어야 하며, 중심점 높이는 콧등 높이와 조화로워야 한다. 대략 코 높이의 2분의 1에서 3분의 1 정도가 적당하다. 위치는 눈초리의 약 3센티미터 아래가 좋다.

관골이 좋은 사람은 인내심과 책임감이 강하며 에너지의 활동이 왕성하고 두뇌 기능이 활발하다. 자신에게 닥친 어려움을 잘 극복하는 한편 추진력이 뛰어나며 성격이 시원시원하고 좋다. 관골이 얼굴의 다른 부위와 조화를 잘 이루면 어디에서나 중책을 맡는 중요한 사람이 된다. 남자의 관골은 높고 크며 세력이 강한 것을 좋다고 본다. 여자의 관골은 약간 둥글고 잘 드러나지 않아야 한다. 또한 웃을 때는 관골이 보이고 웃지 않을 때는 평평해야 최상의 관골이다.

코는 얼굴의 한복판에 있으므로 나 자신으로 보고, 광대뼈는 코의 바로 옆에 있으니 나를 도와주는 친구로 본다. 그래서 광대뼈가 발달한 사람은 나를 돕는 친구가 많다고 본다. 즉, 인덕이 많다는 것이며, 주변에서 따르거나 돕는 사람이 많기에 권세를 누리기도 한다.

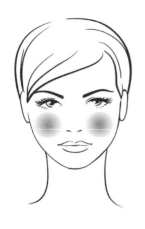

광대뼈가 높고 옆으로 큰 편이면 자존심이 강하고 주변 사람들의 시선을 의식한다. 명예를 중히 여기고 승부욕도 강하다. 누구라도 자존심을 건드리면 그냥 넘어가지 않는다. 남의 의견을 경청하기보다는 자기주장이 강하고 용맹스럽고 사나운 편이다. 큰 소리로 대들지는 않지만 진지하게 정색을 하며 항의하므로 상대를 긴장시키는 유형이다. 매사 적극적이며 누가 시키지 않아도 알아서 일을 잘한다. 누가 못 한다고 나무라면 수긍하거나 참지 않고 할 말은 하는 유형이지만, 좋은 어른을 만나 칭찬을 받으면 받을수록 그 진가가 더 빛을 발한다. 극성스런 모습의 시장 아주머니 중에 광대뼈가 발달한 이가 많다. 악착같으면서 한편 인정이 많다. 광대뼈가 나온 여자는 절대로 카리스마 있는 남자를 좋아하지 않는다.

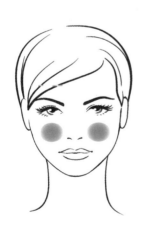

광대뼈가 앞으로 튀어나와 있는 사람은 할 말을 참지 않는 유형이다. 거기에 눈까지 작으면 지기를 싫어하고 아이라도 잘함과 잘못함을 따지는 형이다. 광대뼈가 강한 사람은 자존심이 강하며 워낙 숨김없는 성격이라 말과 행동을 여과 없이 하는 경우가 많다. 그들은 남의 잘잘못을 가리기는 서슴없이 하면서 누군가 자신의 자존심을 긁기라도 하면

용서치 않는 단호함과 무서운 기질이 있다는 점에서 모순을 안고 산다.

광대뼈로 인한 성격은 살면서 만들어지는 경우가 더 잦다. 광대뼈는 분노와 고함, 격한 감정을 많이 가질수록 돌출하려는 기질이 있다. 물론 광대뼈가 나온 사람이라도 살면서 마음을 잘 다스리고 부드러움과 온화함을 키워간다면 안정감 있고 부드러운 모양을 갖출 수 있다. 그러나 끊임없이 시비를 가리고자 하고, 싶은 말 다 하며, 자기 뜻대로 감정을 모두 표출하면서 산다면 광대뼈는 더 강하게 돌출하고 성정도 그만큼 강해진다.

관골이 크면 명예를 중요시하고 남에게 표현도 잘한다. 그런데 관골에 가로로 길게 주름이 진 사람은 명예를 혼자서 누리려는 마음이 엄청나게 강하다. 남에게 말하지 않고 속으로 삭이며 '두고 보자' 하고 깊이 생각한다. 그러다 참을 수 없을 지경에 이르면 어느 순간 폭발해 주위 사람을 놀라게 한다.

한국 사람은 얼굴이 넓적해서 잘 참는 형이다. 그래서 '한'이라는 정서가 있다. 한국에서 이혼한 경우, 보통 내 기질을 못 받아주는 사람과 만나서 사는 동안 열심히 참다가 결국 헤어지고 원수가 되는 경우가 허다하다. 얼굴이 갸름한 서양 사람들이 이혼 후에도 좋은 관계를 유지하는 경우가 많은 것과 대조적이다. 관골만 크고 관골 주위의 살이 빠지면 삶이 힘들다.

코만 오뚝하고 광대뼈가 없으면 혼자만 잘난 독불장군 유형이다. 뜻만 높고 실행하는 능력이 없기 때문에, 언뜻 보기에는 괜찮지만 인덕이 없으며, 뒷말을 잘해 실수하는 경우가 생기기도 한다. 이상이 높아 현실을 직시하지 못하고 자기 편한 대로 사는 사람이기에 성공하기 힘들다. 관골이 약하면 나를 보좌해줄 부하, 친구, 동료, 파트너가 약하다. 그러므로 학문이나 특수한 기술직으로 가야 성공하고, 정치나 사업으로는 성공하지 못한다.

여성의 경우 광대뼈가 발달하면 '팔자가 세다'거나 '남편 복이 없다'라는 표현이 붙는데, 이는 대부분 남편의 일이 잘 풀리지 않아 아내가 가정의 경제를 책임지게 되었을 때 해당하는 말이다. 남편과의 사이는 그리 원만하다고 볼 수 없다. 그 이유는 광대뼈가 발달하면 활동력과 행동성이 있다는 뜻인데, 옛날 여성들은 주로 부엌과 집 주변에서만 활동했으니 자신의 본능을 제한받았을 터이다. 따라서 스트레스를 많이 받았을 것이고 쌓인 스트레스를 어떻게든 풀어야 했을 터인데 그 대상이 가장 가까운 가족인 남편이 아니었을까 싶다. 당연히 부부 갈등이 일어났을 것이다. 그러나 요즘은 여성에게도 활동 공간이 넓어졌으니 광대뼈가 어느 정도 나온 얼굴이 건강하고 인상학적으로 좋다고 본다.

성격이 시대나 환경에 따라 적합해지기도 하고 적합하지 않기도 하듯이 인상학적 해석도 시대에 따라 달라진다. 세상에는 절대적으로 좋은 성격이란 존재하지 않는다. 모든 것은 그 사람이 살고 있는 환경에 따라 적합한지 아니면 부적합한지가 결정될 뿐이다. 자신의 성격이 시대나 환경에 적합하다고 느낀다면 성공의 길을 가고 있을 가능성이 높다. 반대로 자신의 성격이 시대 및 환경과 잘 맞지 않는다고 느낀다면 실패의 길을 가고 있을 가능성이 높다.

관골은 타고나는 것도 있지만 말을 많이 하고 웃고 적극적으로 표현할 때 더 발달한다. 현대에서는 광대뼈가 큰 여성을 사회생활에 적합하고 활동력이 강하며 에너지가 강한 전형적 커리어 우먼형으로 본다.

첫인상에서 광대뼈가 강해 보이면 '고집 있어 보인다'거나 '강해 보인다' 혹은 '다가가기 힘들 것 같다' 등 부정적으로 비춰질 수 있다. 평소 웃는 습관을 가지면 광대뼈 근육이 발달해 예쁘게 튀어나온다. 어려운 일을 만날 때 어금니를 악물면서도 웃으며 잘 인내했던 사람은 뺨에 탄력이 생겨 푹 꺼지지 않고 통통하다. 눈길이 부드럽고 온화하면 나쁜 기운을 많이 감소시켜주므로 평소 좋은 심성을 갖도록 노력하는 것이 중요하다.

명예를 갖는 게 어려운 일임은 당연하다. 그것을 인내하는 과정에서 웃음이 나오고 좋은 심성이 나온다. 그런 마음과 행동에서 누구나 접근하기 쉬운 광대뼈가 나오는 것이라 생각된다.

07

매력을 발산하는
입

입은 우리 몸과 영혼의 통로다. 입으로 들어가는 음식은 활동에 필요한 영양소를 공급한다. 입으로 나오는 말은 우리의 정신을 보여주는 징표다. 얼굴에서 입 모양이나 크기를 보는 것도 중요하지만 우리가 무엇을 어떻게 먹는지, 입으로 무슨 말을 하는지가 중요하다.

입 주위에는 16개 정도의 근육이 있는데 심술이 날 때나 기분이 좋을 때, 화가 날 때 혹은 슬플 때 등등 사람의 기분에 따라 근육이 운동하는 자리가 달라진다. 어린아이에게 장난감을 주면 기뻐서 입꼬리가 올라가고 장난감을 빼앗으면 울면서 입꼬리가 아래로 처진다.

입 모양은 상황에 따라 변한다. 일시적이 아닌 오랜 시간을 밝게 사느냐 어둡게 사느냐에 따라 입 모양이 달라진다. 여건이 좋아지면 입이 커지고 어려워지면 입이 작아진다. 입이 커졌다가 작아지는 것은 밖으로 강화되는 근육을 쓰느냐 안으로 강화되는 근육을 쓰느냐에 달려 있다. 또 입이 중요한 이유는 60세 이후 말년의 운세와 복을 보기 때문이다. 젊어서 고생이 심해도 입이 좋으면 말년이 좋다.

과거에 흔히 "사내 입이 크면 밥술이 크고 통이 크다, 포부가 크다"라고 했다. 한 일(一) 자로 그은 듯 더없이 야무지고 벌렸을 때 자기 주먹이 들어갈 정도의 크기이면 장차 '큰일을 해낼 사람이다'라고 했다.

세계에서 가장 영향력 있는 여성 10인에 포함된 인물인 페이스북 최고운영책임자(COO) 셰릴 샌드버그, 미국의 영부인 미셸 오바마, 미국 토크쇼의 여왕 오프라 윈프리 등은 하나같이 큰 입을 가졌다. 빌게이츠의 부인 멜린다 게이츠 역시 입과 턱이 넉넉하다. 거기서 나오는 풍성함은 훌륭한 남편을 키우고도 남을 만큼 여유가 돋보인다. 여성이 전혀 사회 활동을 할 수 없었던 시절이었음에도 당대를 주름잡았던 장녹수, 정난정 같은 여걸은 아마 입이 컸을 것이다.

입의 크기는 야망과 비례한다. 일에 대한 추진력, 결단력이 그 크기에 좌우된다. 입이 크면 사교적이고 생활력이 강하고 지도력이 있다. 적당하다고 보는 입의 표준은 눈을 정면으로 떴을 때 양쪽 동공에서 아래로 직선을 그었을 때 양 입꼬리와 만나는 정도의 크기이다.

오프라 윈프리 쇼에 출연한 휴 그랜트는 영화 〈노팅힐〉의 상대 배우였던 줄리아 로버츠에 대해 이렇게 말했다.

"줄리아의 입은 커도 너무 크다."

줄리아 로버츠는 보는 사람을 미소 짓게 만드는 함박웃음이 매력 포인트다. 큰 입은 매우 감성이 풍부하여 다 받아주는 성격으로 이어진다. 입이 큼직하고 입꼬리가 야무지면 사회적으로 성공할 유형이다. 줄리아 로버츠처럼 웃을 때 입꼬리가 굉장히 넓게 퍼지는 사람은 화통하고 스케일이 크다. 거침없이 자기주장을 하기 때문에 활동적인 성향이 굉장히 강하고 비밀을 지킨다거나 무엇을 마음속에 감춰둔다거나 이런 쪽은 상대적으로 약하다. 여성도 사회 활동을 활발히 하는 시대이므로 자신감 있는 여성으로 보이고 싶다면 입술을 좀 크게 그리는 것이 좋다.

MBC 〈라디오스타〉에 출연한 김구라 씨는 시스타 소유 씨에게 이렇게 말했다.

"자신의 매력 포인트가 어디라고 생각하나요? 난 입술이라고 생각하는데……."

"입술이 너무 작아요."

"조용필 입술 같은 느낌이지요. 입술이 작은데 노래를 잘하니까 정말 매력적입니다."

입이 작은 사람은 소유 씨처럼 매력적이지만 소심하며 추진력도 약하다. 좀 더 자신감을 가지고 생활할 필요가 있다.

말 많은 사람치고 입술 두꺼운 사람 없다. 특히 입술이 앞으로 튀어나온 사람은 말이 많다. 이는 남보다 1초라도 먼저 말하기 위해서라는 우스갯소리도 있다. 위아래 입술이 모두 얇은 사람은 남의 말을 들어주기보다는 본인이 말하기를 좋아한다.
윗입술이 두꺼운 사람은 남의 말을 잘 듣지 않는다. 위아래가 다 두꺼운 사람은 듣기도 잘하면서 본인의 이야기를 다른 사람의 말에 앞서 고집스럽게 주장하기도 한다.

안젤리나 졸리처럼 두터운 입술은 인정이 많고 열정과 욕구가 강하다. 입이 크고 입술이 통통한 것은 입 안의 근육이 발달하여 밀려나왔기 때문이다. 입술에 살이 많아 다물어지지 않고 느슨해 보일 정도의 입을 가진 사람은 감정이 풍부하며 정이 많은 편이고 욕심도 많다. 입술이 두둑하면 입술선이 분명치 않다.

입매가 꽉 조여 있지 않으면 자기 몫을 챙기기보다는 정을 잘 주는 편이다. 이런 입술은 돈이든 일이든 매사 분명히 매듭하지 못하는 성격이지만 까다롭게 따지지 않으니 깍쟁이로 생각되지 않는다. 또한 마음씨가 좋아 보이며 한편으론 섹시미가 있다.

입술의 두께는 요리 솜씨와도 관계가 있다. 음식점이나 일식집 주방장 중에 대개 아랫입술이 두꺼운 사람이 많다. 미각이 발달했기 때문이다. 정력도 좋고 건강하며 성적인 면에서 더 적극적일 확률이 높다. 오랫동안 음식 그릇에 입을 대고 먹으면 입술 윤곽이 볼품없이 망가지니 조심해야 한다.

반대로 얇은 입술은 냉정하기보다는 계산이 명확하고 처신을 분명히 하려는 유형이다. 남의 말을 들어주기보다는 본인이 말하기를 좋아

한다. 인정이 메마르고 애정 표현에 약하므로 상대방을 자신처럼 여기는 자세가 필요하다. 그럼으로써 상대를 배려하고 서로 도움을 주고받는 것이 더 실리적이다. 명예와 권력을 중시하고 모든 일을 정에 이끌리지 않고 냉정하게 판단하는 유형이다. 한번 결정한 일은 충실하게 지키려고 노력한다.

일반적인 입꼬리   아래로 내려간 입꼬리

입꼬리가 아래로 내려가는 경우는 책임감이나 중압감을 강하게 느낄 때다. 인내하려고 어금니를 지그시 물면 턱 근육이 발달해 입꼬리가 아래로 당겨지기 때문이다. 입꼬리 옆 불룩한 근육인 심술보는 심기가 불편해도 참아내면서 생긴 것이다. 대신 다른 데서 화난 일을 가까운 사람에게 분풀이한다는 단점이 있다.

입꼬리가 야무지고 입술선이 뚜렷한 사람은 좋고 싫은 것을 분명하게 이야기한다. 싫은데 일부러 좋은 척하지 않고 매사에 정확하다. 이성관계도 맺고 끊음이 분명하며 스캔들이 없다. 지적이고 두뇌 회전도 빠르다. 야무지고 매사를 신중하게 생각하므로 감정에 치우치지 않고 스스로를 잘 이끌고 조절하는 타입이다.

입술을 그릴 때 자기 입술선보다 작게 그리는 사람은 소심한 편이고, 크게 그리는 사람은 성격이 과감하고 사회생활도 활발한 편이다. 입술을 뚜렷하게 그리면 똑 부러지는 성격으로, 신뢰할 수 있으며 신용 면에서도 정확하다.

입이 살짝 옆으로 틀어진 것은 세상의 씁쓸한 단면을 맛보아 비위가 상하는 일이 오래 지속되어 생긴 근육 탓이다. 흔히 "입은 비뚤어져도 말은 바로 하자"라고 한다. 이 말을 다시 생각하면 바른 말, 예쁜 말을 해야 입이 반듯해진다는 의미이다.

'국민 MC', '유느님'은 자타가 공인하는 대한민국 최고의 MC 유재석 씨에게 붙은 수식어다. 예능을 넘어 연예계에서뿐만 아니라 대한민국에서 그의 영향력이 커지는 만큼 유재석표 명언이 화제다.

"입술의 30초가 마음의 30년이 된다."

"나의 말 한마디가 누군가의 인생을 바꾸어놓을 수도 있다."

"혀를 다스리는 건 나이지만, 내뱉어진 말은 나를 다스린다."

"함부로 말하지 말고, 한 번 말한 것은 책임을 져라."

이처럼 수많은 명언을 쏟아낸 그다. 우리의 입은 개운(開運)의 통로이다. 진심에서 우러나오는 말을 많이 하면 인성이 반듯하다는 의미이므로 얼굴색이 좋아지고 행운이 찾아오며 성공의 길로 나아가게 된다.

입을 통해 나오는 영혼의 말이 매력적이지 못하다면 주변 사람들이 떠나는 건 물론이요 범법자로 전락할 가능성이 농후하다. 그러니 매일 챙겨먹는 음식 못지않게 자신이 내뱉는 말의 영혼도 살찌우고 있는지 점검해야 한다.

08

내 주머니 인중,
그 안에 돈이 있다

인중은 여러 의미가 있다. '곳간에서 인심 난다'는 속담이 있다. 자신의 배가 부를 때 주위를 돌아보는 여유가 생긴다는 말인데, 곳간이 무엇인가? 농사의 수확물과 생활에 필요한 각종 중요 물건을 넣어두고 보관하던 곳이다. 그래서 곳간 열쇠를 쥔 사람이 그 집안의 경제권을 장악한 것으로 본다.

사람의 얼굴에도 곳간과 같은 역할을 하는 곳이 있으니 인중과 인중의 좌우 부위인 식록궁(食祿宮)이다. 인중은 인상학에서 중년을 나타내는 코와 말년을 나타내는 턱을 연결하는 부위다. 따라서 인중이 잘생겨야 말년이 편안하다고 본다. 입 모양과 인중은 관상에서 차지하는 비중이 매우 높은데, 관상학에서는 인중을 물이 흐르는 강으로 본다. 바닥이 깊어야 물이 고이는 것처럼 인중도 깊고 또렷하고 깨끗해야 좋다.

코가 돈을 저장하는 창고라면 인중은 창고의 앞마당에 해당한다. 마당이 넓고 두둑해야 창고도 풍성해진다. 인중이 두둑하면 풍요로운 말년이 보장되고 자손도 좋다고 본다. 인중이 너무 가늘고 좁고 흐릿하면 볼품없고 옹색한 느낌이 든다. 물길이 가늘면 물이 잘 흐를 수 없듯이 가는 인중 역시 운수가 막힐 수밖에 없다.

〈해피투게더 3〉에서 서인국 씨와 신성록 씨가 관상에 대해 말하던 중 신성록 씨는 다른 사람들보다 긴 인중을 언급해 이목을 집중시켰다. MC 유재석 씨는 "내가 그 얘기를 하려고 했는데 장중이다"라며 웃음을 터뜨렸다. 신성록 씨에 비해 인중이 짧은 편인 서인국 씨는 "키스신을 찍을 때 인중이 짧으니까 좀 더 진한 느낌이 난다"고 짧은 인중의 장점을 말했다. 이에 신성록 씨는 "나는 인중이 길어 잘 못 느낀다"라고 자폭했다. 박미선 씨도 "그렇겠다. 인중에 입술이 닿을 수 있지 않으냐"며 신성록 씨의 자폭에 공감하고는 폭소했다. 그만큼 인중은 그 생김새 판단 여부를 일반인도 쉽게 알 수 있고 에피소드가 다양하게 나오는 부위이다.

인중이 길고 곧으면서 윤곽이 뚜렷한 사람들은 관상학적으로 봤을 때 오래 살고 경제적으로 윤택한 삶을 누린다고 한다. 게다가 인품도 훌륭하다고 하니 더 바랄 나위가 없다. 하지만 너무 길어도 낭패다. 인중이 길면 일단 얼굴이 길어 보이고 나이도 들어 보인다. 김수환 추기경은 인중이 남달리 길었는데 대중의 입에 회자되고 역사에 길이 남을 인물이다. 장수의 대명사 송해 씨의 인중을 보면 그가 왜 장수하는지가 드러난다.

인중은 장수의 여부도 의미하지만 직업적으로는 일에 대한 지속성 여부도 나타낸다. 인중이 긴 사람은 인내도 잘하고 한 우물을 판다. 느긋하게 세상을 관조하는 성격, 지도자의 운, 리더십, 윤리성이 있어 교육자, 종교가 등에 적합하다. 그들은 인내심과 끈기가 있고 성격이 느긋하여 사람이 많이 따르니, 인간관계가 오래 지속되는 편이다. 또한 의리가 있어 복이 끊이지 않는다. 아랫사람이 흡족하지 않더라도 참고 기다려줄 줄 안다.

인중이 길다면 나서 자란 환경이 느긋하다고 볼 수 있다. '천천히 가자', '좋습니다'라는 말을 많이 할 때 인중이 길어진다. 인중이 짧았던 사람이라도 수시로 위의 말을 반복하면 상이 좋게 바뀐다. 인중이 긴 사람은 보편적으로는 느긋하지만, 어느 날 급한 성질이 튀어나오기도 한다.

인중에 살이 두둑하면 51~53세부터 평생 지갑에 돈이 두둑하다. 감정보다는 이성적 판단을 중시하는 편이며, 한 번 사귄 사람과는 오랫동안 그 관계를 유지하려 든다. 모임에서는 전면에 나서지 않고 뒤에서 방패 역할을 하는 유형이다.

성격이 급하면 인중이 짧아진다. 뭐든 "큰일 났다, 큰일 났어!" 하며 급하게 말하는 사람들은 입술 위의 근육을 빨리 당기면서 쓰는 경향이 있다. 인중이 짧은 사람이 윗입술을 말아올리며 급하게 말하고 행동하다 보면 인중 근육이 발달하기 때문에 더 짧게 느껴진다. 신중하지 못하고 성격이 급해 결정을 내릴 때도 서두른다. 급하게 말하다 보니 말실수가 잦다. 무언가에 호기심이 생겨 흥미롭다는 생각을 품을 때면 무의식적으로 인중이 위로 올라간다. 매사에 싫증을 잘 내며 직장을 자주 옮기고 한 사람과의 관계를 오래 지속하지 못한다. 인내심이 약해서 감정에 치우치기 쉽고 감정의 기복이 심해서 성질을 많이 부리는 편이다. 대신 애교는 많다.

인중이 얇고 퍼져 있는 사람은 생각이 깊지 못하고 행동과 말이 앞선다. 일반적으로 깊이 생각하고 난 다음에 처신해야 실수가 적고 후회하지 않는다. 인중이 얇고 퍼진 사람은 더더욱 그 점을 명심해야 한다. 이 유형은 사람과의 관계에서 인맥을 다지고자 하는 마음이 없고 혼자서 생각하고 혼자서 연구하고 혼자서 결정을 내린다.

고전 상서(고전 관상서)《면상비급》에 '인충운봉 연다위불리(人沖運奉 年多爲不利)'라는 말이 있다. 인중 나이에 이르렀을 때 많은 사람이 불리하고 힘들어한다는 뜻으로, 인중이 잘생겼어도 늘 경계하고 조심해야 하는 연령대임을 의미한다.

인중이 비뚤어진 것은 입이 틀어진 것이다. 입이 틀어졌으니 불편할 것은 말할 것도 없다. 주로 한쪽으로 치우쳐서 곰곰이 생각할 때, 편협한 생각을 많이 하면 이렇게 된다. 살면서 편안하지만은 않은 것이다. 틀어진 입은 현재 불편한 마음을 나타내니, 항상 운기에 영향을 미친다.

웃을 일이 많아서 자주 웃고 다니면 입술산이 벌어지면서 인중 아랫부분도 넓어져 이상적인 물방울 모양의 인중이 된다. 젊었을 땐 인중이 짧게 말려 올라갔더라도, 나이가 들면서 성질이 다듬어지면 다시 내려와 길어진다.

최근 인중이 긴 사람들은 원숭이 같다는 고민에 빠져 성형수술을 감행한다. 사회생활에 지나치게 어려움이 없다면(사실 그다지 어려움도 많지 않다) 곳간이며 수명을 볼 수 있는 인중을 수술하기보다 조금 더 베푸는 삶을 살고자 노력하는 게 낫다. 인중을 잘 가꾸어 인중이 주는 복을 누리는 게 훨씬 나은 선택이다.

09

법령이 확실한 사람은
자기 직업이 확실하다

얼굴에서 주름은 그 부위를 막론하고 인생에 굴곡과 역경을 몰고 온다고 본다. 그런데 딱 한 곳, 얼굴에 있으면 좋다는 주름이 하나 있으니, 그게 바로 팔자 주름, 일명 법령선이다. 팔자 주름 때문에 상대적으로 입도 튀어나와 보이고 인상도 피곤해 보이는데 좋은 상(相)이라니! 이게 무슨 소리인지 알다가도 모를 노릇이겠다. 지금부터 우리의 팔자를 시원하게 펴줄 법령선에 대해 살펴보도록 하자.

법령선은 콧방울에서 입 주위로 퍼져나가는 주름이다. 이 부위는 표정을 지을 때, 표정 근육들이 입술을 위로 당겨 지방층이 모이면서 더 뚜렷해 보인다. 56~57세의 운기를 관찰하는 부위로 권위, 출세, 직업운, 수명도 여기서 살핀다. 법령을 통해 그 사람의 신념과 의지를 한눈에 볼 수 있으며, 사회 활동으로 지위나 수입을 얼마나 얻을 수 있는가도 드러난다. 50세 이후의 사람을 처음 만났을 때 법령선을 보는 것도 그 사람을 알 수 있는 하나의 방법이다. 인재를 채용할 때도 법령이 잘생기고 뚜렷한 사람을 뽑으면 반은 성공이라는 말이 있다.

좋은 법령선은 입 주위를 타원형으로 부드럽게 살짝 감싸되 깊이 파이지 않아야 한다.

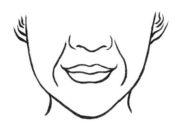

법령선이 뚜렷한 사람은 독립적이며 스스로 법을 준수하는 편이다. 질서를 좋아하고 도덕적으로 깨끗한 편이다. 세상의 원칙을 따르기보다는 자기 원칙이 확고하며, 스스로의 원칙에 비추어 어긋나는 행동은 매우 싫어한다. 자기 고집과 주장도 매우 강하다. 스스로 난 괜찮은 사람이라고 생각하는 자신감도 충만하다. 옳고 그름을 세세히 따져가며 전문적으로 파고드는 유형이다. 어떤 일을 하든 그것을 천직으로 생각하며 노력하는 성격의 소유자이다. 혼자 있을 때 입을 굳게 다물고 결심을 새롭게 하면서 발달한 선으로, 누가 시키지 않아도 매사 스스로 처리하는 성격이다.

사회생활을 하는 여성에게 법령선이 선명하면 다양한 업무와 책임을 맡을 징조다. 특히 자신의 운명을 스스로 개척하는 여성에게는 이 선이 깊고 선명하다. 이들은 사회생활에서 성공할 확률이 높다. 그러나 자기 주관이 뚜렷하고 매사를 정확히 하려고 들기 때문에 완벽주의적 경향이 주변 사람들을 피곤하게 만든다. 직업이 없는 주부가 법령선이 확실하면 남편을 성공시키고 자기 재산도 확실하게 가진다. '내 말이 곧 법'이라는 신념이 있기에 집안에서 독단적으로 결정권을 쥐고 흔들 수 있다. 그래서 남편과 아이들은 힘들어할 수 있다.

법령선이 팔(八) 자로 길고 넓게 퍼져 있고 근엄한 모양새로 자리 잡은 사람은 정이 깊고 포용력이 있으며 도량이 넓다. 여기에 코밑수염도 많으면 에너지가 넘치며 은퇴가 없는 사람이다. 명성과 돈은 물론 함께할 사람이 확보되는 유형이다. 주름이 입으로부터 멀리 떨어진 경우 태어날 때부터 경제적 운을 타고났다고 본다.

법령선이 입을 둘러싸고 안으로 오목하게 모여 있으면 고집이 세고 웃음이 적으며 소유욕이 강하다. 사교성이 없어 상대방이 마음에 들지 않으면 포용하지 않고 말없이 배척하곤 한다. 대체로 자기 스타일을 유지하며 살고 싶어 하기에 못마땅하면 자신의 기분을 그대로 표현하는 경우가 많다. 스트레스를 심하게 느끼면 짜증을 내고 성질을 부리며, 욕구불만이 쌓이면 히스테리 때문에 양쪽 입이 들어간다. 이런 사람들은 낙천적으로 생각하는 습관을 들이고 삶을 즐기기 위해 수양하고 제어하면 살이 붙는다.

2중 법령선이 있는 사람은 개성이 강하며 양보할 줄 모르는 성격이다. 종류가 같은 것도 하나에 만족하지 않고 여러 개를 탐하며 독점하려는 마음이 강하다. 이들은 직업을 자주 바꾸기도 하고 주로 두 가지 이상의 일을 하거나 부업을 하고 싶어 한다.

법령선에 점이나 상처 등이 생기면 보증을 서지 않는 것이 좋으며 돈 관계에 신경을 써야 한다. 법에 관계되는 일에 대해서는 절대 위반하면 안 된다.

10대와 20대에 법령선이 뚜렷하면 어린 시절부터 일찍 스스로 돈을 벌어 학교를 다니거나 집안 살림을 책임져야 할 수 있다. 이들은 인생관이나 목표가 뚜렷하고 부지런하다.

법령선은 너무 젊은 시절에 나타나는 것보다 40대가 되어서 나타나는 것이 좋다. 40대가 지나도 법령이 분명치 않은 사람은 자립심이 부족하고 우유부단하며 끈기와 책임감이 부족하다. 자신의 일이나 목표를 그때까지도 확고하게 정하지 못하기에 직업에 변화가 많을 수 있다. 그러나 일단 자리를 정하면 즐겁게 최선을 다해 일하되 그 자리에 연연하지 않고 언제든 가볍게 떠난다. 남들과 무리 없이 잘 어울릴 줄 안다.

법령이 지나치게 짧거나 희미한 경우, 50대의 안정적 직업을 보장할 수 없거나 직장을 잃을 수도 있다. 법령선이 없는 사람은 어린아이 같은 순수함은 있지만 어린아이가 책임감을 별로 의식하지 않듯이 어려울 때 '에잇, 아무렇게나 해버리자' 하는 경향이 있다.

누구나 표정을 지을 때 법령선이 생기는데, 평소 움직이는 입 모양에 따라 변하는 경우가 90% 이상이다. 그런데 왜 이 주름이 노화의 상징이 되었을까? 팔자 주름 자체가 노화의 현상은 아니다. 다만 노화와 더불어 일어나는 여러 변화가 팔자 주름을 강조한다.

법령을 좋게 만드는 방법은 웃음이다. 입을 크게 벌리고 즐겁게 웃으면 입 끝이 올라가면서 자연적으로 법령선이 균형 있게 자리를 잡게 된다.

많은 이가 없애고 싶어 하지만 어려 보이고 싶다고 팔자 주름을 무조건 없애면 안 된다. 가늘고 깨끗하며 반듯한 팔자 주름은 일의 성공을 가져올 수 있다. 너무 웃으면 팔자 주름이 생겨 보기 싫어진다고 크게 웃기를 꺼리는 여성들도 있다. 하지만 환한 미소를 만들어주는 옅은 팔자 주름은 당신의 인생에도, 보기에도 좋은 주름이다. 더 좋은 팔자 주름으로 당신의 팔자까지 쭉 펴보면 어떨까?

10

편안한 노후를 확인하는
턱

과거에는 통통한 얼굴이 복스럽다 하여 미인의 조건 중 하나였다. 현재는 작고 갸름한 V 라인의 형태가 미인의 기준으로 꼽히고 있다. 연예인뿐만 아니라 일반인에게도 V 라인 열풍이 불면서 V 라인 만드는 법에 관심을 기울이는 이들이 늘었다. '부모님 날 낳으시고 원장님은 날 만드시니'라는 우스갯소리가 나왔을 정도다.

V 라인의 갸름한 턱선을 선호하는 시대이지만, 인상학에서는 U 자형의 튼실한 턱을 좋게 친다. 턱은 말년의 복을 보는 부위로, 자기가 겪어온 인생의 결말을 짓는 곳이다. 자기를 중심으로 한 주위 환경, 즉 가정운, 부하운, 주거운을 볼 수 있다.

그렇다면 좋은 턱의 조건은 무엇일까? 우선 턱의 길이는 인중의 두 배 정도가 적당하다. 턱 크기는 관골에서 맞추면 된다. 관골에서 일자로 내려오고 입꼬리가 내려가지 않으면 좋은 턱이다. 관골보다 좁거나 넓으면 문제가 된다. 서양인은 얼굴이 좁아서 턱이 갸름해도 팽이 턱이 아니다. 자기 관골을 기준으로 삼되, 주위가 둥글어 마치 U 자 형으로 풍만하고 여유 있게 보이는 턱이 좋은 턱이다. 두께는 살이 많으면서 탄력이 있어야 좋다. 나아가 턱은 집터에 비유할 수 있는데, 좌우 아래가 넓고 커야 좋고 두껍고 단단해야 중심이 잡힌 것으로 본다. 이런 턱은 노년에 풍요로운 삶을 영위할 수 있을 뿐 아니라 아랫사람들이 잘 따른다.

역대 외국인 축구 국가대표팀 감독들 중 우리가 기억하는 거스 히딩크, 조 본프레레, 딕 아드보카트의 턱에 대해 알아보자.

히딩크 감독은 턱 끝이 갈라진 것이 특징이다. 턱 가운데가 두 쪽으로 갈라진 일명 할리우드 배우 마이클 더글라스 턱이며, 동양인에게는 흔히 볼 수 없는 서구적 생김새다.

 이런 턱을 가진 사람은 매우 강인한 성격으로 자기가 원하는 것은 끈질긴 노력을 기울여 성취해내고야 만다. 끈기가 있어서 목표를 세우면 끝장을 보는 유형이며, 때로는 주변 사람이 따르기 힘든 성격이다. 새로운 것을 창조해내는 능력이 있다. 이런 사람은 자기 자신에게 매우 철저하여 완벽을 기하며 끈질긴 데다 자기와의 싸움에서 이기는 타입이다. 이들은 가까운 사람에게도 자기와의 싸움을 이겨내는 강한 의지와 집념을 기대한다. 지장이며 덕장이던 히딩크는 부하들을 잘 다스렸다. 그래서 코치도 박지성 등의 선수도 그의 품 안에서 자랑스럽게 날개를 폈던 것이다.

개그맨 서경석 씨는 자신의 얼굴의 매력 포인트를 '화살코'가 아닌 턱이라고 밝혔다. 그는 "일반적으로 사람들은 내 코만 보고 마는데, 내

코는 턱을 보라는 깊은 의미를 담고 있는 화살코다. 인상학적으로 이 턱이 좋다고 들었다. 이제는 턱으로 제2의 전성기를 맞이하는 게 소망이다"라고 말했다.

국가대표 축구감독에서 쫓겨난(?) 조 본프레레 감독은 얼굴이 좁고 길면서 아래턱이 매우 작고 후퇴해 있는데, 옆에서 볼 때 입 부위가 볼록한 게 특징이다. 턱이 약하면 최상의 지도자로서는 결격이다. 최상으로 올라가면 반드시 아래에서 흔들게 된다. 한국 대표팀을 카리스마 있고 포용력 있게 이끌지 못하고 통솔력이 떨어졌다는 평가를 받았다.

이런 턱은 어딘가 우유부단하고 의지력이 약해 보이며, 신뢰감을 떨어뜨리는 이미지를 준다. 자신밖에 모르는 이기심이 강하고 냉정해서 남을 위해 도움을 주거나 희생심이 없다. 그 때문에 주변 사람이나 부하가 없어 불운한 말년을 보낼 수 있다. 리더십이나 권위도 따라주지 않는 턱이다. 이런 턱을 가진 사람이 회사에 취직해서 과장급이라도 달면 부하 직원들이 말을 잘 안 듣고 자꾸 하극상을 일으키는 형국이니, 타인을 리드하는 능력이 부족하다고 하겠다. 이럴 경우엔 과장이라는 직함을 생각 않고 평사원처럼 몸을 낮추어 일하고, 부하들과 친구처럼 편하게 대하고, 부하에게 지시하느니 내가 하고 말지 등의 화합형 처세를 하면 회사생활을 멋있게 할 수 있을 것이다.

그런데 무턱이라도 턱 아래로 주름이 하나씩 만들어져 이중턱이 생기고 탄력이 제법 붙으면, 큰소리 뻥뻥 치며 타인을 감당할 수 있다. 자신만큼 남도 생각하면서 더불어 함께하는 원-원 의식이 필요하다.

딕 아드보카트 감독은 강인해 보이며 카리스마가 있는 인상으로, 아래턱이 풍만하고 안정감 있고 튼실하다. 턱이 좋아 포용력 있게 대표팀을 잘 이끌 수 있었다.

턱이 크고 살집이 있으면 끈기가 좋고 체력이 왕성하여 어떤 일이든 주체적이고 적극적으로 밀어붙인다. 이해심이 많고 가정적이며 남의 부탁을 잘 들어주며 후진 양성도 잘한다. 성격이 온화하고 침착하며 포용력이 있다. 가정운과 자식운이 좋아 존경받는 유형이며, 남을 잘 돕고 보살펴서 부하뿐만 아니라 상사 등 모든 이에게 신뢰를 얻어 많은 사람이 따른다.

네모난 턱, 각진 턱을 가진 사람은 '고집 세 보인다', '인상이 강하다', '억세 보인다' 등의 말을 많이 듣는다. 인상학적 측면으로는 '고집이 세고 자기 주관이 뚜렷해 원만한 인간관계를 이루지 못하는 문제가 있을 수 있다'고 전해진다. 성격이 강해 보이는데 실제로도 그렇다. 어떠한 일을 이루고자 하는 마음을 꿋꿋하게 지켜나가는 의지력이 뛰어나고, 주위 사람의 명령을 받는 것을 싫어하는 유형이다. 물려받은 재산 없이 스스로의 힘으로 일가를 이루는, 즉 자수성가하는 사람이 많다.

'광대뼈 나온 사람과 토론하지 말고, 사각턱과는 경쟁하지 말라'라는 옛말이 있다. 사각턱은 지나치게 경쟁심이 강해 본의 아니게 주위 사람들은 물론 본인에게도 해를 끼칠 수 있으니 조심해야 한다. 사각턱에 살이 없고 뼈가 강하면 적극적이고 지구력이 뛰어나다. 반면, 사교성이 없고 융통성이 부족해 대인관계가 원만하지 않다.

김구라 씨는 어린 시절, 자신의 트레이드 마크인 주걱턱을 콤플렉스로 여겼다. 초등학교 때 친구들이 놀려 속상해하면 당시 어머니께서 "이순자 여사 턱 봐라. 복이 있지 않냐. 영부인 턱이다"라고 말씀하셨 단다.

주걱턱은 매사에 열정을 가지고 자신이 맡은 일에 최선을 다하는 성 격이다. 무엇인가 모으는 것을 좋아하며 재물을 쌓아두는 능력이 있다. 남에게 봉사하는 기질도 있으나 더불어 내가 최고라는 자부심이 강하 여 남을 우습게 알고 남을 누르려는 기질이 있으며 남을 지배하려는 심 사가 많다. 또한 지기 싫어하고 남의 아래에 있지 않으려는 자의식이 강 하다. 책임을 지는 리더나 관리직이 적합한데, 조직에서 힘이 있을 때는 무난하나 힘을 상실하면 누구도 따르지 않아 왕따를 당하고 외로울 수 있다. 힘이 있을 때는 베풀고 인심을 얻어야 운이 열리고 복이 찾아든다.

갸름한 턱은 말년이 약하다. 요즘 애들은 이마가 크고 턱이 갸름한 형이 많다. 이마가 좋아 조부모의 사랑은 많이 받는데 턱이 약해 자신의 말년은 약하다. 갸름한 턱은 자기가 가는 데까지 가다가 턱 나이(60대 후반~80대)에 힘들어진다. 머리를 쓰는 일에 적합하다. 만약에 많은 부 하나 아랫사람을 다스리는 일, 또는 통솔하는 일을 한다고 하더라도 오 래 지속하지는 못한다. 남과의 관계에서 도움을 받기보다 자신의 뛰어 난 능력을 발휘하여 혼자 힘으로 성공하는 길을 찾기 좋아한다. 영업직 등 사람을 접촉하는 직종보다는 본인의 장기를 활용하는 예능 방면이 나 내근직에 적합하다.

V 라인이 젊어서는 아름다워 보이지만 인상학적으로 50세가 넘으면 좋지 않다. 피부에 탄력이 있을 때야 괜찮지만 탄력이 떨어지는 중년 이 후가 되면 살이 빠지면서 자신이 원했던 얼굴형이 아닌 초라한 얼굴이

될 수도 있다.

턱은 부하나 아내 덕, 자녀와의 관계도 상징한다. 잘생긴 U 자형 턱을 가졌다면 자녀운도 따르고, 아내의 내조도 받을 수 있으며 말년 복도 좋다. 턱이 두툼하면서도 윤기가 흘러야 한다. 턱에 어두운 색이 나타나거나 뾰루지가 나면 부하 직원이나 자녀와 트러블이 생기기 쉬운 상태이니 조심하라.

뺨은 사람과의 만남을 보는 곳이다. 소희 씨는 걸그룹 원더걸스로 활동할 당시 귀여운 외모와 도도한 매력으로 대중의 사랑을 받았다. 그녀는 통통한 볼살 때문에 아기 같은 이미지를 가지고 있었는데, 이미지와 달리 매끈한 몸매로 남성 팬이 특히 많았다. '만두 소희'라는 별명처럼, 둥근 얼굴형과 흰 얼굴로 귀여운 매력을 뽐내었다.

뺨은 부드러운 부분이라 쉽게 살이 찌기도 하고 빠지기도 한다. 대체로 스물여섯 살을 기준으로 노화가 시작되어 배에는 살이 붙고 얼굴은 빠진다. 광대뼈와 턱 사이 길이가 짧아야 얼굴 살이 쉽게 빠지지 않는다. 비교적 타협하는 성격이면 이때에도 살이 붙는다.

뺨은 수시로 색깔이 변한다. 고운 핑크빛이 돌면 연애를 하거나 일이 잘되고 있다는 방증이다. 한편, 뺨의 살이 지나치게 많은 경우 나이 들면 중력의 영향을 받아 탄력을 잃고 축 처져서 코 옆 팔자로 선이 난 법령선을 경계로 살이 이중으로 흘러내린다. 태과(太過, 매우 지나침)는 불급(不及, 일정 수준에 미치지 못함)이라, 부은 것처럼 찐 살은 살이 없어서 가난한 것과 마찬가지라고 본다.

뺨은 위장과 직접 관련되는 부위다. 사람이 스트레스를 받으면 위산이 더 많이 나오고 나빠진 위는 뺨의 색을 어둡게 만든다. 고민이 오래 지속된 사람은 뺨의 살이 빠져 패어 보인다. 뺨이 늘 붉은 사람은 마음이 평안하지 않고 내장이나 혈관에 격렬한 변화가 일어나고 있는 상태다. 성격상 신경질적이고 어떨 때는 붉다 못해 칙칙할 때도 있다. 화가 계속 나 있으면 속이 상하고, 속이 상하면 상한 기운이 얼굴로 올라오는 것이다. 이런 색상이 오래가면 동료와 금전 문제로 싸우거나 회사를 그만둘 운세에 이른다.

턱살이 빵빵하면서 높은 지위에 있는 사람은 다른 사람의 말을 잘 들어주지 않는다. 권력이 있어도 피부가 약하면 남의 말을 들어준다. 힘을 가졌던 사람이 그 자리에서 내려오면, 턱살의 탄력이 떨어지면서 타인의 명령을 듣게 된다.

뺨이 좋아진다는 것은 주위의 관심을 더 많이 받게 되었다는 뜻으로, 사람들을 많이 만나고 외로움에서 멀어질 때 뺨이 만들어진다. 즉, 뺨에 살이 풍부한 것은 그만큼 대인관계가 원만함을 의미한다.

뺨에 살이 많은 사람은 재운이 좋고 인덕이 있으며 정이 두텁기 때문에 힘든 일이 생기면 주위 사람들이 도와주어 모두 해결되는 행운이 따른다. 말년에는 주위 사람들에게 존경과 사랑을 받고 자식과 손주에게 둘러싸여 조용하고 평화로운 생활을 한다. 반면, 뺨에 살이 없고 웃어도 살이 움직이지 않는 얼굴은 매우 꼼꼼하고 신경이 날카로우며 너무 옳은 것만을 추구해 주위 사람들의 호감을 얻지 못한다.

볼에 살이 많고 윤택한 사람은 명랑하고 재운이 좋다. 낙천적 성격이라 타협을 잘하고 조화를 잘 이루는 유형이다. 사람에게 생활의 여유가 생기면 자연히 볼에 살이 붙어 점차 복스러운 상이 된다.

Chapter 2

꼴의 값,
부자가 되는
얼굴의 법칙

01

부자가 되고 싶다면
얼굴부터 읽어라

독일 출신의 세계적 경영 컨설턴트 보도 셰퍼의 저서 《보도 셰퍼의 돈》에 다음과 같은 글이 나온다.

'당신이 믿든 안 믿든 돈은 인생의 많은 것을 바꾸어놓는다.'

물론 돈이 인생의 모든 문제를 해결해주지는 않는다. 그리고 돈이 인생의 전부가 아닌 것 또한 분명하다. 그러나 현실적으로 돈 문제라는 먹구름이 인생에 끼어 있는 한 당신은 결코 행복할 수 없다. 돈은 인생의 여러 문제를 좀 더 잘 다스릴 기반이 된다. 아울러 돈이 있으면 더 많은 사람을 만나고, 멋진 곳에 가고, 자신이 좋아하는 일에 매달릴 수 있다. 그뿐만 아니라 돈은 큰 자신감을 갖게 하고 남들에게 더 많이 인정받게 하며 인생의 여러 가능성을 누릴 수 있게 한다.

돈이 세상을 살아가는 데 전부는 아니지만 많은 사람이 부와 명예를 얻고 싶어 한다. 많은 이가 가장 많이 궁금해하는 것이, 앞으로 얼마나 오래 살지가 아닌, 언제쯤 돈을 많이 벌어 성공할지이다. 이렇듯 관심이 많아도 모든 사람이 원하는 만큼 부를 이루지 못하는 것이 사실이다.

《명심보감》에 '소부재근(小富在勤) 대부재천(大富在天)'이라는 말이 있다. '작은 부자는 부지런하면 누구나 될 수 있지만 큰 부자는 하늘에서 낸다'는 뜻이다. 큰 부자들의 인상학적 특징과 부는 연관성이 있을까? 부자는 정말 하늘에서 내는 것일까? 아니면 노력으로 충분히 가능한 것일까? 한번 알아보자.

고전 상서에는 코가 커야 부자가 될 수 있다고 기록되어 있다. 그러나 재물의 복은 눈빛이나 얼굴 수십 군데를 종합해서 봐야 한다. 삼정의 균형과 조화가 있어야 하고 1만 원권에 등장하는 세종대왕의 초상화는 약간 긴 동(同) 자형 얼굴로 이마 : 눈·코 : 입·위턱·아래턱의 비율이 1:1:1로 황금 비율이다. 워런 버핏, 빌 게이츠, 카를로스 슬림 등의 세계적 부자들은 얼굴의 균형과 조화가 뛰어나고 얼굴이 동 자형이라는 공통점이 있다.

피부는 타고난 복에 비례한다. 다른 좋은 조건을 갖추고 있어도 피부가 얇으면 재산을 유지하기 어렵고 자손에게 남기기도 힘들다. 피부 탄력이 좋으면 누구보다도 열심히 적극적으로 일하고 일 자체를 즐긴다고 볼 수 있다.

귀는 크고 그 윤곽이 뚜렷하고 살이 단단해야 좋다. 귓불이 두툼하고 입 쪽을 향해 있는 것이 좋다. 크고 윤곽이 뚜렷한 귀는 상대방의 말을 경청하며 정보력이 높다는 의미이다. 귀의 색깔은 얼굴보다 희고 선명하면 좋다.

이마는 마치 간을 엎어놓은 듯 둥글면 좋다. 전두엽이 넓게 차지하면 머리가 좋고 이해력이 빠르면서 판단력이 우수하다. 양쪽 이마의 가장자리는 조상의 음덕을 보는 곳으로, 둥글게 발달하여 꽉 차면 재복 있는 좋은 부모를 만나고 좋은 환경에서 자라 유산까지 물려받을 수 있다. 정주영 회장은 이마의 가장자리가 꽉 차 있지 않고 좀 부족해 조상의 음덕으로 성공한 기업가라기보다 자수성가형이다. 미릉골의 근육이 발달한 것은 자신의 삶을 스스로 개척해나가는 적극적이고 열정적인 태도가 반영된 자수성가한 부자들의 특징이다.

눈이 가늘고 길며 눈동자(동공)가 새까맣고 흰자위는 희고 맑아야 좋다. 누구나 검은 동공을 가지고 있는데 부자의 눈동자는 검은색 농도가 진하다. 농도가 진할수록 응집력이 강해 두뇌 에너지가 매우 충만하다고 본다. 동공의 농도가 바로 부의 척도인 것이다. 흔히 '눈은 돌출된 뇌'라고 하며, 뇌가 바깥 정보를 받아들이는 데 눈에 의존하는 비율이 약 80%이다. 사람의 동공에서 나오는 빛이 재물운에서 가장 중요하다.

얼굴을 비추어볼 때 코는 적당히 높아야 자기 위상을 잘 드러내준다. 쓸개를 거꾸로 매달아놓은 모양으로 코끝이 둥글고 콧방울이 낚싯바늘처럼 잘생겨야 챙기기를 잘하고 실속이 있다. 코끝이 단단하거나 코끝이 힘이 없이 눌려지는 경우 모두 돈과는 인연이 없다. 돈을 벌기 위해서는 어떠한 일이라도 하겠다는 각오가 있어야 하고 쉽게 만족할 줄 모르는 욕심과 끈기가 있어야 하는데, 이것이 사업하는 사람에게 필요한 조건이다.

코와 콧방울이 균형을 잘 이루고 있는 데다 잘 보이지 않는 콧구멍은 쓸데없는 낭비를 하지 않는 유형으로, 한 번 들어간 돈은 잘 나오지 않아 부를 축적할 수 있다. 또한 콧구멍은 돈의 출입구 즉, 금전의 유통 경로 역할을 한다. 적당히 커야 좋다. 많은 돈을 다루려면 돈을 잘 벌든 못 벌든 현금의 흐름이 좋아야 하는데 콧구멍이 작으면 아무리 수익이 높아도 기본 매출액이 높아지기 어렵다. 콧구멍이 크면 씀씀이가 큰데 살집이 있으면 돈과 이어질 수 있다. 콧구멍만 크고 주변에 살이 없으면 큰돈이 그냥 지나쳐버린다.

입은 조금 큰 듯하고 입꼬리가 살짝 올라가고 입술선이 뚜렷하고 치아도 단정해야 한다. 머리를 써서 부자가 된 사람들은 대체로 윗입술이 얇다는 공통점이 있다. 윗입술이 얇아서 거의 안 보이는 사람일수록 냉정하고 철저하게 계산적이다. 윗입술이 두텁거나 튀어나오거나 도드라진 부자는 거의 찾아볼 수 없을 만큼 입술의 상하 비례가 절묘하게 구분된다.

부자들은 법령선, 즉 콧방울 옆에서 시작하여 입 양쪽 끝 방향으로 내려가는 주름과 입꼬리가 뚜렷하다. 또한 코보다 입이 크다. 입 주위에 뚜렷한 웃음선이 있는 사람은 조금만 웃어도 크게 웃는 것 같아 인상이 밝아 보이는 효과를 줄 뿐만 아니라 항상 자신감 넘치게 보인다. 그만큼 좋은 표정은 긍정적 삶과 통한다.

턱은 넓고 둥글며 두꺼워야 성실하며 돈을 차곡차곡 모아서 부자가 된다. 턱은 아랫사람을 보고 가장을 보는 자리이다.

부자들 대부분은 얼굴보다 몸이 잘생겼다. 몸집이 두툼하고 건실한 데 키와 풍채가 어우러져 위풍당당한 느낌을 준다. 살이 전체적으로 고르게 쪄서 체구가 당당해 보이기 때문에 비대한 느낌을 주지 않으며 비만으로 보이지도 않는다.

타고난 관상이 좋지 않아도 웃으면서 긍정적인 생각을 가지고 살아간다면 그 어떤 부자 관상보다 더 좋은 운과 복이 들어온다는 게 관상학에서 통용되는 말이다. 항상 자신감 넘치는 모습으로 미소를 잃지 않고 열심히 살아가는 것이 자신의 운명을 스스로 개척해나가는 방법 아닐까!

꼭 부자 얼굴이 아니라도 다시 한 번 《명심보감》의 '소부재근 대부재천'이라는 말을 기억하자. 작은 부자는 누구나 가능하다. 이런 희망이 있기에 우리는 노력을 멈춰서는 안 된다.

02

돈이 들어오는 얼굴,
이렇게 만든다

옛말에 '돈은 귀신도 부린다'고 했다. 귀신도 돈을 좋아한다는데, 하물며 사람이 돈을 싫어할까? 그리고 완전히 자연에 묻혀 사는 사람이 아닌 한 돈에 관심 없는 사람을 없을 것이다. 돈에 대한 욕심은 절대 나쁜 것이 아니다. 나는 돈에 관해 많은 사람이 솔직한 마음을 가졌으면 좋겠다. 그래서 돈이 들어오는 얼굴을 만드는 방법을 풀어보려고 한다.

사람이라면 누구나 부자를 꿈꾼다. "여러분 부자 되세요" 하는 광고 카피처럼, 누구나 부자가 되고 싶은 것은 당연지사다. 옛사람들은 돈에 눈(目)이 있다고 했다. 오라고 손짓해도 달려가지 않으며, 제 곁에 머물라고 애원해도 때가 되면 떠나는 게 돈이다. 즉, 돈은 만만한 상대가 아니라는 것이다. 그리고 부자란 단지 돈이 많은 사람을 가리키는 말이 아니다.

빌 사이먼(월마트의 CEO), 피터 보서(로열더치셸그룹의 CEO), 마틴 빈터콘(폭스바겐의 CEO). 세계적 기업의 CEO인 세 사람은 얼핏 보아도 얼굴이 넓다. 실제로 돈 버는 사람들의 얼굴은 좀 다르다는 연구 결과가 나와 주목받고 있다.

미국 위스콘신대학교 연구팀이 세계 500대 기업 최고경영자 얼굴을 분석하였다. 미간 중간에서 턱 끝의 깊이까지의 얼굴 높이를 1로 했을 때 넓이는 1.5가량이 일반적인 비율이다. 그런데 성공한 CEO들의 얼굴은 광대 좌우 폭의 넓이 비율이 일반인보다 30%가량 넓은 1.96으로 나왔다.

성격과 얼굴 크기도 관계있는 것으로 연구됐다. 의사결정을 단호하게 하는 성향이 강할수록 얼굴의 넓이도 넓은 것으로 나타난 것이다. 연구팀은 단순하고 단호한 성격을 결정짓는 유전자와 얼굴을 넓게 하는 유전자가 같은 곳에 있기 때문으로 추정했다. 연구팀은 이 같은 결과에 대해 "넓은 얼굴의 CEO가 스스로를 더 '권위가 있다'고 생각하는 경향이 있기 때문"이라고 분석한다. 스스로 권위가 있다고 믿는 남자들은 작고 사소한 문제보다 장기적이고 큰 문제에 집중하는 경향이 강하다. CEO의 이 같은 성향이 회사 실적을 높이는 데 긍정적으로 작용했을 것이라는 게 연구팀의 추측이다. 과학적 근거에 대한 의견이 분분한 가운데, 의료계에서는 심리적인 부분이나 자신감 상승 등에는 어느 정도 영향을 미칠 수 있다고 밝혔다.

인상학에서 재물운을 논할 때는 부동산과 현금이 얼마나 있는지를 본다. '부동산운'이란 토지, 가옥 등은 물론 재산이 될 만한 큰돈을 포함

하고, '현금운'은 일상생활에서의 원활한 자금 회전과 일정한 수입 상태 등 생활비가 되는 부분을 말한다. 그렇다면 내 얼굴은 부동산운이 좋은지 현금운이 좋은지 살펴보자.

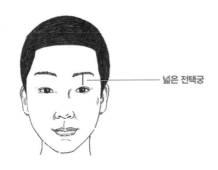

넓은 전택궁

부동산운의 통로로는, 논밭과 집을 지닐 수 있고 없음을 점치는 자리인 전택궁(田宅宮)을 본다. 전택궁은 두 눈과 눈두덩을 일컫는 것으로 주택, 부동산, 상속에 관한 운세를 보는 곳이다.

돈 버는 전택궁의 조건은 첫째, 눈꺼풀이 윤택하고 윤기가 흘러야 하며, 둘째, 넓이에 비례해 두둑해야 한다. 셋째, 눈과 눈 사이가 넓어야 한다.

전택궁이 넓고 다소 깊은 듯하면, 많은 재물을 소유하고 있으며, 들어와도 빠져나가지 않음을 의미한다. 이런 사람들은 부동산 투자로 돈을 번다. 땅만 사면 그곳이 개발되는 행운을 누리는 유형이다. 또한 이마의 양쪽 눈썹 끝의 관자놀이 부위인 천이궁(遷移宮)은 옮겨 다니는 데 대한 운수를 보는 곳인데, 이곳이 두툼하고 윤기가 나고 발달해 있으면 이사만 가면 집값이 오르는 등 운이 좋은 유형이다.

눈두덩이 좁은 경우 눈과 눈썹 사이가 좁아 살집이 얇은 사람은 처음부터 재산운이 좋지 않다. 그러나 눈두덩은 좁아도 살집이 있는 경우에는 자수성가해 재산을 모으거나 이름을 떨치게 된다.

코는 인상학에서 재백궁(財帛宮)이라고 하며 재물, 특히 바로 사용할 수 있는 현금운을 볼 때 중요하게 여기는 부위이다. 현금운이 좋은 코의 형태를 보면 콧대가 반듯하고 코끝이 도톰하고 둥글다. 콧방울이 불룩하고 힘차게 보이는 사람은 자신의 힘찬 기세로 위기를 모면하고 평소에도 자신감이 넘쳐서 주변에 도와주는 사람이 많다. 두뇌가 명석할 뿐만 아니라 경제관념이 발달되어 있어 돈지갑이 늘 넉넉하다.

콧대의 길이는 내가 돈을 벌 수 있는 재주를 나타낸다. 콧방울은 모을 수 있는지, 즉 저축력을 본다. 흔히 콧구멍이 보이는 들창코는 돈이 없거나 돈을 못 번다기보다는 돈이 쓸데없이 샐 수 있다는 의미다. 돈을 제대로 모으지 못하고 어디론가 새나가는 형국이니, 그러다 큰돈이 나갈 수도 있다. 반대로 콧구멍이 너무 작으면 절대 나가지 않아 구두쇠 기질이 있지만 큰돈 들어오기 또한 어렵다.

살집이 없어 콧대가 그대로 보이거나 굴곡이 있으면 40대에 크게 돈이 나갈 수 있으므로 건강에 신경 쓰고 큰 투자는 하지 않는 것이 좋다. 코는 큰데 콧구멍이 작은 사람은 수입이 많아도 지출이 적고, 코는 작은데 콧구멍이 큰 사람은 낭비벽이 심해서 돈을 모으기가 어렵다. 콧구멍 주변에 핏줄이 서거나 상처가 생기면 은행 계좌나 잔고에 문제가 생길 수 있다. 돈을 잃는 경우도 있다. 정면에서 보았을 때 콧구멍이 보이지 않는다면 무척 인색한 사람이다. 남에게 자신의 것을 잘 보여주지 않는 반면 남에게 무엇인가를 받기를 좋아한다. 기업 CEO의 코가 이렇게 생겼다면 연봉 협상은 대개 실패로 돌아간다.

돈을 부른다는 콧방울은 밥을 많이 먹는다고 빵빵해지지는 않는다. 운동을 해서 빵빵하게 만들어야 하는데, 좋은 콧방울을 만드는 운동으로는 사람을 만나 웃는 것이 최고의 방법이다. 대인관계에서 적극성을 보이고 좋은 마음을 가지면 근육이 모이고 콧방울이 두터워지는데, 운은 그렇게 좋아지는 것이다. 웃을 때는 코가 빵빵해야 좋다. 그래야 돈이 들어온다.

부동산운을 보는 곳으로는 코를 잘 감싸는 광대, 즉 관골 그리고 두 눈과 눈두덩 사이의 전택궁, 턱의 하관을 가장 중요시한다. 눈썹은 재물복과 인복과 끈기를 볼 수 있다. 초승달 모양과 일자 눈썹이 사람들에게 인기가 있고 인복이 많으며 재물이 쉽게 들어오는 유형이다. 눈썹의 길이는 눈보다 길어야 좋다. 눈썹이 눈보다 짧으면 뒷심이 약하고 돌발적인 행동을 잘하고 인복이 없다고 평가된다.

관골은 돈을 지키는 수문장 역할을 한다. 그래서 관골이 적당히 솟아 있어야 한다. 아무리 재백궁이 좋아도 관골이 약하면 언젠가는 재물이 사라진다. 광대뼈를 살이 잘 감싸고 튀어나와 있으며 턱이 둥글고 색이 좋으면 많은 인기를 얻어 큰손의 투자자를 만난다.

입꼬리를 올려보아라. 입꼬리를 올리면 기분이 좋아진다. 웃을 때는 얼굴 전체로 웃어야 한다. 입은 웃는데 눈이 웃지 않는 사람은 잘되다가도 결국 일이 힘들어질 것임을 암시한다.

마음을 관리하다 보면 얼굴이 예뻐진다. 성경에 '마음경영'이라는 말이 있다. 어떤 상황에서도 감사한 마음을 품으면 얼굴도 달라진다. 긍정적이고 창조적인 생각으로도 얼굴을 바꿀 수 있다. 마음을 바꾸면 얼굴도 달라지고 그것이 인생을 빛나게 할 것이다. 성형수술로 얼굴을 바꿀수는 있지만 진정으로 아름다운 얼굴은 마음을 바르게 경영함으로써 만들어진다. 그것이 성경적 원리이다.

> 마음의 즐거움은 얼굴을 빛나게 하여도 마음의 근심은 심령을 상하게 하느니라.
> _잠언 15:13

마음경영은 자기 자신이 하는 것이다. 웃으면 복이 온다는 말도 있지 않은가! 복이 와서 웃는 것이 아니고 웃어야 복이 온다. 명심하자.

현관은 그 집의 첫인상이다. 사람의 얼굴에 해당하며, 운기가 들어오고 나가는 출입구이자 재물운의 시작점이다. 현관에 들어섰을 때 느껴지는 분위기는 그 집의 전체적인 운기와 재물운을 좌우할 만큼 중요하다.

우선 현관문은 깨끗해야 한다. 지저분한 스티커가 붙어 있게 하지 말아야 한다.

현관은 푸른 화분 하나 자라게 하고 잔먼지가 없게 해야 한다. 집 안 전체에 좋은 기운이 원활하게 흐를 수 있도록 신발장, 이중문, 거울 등으로 정면을 가로막지 않아야 한다. 현관 왼쪽에 거울을 걸어야 재물운을 높여주며 현관은 무조건 밝아야 한다. 환하고 밝은 기운이 늘고 날 때 좋은 기운이 집 안으로 들어온다.

거울을 들어보자. 지금 얼굴에 돈이 들어온다면 좋은 모습을 더욱 강화시키자. 없다고 실망할 필요는 없다. 습관 들이기 나름이다. 새로 들인 습관을 통해 돈 버는 얼굴로 바꾸면 된다.

03

얼굴로 보는
재테크 투자법

펀드매니저들을 비교해보면, 대학생 시절 겪은 경기 상태에 따라 매니저들의 성향이 다르다고 한다. 호황 때 학교를 다닌 매니저들은 과감하게 진행하지만 불황 때 학교를 다닌 매니저들은 소심한 면이 없지 않다고 한다. 팀장들은 고객을 연결할 때 이런 부분도 생각해서 매니저를 배정한다.

재테크와 얼굴도 스타일에 따라 다르다. 투자자의 개인 성향에 따라 그 결과가 달라지는 이유도, 개인의 얼굴과 성격이 다르듯 투자 성향도 각자 다르기 때문이다. 또한 사람마다 재물을 모으는 재능, 관리하는 재능이 달라 돈과 인연이 많은 사람 적은 사람으로 구분되기 때문이다. 삶에 돈이 전부는 아니지만 배제하고는 살 수 없는 게 현실이다.

아파트 분양에서 주가지수연동상품, 부동산, 해외펀드 등에 이르기까지 하루에도 수십 개의 재테크 정보가 정신없이 쏟아진다. 하지만 급한 마음에 남들이 하는 재테크를 따라 해봤자 제대로 수익을 거두기란 어렵다. 사람마다 성격에 맞는 재테크 방식이 따로 있기 때문이다. 얼굴 유형에 가장 잘 맞는 재테크 방식과 투자 방법, 그리고 조심해야 할 점 들을 살펴보자.

| 이마가 넓은 역삼각형 얼굴 |

이마가 넓어 이상이 높다 보니 물질적 풍요를 누리는 것보다 정신적 가치를 더 중요하게 생각한다. 대개 돈을 추구하는 것을 그다지 내켜하지 않기 때문에 큰돈의 흐름에 참여하지 않는다. 수입이 적으면 적은 대로 지출을 최대한 줄여 그 안에서 계획적인 저축을 한다. 매달 꼬박꼬박 적금을 들어 돈이 조금씩 모이는 것을 보면서 뿌듯해하는 유형으로, 이들에게 적금을 거르거나 예금 중도 해지 등의 일은 절대 벌어지지 않는다. 투자를 할 때도 제일 먼저 책이나 신문을 통해 정보를 수집해 종합적인 의미를 읽어낸다.

매사 너무 신중한 나머지 행동에 옮기는 결단력과 순발력이 부족해 정작 추진하지 못하고 투자 시기를 놓치는 경우가 종종 있다. 어느 정도 정보와 자료가 있다면 일단 저질러보는 결단력과 추진력이 필요하다. 주식 투자보다는 은행 상품을 더 좋아하며, 주식에서도 주로 우량주에 투자해야 마음이 편하다. 또한 크게 값이 떨어지지 않을 것이라 믿는 아파트 등의 안정적 부동산에 투자한다. 아울러 부동산도 천편일률적으로 아파트에만 투자하곤 하는데, 좀 더 차별화된 부동산에 눈떠보는 것도 괜찮다. 주식이든 부동산이든 타이밍이 곧 돈이다. 기본기가 탄탄한 이 유형에게 용기는 큰돈을 벌 훌륭한 무기가 될 수 있다.

돈 버는 기회는 사람들과의 어울림 속에 생긴다. 그러나 이 유형은 주는 것도 받는 것도 꺼리는 독립적인 사람들이다. 원활한 인간관계를 통해 돈의 흐름을 파악한다면 돈을 벌 기회는 훨씬 많아질 것이다. '내가 남에게 베풀면 그것이 10배가 되어 내게 돌아온다'는 풍요의 법칙을 알아야 한다.

| 둥근형 얼굴 |

둥근 형태의 얼굴은 재테크의 개념이 부족한 편이다. 워낙 사람들을 만나고 즐기는 것을 좋아하다 보니 자기계발이나 저축보다는 교제비로 수입의 상당 부분을 지출한다. 좋아하는 사람들과 좋은 분위기에서 맛있는 음식을 먹고 이야기를 나누는 시간은 이들에게 무엇과도 바꿀 수 없는 소중한 시간이다.

원칙 중심 성향이 약하므로 끊임없는 관리가 요구된다. 방심하면 정에 끌려서 보증이나 담보 없이 돈거래를 하거나, 상대방을 잘 믿기 때문에 불리한 계약이나 사기를 당할 우려가 있다. 어려운 부탁 앞에선 딱 잘라 "NO"라고 말하는 것이 자산을 낭비하지 않는 방법이다.

돈에 대해 막연하게 생각하는 경향이 강해서 내가 필요할 때 쓰고 투자할 만하면 한다는 즉흥적 면이 강하다. 주위 사람들의 권유로 투자하는 경우도 많고 사람을 통한 재테크를 하는 유형이다. 사람에 대한 믿음이 최우선이기 때문에 정보를 믿고 투자를 결심하기보다는 믿을 만한 사람의 말을 듣고 투자를 결심하거나 보험을 드는 쪽이다.

이들의 투자는 곧 사람에 대한 투자이다. 인간관계로 정보를 얻는 것이 강한 반면 객관적 자료를 통해 원하는 정보를 얻는 것은 어려워한다.

이런 유형에게는 무엇보다도 계획적으로 자산을 관리하는 요령이 필요하다. 수입의 일정 비율 이상을 먼저 저축한 다음에 남은 돈으로 생활하는 기본적인 지출 구조를 가져야 한다.

| 턱이 각진 사각형 얼굴 |

돈의 흐름에 대한 감각이 탁월해서 단 한 번의 투자로 큰돈을 버는 경우도 많다. 모험적 성격이 강해 예기치 않은 상황에 잘 대응한다. 재테크도 한 방에 승부를 거는 도박적인 방법을 좋아해, 주식 투자를 즐기는 사람이 많다.

투자에 대한 관심도 가장 높다. 하지만 높은 관심만큼 크게 실패하는 경우도 많다. 투자를 위해 남의 돈을 끌어서라도 재테크에 나서는 일이 많기 때문이다. 투자에 나설 때는 반드시 적은 돈으로, 그리고 빚을 지지 말고 자신의 돈으로 투자하는 습관부터 들여야 한다. 거리낌 없이 대출을 받지 않도록 조심해야 하며, 자기 통제력을 키우는 데 초점을 두어야 한다. 하지만 즉흥적으로 판단하는 것만 잘 조절하면 타이밍이 중요한 주식 투자에서 높은 수익을 거둘 수도 있다.

재산관리 차원에서는 분산투자의 원칙을 잘 지키지 못하고 한꺼번에 투자해서 크게 손해를 보기도 한다. 뭔가 꼼꼼히 따지기보다는 자신의 본능적 감각을 신뢰한다. 느낀 대로 생각한 대로 바로 행동으로 옮긴다. 투자를 할 때도 타고난 배짱으로 한곳에 몰아서 투자해버린다. 다행히 상황과 판단이 맞아떨어지면 수익을 거둘 수 있지만 반대의 경우는 큰 손실을 보게 된다.

조금 더 치밀하게 투자를 결정하고 조금 더 동작을 굼뜨게 할 필요가 있다. 일정 비율은 안정적 부동산에, 또 일정 비율은 시설에 투자한다는 기본 원칙을 세워놓는 것이 좋다. 이런 유형 중에서도 특히 콧구멍이 큰 사람은 입출이 용이해 남에게 돈도 잘 빌려준다. 현금을 부동산이나 적금 등 중도해지하기 어려운 곳에 묻어두는 게 좋다. 눈에 보이는 현물이 최고의 투자 상품이라 생각한다.

| 관골이 강한 마름모형 얼굴 |

이마가 좁고 광대뼈가 튀어나와 강하게 보이는 얼굴이며 자존심이 매우 강하다. 광대뼈와 코가 튼실해서 치밀하기 때문에 돈관리를 잘해 중년에 재테크에 성공한다. 철저한 계획에 따라 지출하기 때문에 충동구매는 하지 않는다. 현실적 판단이 아주 빨라 직감적으로 돈이 흘러가는 방향을 안다.

주식 투자를 할 때도 기술지표를 분석하는 방법과 직관을 사용하는 방법을 병행한다. 그러나 턱이 약해 노년에 어려움이 올 수 있다. 노년에 대비해 성장성이 돋보이는 주식이나 부동산을 한두 개 찍어 장기 투자하는 것이 좋고 장기 저축이나 각종 보험에 들어두는 것도 예방책이다.

이들에게 인간관계가 어렵다는 것은 돈이 올 기회를 그만큼 닫아버린다는 의미다. 내 생각만 옳다고 고집하는 것이 아니라 다른 사람의 의견을 폭넓게 받아들일 줄 알아야 한다. 자존심을 줄이고 대인관계를 원만하게 하고 남에게 많이 베풀어주라. 긍정적 생각을 통해 많이 웃어줘서 입을 크게 키우고 어금니를 깨물어 인내하는 노력을 해 턱이 좋아지면 말년이 좋아질 수 있다.

| 턱에 살이 많은 삼각형 얼굴 |

이마는 좁고 턱이 넓은 삼각형 얼굴은 초년엔 고생하다가도 점점 좋아지는 대기만성형이다. 뺨의 피부가 늘어지면 운이 나빠지고 욕심이 앞선다. 마음이 여린 감정형으로 속임을 당하는 수가 있다. 활동력이 크고 의지력과 추진력이 있어 한 방에 투자하거나 '올인'하는 성격으로, 대박을 이루려는 욕심이 있다. 의외로 금전욕이 강하고 지구력이 강한 특징이 있다. 집념이 강하고 의욕 또한 강한 편이라 계획적인 투자보다는 위험을 감수하고서라도 투자하는 편이다.

이런 유형은 고수익을 추구하면서 장기적 안목으로 투자를 하면 좋다. 더 큰 이익을 남기기 위해서는 직관력과 모험심을 겸비할 필요가 있다. 하지만 돈을 제대로 쓰지 못하는 구두쇠가 될 가능성이 있기 때문에 주의해야 한다.

| 이마와 턱이 둥근 계란형 얼굴 |

역삼각형의 꼼꼼하고 세심함, 둥근형의 부드러운 성격이 복합되어 있으며 의외로 까다로운 타입이다. 계란형은 돈에 궁하지는 않지만 그렇다고 거부가 되는 스타일도 아니다. 자기 재능에 맞춰 돈을 벌고 그 돈을 규모 있게 쓰는 유형이다.

때론 신중함을 넘어서 과감하게 투자하는 것도 좋은 방법이다. 아울러 좀처럼 다른 사람의 조언에 귀 기울이지 않는 습성을 고쳐 전문 투자가에게 도움을 구하는 것도 좋다. 손해를 보지 않으려는 성향이 강해 소심하고도 소극적인 투자를 한다. 리스크가 큰 고수익 상품보다는 저축으로 적립 효과를 늘려나가는 전략이 알맞다. 즉, 만기 때 얼마를 받을지 예시가 가능한 금융 상품이 저축 의욕을 높이는 데 효과적이다.

턱이 뾰족하지 않고 볼에 살이 통통하면 성격이 모나지 않았으며, 인간관계를 비롯하여 갖가지 세심한 방법을 통해 돈을 모으려 한다. 의지만 앞서는 무리한 투자보다는 적절하게 소신껏 하는 종류별 분산 저축을 하면 좋다.

콧구멍이 크면 낭비벽이 있어서 수중에 돈이 들어왔을 때 쓸데없는 물건이라도 사는 경향이 상당하다. 얼굴에서 콧방울이 불룩하고 힘 있어 보이는 사람은 위기가 닥쳐도 힘찬 기세로 헤쳐 나가고 평소에도 자신감이 넘쳐서 주변에 도와주는 사람이 많다.

강의를 나가 보면 유형과 다르다는 사람이 있다. 인상학은 통계다. 과거부터 쌓인 데이터로 근삿값을 설명하는 것이다. 절대의 정답은 없다. 본인에게 맞는 직업을 찾듯 재테크도 얼굴이 주는 메시지를 읽고 자신에게 맞는 걸 찾으면 어떨까? 조금 더 가능성이 높아지지 않을까?

04

큰 부자들의 꼴의 값,
재벌 3세대 페이스 리딩

우리나라 속담에 '부자 3대 못 간다'가 있다. 중국에는 '논마지기 3대를 못 간다'라는 말이 있다. 1대처럼 뛰어난 2세대 3세대가 태어나기 어렵다는 뜻이다. 이런 현상을 잘 표현하는 말이 바로 '파락호(破落戶, 재산이나 세력이 있는 집안의 자손으로서 집안의 재산을 몽땅 털어먹는 후손)'다. 3대면 대략 100~150년으로 보는데 세월도 세월이거니와 창업주의 정신과 철학을 이어주는 게 참으로 어려운 일이다. 반대로 생각하면 3대가 부자로 이어진 가문이나 기업은 칭찬받아야 하며 거기서 얻은 꼴의 값은 정말 많은 정보를 담고 있다는 의미겠다.

3대를 지나서야 비로소 진정한 부자 소리를 들을 수 있다. 부자는 많은 이의 동경의 대상이며 부자가 되고자 노력하는 사람들도 적지 않다. 현재 우리나라 최고의 기업으로 입지를 확고히 하고 있는 삼성과 현대의 3대 오너들의 얼굴을 분석하여 그들이 부를 이어가는 요인과 재벌의 얼굴을 비교하며 읽어보자.

| 삼성, 현대 창업 1세대 얼굴 비교 |
- 척박한 땅에서 기업을 일군 대표적 인물

삼성그룹의 창업자 이병철 회장은 《호암어록》에서 성공 요인으로 세 가지를 꼽았다. 그것은 운(運), 둔(鈍), 근(根)이다.

운이 성공에 어느 정도 영향을 미칠까. 사람은 능력 하나만으로 성공하는 것은 아니다. 운을 잘 타고나야 한다. 먼저 떠오르는 단어는 운칠기삼(運七氣三)일 것이다. 운칠기삼은 실력이나 재주가 삼이면 운이 칠을 차지할 만큼 운이 중요하다는 뜻이다.

다음으로 둔은 둔감한 것, 근은 근성인데, 더하면 둔감하게 근성을 가지고 버티는 것이 성공의 바탕이라는 말이다. 《중용(中庸)》에 '지성무식(至誠無息)'이라는 말이 있다. 지극한 정성(노력)은 쉼이 없다는 말로 여기에서 쉼은 휴식이 아니라 포기하지 않는 꾸준함을 말한다.

능력만이 전부가 아니며, 무엇보다 운을 잘 타고나야 한다. 운이 다가

오기를 기다리는 일종의 둔한 맛이 있어야 하고, 운이 트일 때까지 끈기 있게 버티는 근성이 있어야 한다는 것이다. 둔과 근이 따르지 않을 때에는 아무리 좋은 운이라도 놓치기 일쑤다.

한국 최고, 최대 그룹의 창업자인 호암은 포기의 순간에 대해서도 '거의 다 왔을지 모른다, 중요한 것은 포기하지 않는 것'이라며 기다릴 줄 아는 '둔한 맛'이 필요하다고 새삼 강조했다.

이병철 회장은 1대 부자로 크지 않은 체격에 호리호리한 편이다. 그의 이마는 완벽하게 잘생기지는 않았지만 넓고 반듯하면서 정중앙만 함몰되어 있어 자수성가형에 해당한다. 인자하고 부드러운 인상을 주는 얼굴은 전체적으로 군살이 없고 윤곽이 갸름한 데다가 얼굴 곳곳에 젊은 시절부터 주름이 많았다. 하지만 그의 주름살은 결코 밉살스럽지 않을뿐더러 아무에게서나 쉽게 볼 수 있는 것도 아니었다.

그의 눈매는 크거나 가늘지 않고 늘 예리하고 깊숙한 시선을 담고 있다. 검은자위가 옻칠한 것처럼 검으면서 점을 찍은 듯이 작은 눈은 엄청난 잠재력이 있고 명석한 두뇌를 지녀서 무엇을 하든 성과를 거둔다. 오뚝한 코는 갸름한 얼굴과 조화를 이뤄 사뭇 지적인 분위기를 만든다. 부의 상징이라 할 수 있는 코가 반듯하고 우뚝 솟았으며 앞에서 봤을 때 콧구멍이 드러나지 않는다. 뚜렷한 법령에서 법을 준수하고 규율을 중시했을 경영철학을 엿볼 수 있다.

입은 얼굴 윤곽에 비해 다소 큰 편이지만 입술이 얇으면서 가지런하다. 한 일 자로 다물어진 입술처럼 언제나 신념이 강했다. 관골이 그렇게 크지 않은 것으로 보아 냉철하지만 위화감이 생길 정도로 큰소리를 내지 않으면서 사업을 했을 것이다. 귀와 입이 자연스럽게 연결되어 있어 뛰어난 리더십을 자랑한다. 헤어스타일은 흰머리가 희끗희끗 섞여 있긴 하지만 흐트러짐 없이 말끔하다. 그의 이런 모습은 그가 단정한 사람이었음을 말해준다.

이병철 회장은 일할 때는 서릿발 같았지만 보고를 받다가도 점심시간이 되면 꼭 밥을 먹고 가라고 아랫사람을 붙들었다고 한다. 사람에 대한 공부를 활용한 인상학, 인성 등을 중시한 인재 채용을 실시하여 한번 선발한 사람은 업무에 대해 믿고 맡기는 유형이었다. 지금도 삼성은 인재들을 적소에 배치해놓고 모든 일을 믿고 맡기는 기획과 관리를 추구한다.

"이봐 채금자, 해봤어?"

정주영 회장은 책임자를 '채금자'라고 했다. 책임자에게 "당신 해보고서나 그런 소리 하느냐"고 묻는 것이다. 정주영 현대그룹 창업주가 즐겨 사용하던 말이다. 생전의 그는 경영자, 기술자 들이 난관에 부딪혀 "어렵다", "못하겠다"고 하면 어김없이 "해봤어?"라고 반문했다. 해보지도 않고 두 손을 드는 것은 그에게 있을 수 없는 일이었다. 해야 한다면 일단 해보고, 어려움이 있다면 힘써 돌파하는 것이 그의 스타일이었다.

초등학교밖에 나오지 못했지만 비범한 직관과 통찰력으로 현대건설을 세계적 기업으로 만든 그의 손과 발, 열정 속에서 한국 경제는 새로운 가능성을 열었다.

이마에서 턱까지 길쭉하면서 이마는 마치 삿갓 모양으로 비스듬하나 움푹 파인 곳 없이 완만한 경사를 이룬다. 이마가 다소 굴곡져 보이는데 이는 적극성을 띠어서 눈썹을 들었다 내렸다 하는 생활로 발달해 생긴 눈썹 근육으로, 생전에 어찌나 적극성을 띠었는지 이마 주름이 갈매기 모양이다. 젊은 시절의 고생을 통해 재벌이 된 과정의 흔적을 엿볼수 있다.

눈은 둥글지 않고 길쭉하면서 옆으로 길고 가늘다. 작은 눈은 재치있고 순발력 있음을, 흐리지만 잘 누워 있는 눈썹은 사교에 능함을, 날렵하고 아래를 향해 쭉 내려와 있는 코는 위상과 재물의 유무와 일 처리 방식의 원활함을 보여준다.

코가 산맥처럼 내리뻗어 코끝에 힘이 맺혀 있다. 흐트러짐이 없고 매사 분명하고 철저한 이성주의자다. 이런 코는 집착이 강한 대신 자신의인생에 책임질 줄 알기 때문에 불행하지는 않다. 코가 길어서 비굴하지않으면서 또 쉽게 타협도 하지 않는 성격이다. 코끝이 약간 뾰족한 듯둥글면서 아래로 향해 있기 때문에 정력도 대단하고 마음에 드는 사람을 반드시 내 사람으로 만드는 재주도 남달랐을 것이다. 코끝이 둥글게두툼해서 온화한 인간미가 있고 살짝 내려가면 원하는 사람을 줄줄이꿰는 자질이 있다. 또한 일의 정곡을 찌르는 탁월한 판단력과 직관도 지녔다.

주걱턱은 내가 최고라는 자부심이 강하고, 지기 싫어하며 남의 아래에 있지 않으려는 의식이 강하다. 또 자신을 희생시키고 남을 위해 봉사하는 유형이므로 때로는 자기 능력을 과신하면서 행동하며 남을 지배하려는 심리를 가지고 있다. 이기심이 강하고 재물 욕심이 많아 이재에 밝고 자기 몰입이 강하여 교제에도 능하다.

정주영 회장의 인상을 보면 그의 이름과 함께 나타나는 이미지가 언제나 동일하다. 현대의 창업자로 자수성가형에 속하는데 크고 단단해 보이는 체격에 뼈대가 굵어 투지가 강하다. 이러한 체질은 부드럽기보다는 정면 승부를 선호한다. 키가 크면서 어깨가 넓고 허리가 긴 체상에서 덩치가 작은 소모품 제조사업보다는 중공업이나 건설, 조선, 자동차 같은 규모가 큰 사업이어야 만족하는 통이 큰 사람임을 알 수 있다.

커다란 뿔테 안경이 일종의 소모품이라면 오른쪽 안면에 살짝 힘을 준 채 수줍게 웃는 특유의 미소는 그의 트레이드 마크이다. 그의 이런 미소는 그룹의 회장님 이미지보다는 마음씨 좋은 이웃집 아저씨를 떠올리게 한다. 그의 이런 순박한 웃음은 상대를 편안하고 기분 좋게 만들어주었다.

사무실에서 생각하기보다는 요모조모 따지는 꼼꼼함, 현장에서 몸으로 부딪치며 익힌 빠르고 과감한 결단력, 황소 같은 뚝심과 추진력이 한데 뭉친 리더십은 그 위력이 대단했다. 현대는 무에서 유를 창조하는 창의력과 추진력을 추구하는 특성이 있다. 현장 경험을 중시한 인재관, 즉 '아무리 똑똑해도 현장 경험을 이길 수 없다'라는 생각을 가지고 있다. 철저한 확인과 훈련과 독려가 오늘의 현대를 만들었다고 확신한다.

| 삼성, 현대 2세대의 얼굴 비교 |
- 2세경영을 통해 글로벌 기업으로 성장시킨 대표적 인물

이건희 삼성그룹 회장은 이병철 회장의 셋째 아들이지만 사업을 물려받아 아버지의 뒤를 이은 아주 특별한 인물로, 반도체·LCD·휴대전화 등 전자 부문에 과감히 투자하여 삼성을 세계적 기업으로 성장시켰다.

이 회장의 얼굴은 넓고 평평한 이마와 양미간인 명궁을 가져 어른들로부터 사랑받으며 부를 물려받았다. 이마가 넓고 턱으로 내려갈수록 살이 두툼하게 발달돼 얼굴 면적이 넓어지고 있다. 이마는 초년 복을 나타내고 턱은 말년 복과 땅을 나타내니, 부동산 복도 좋은 기업가의 상이다.

눈이 크고 맑으며 검은 눈동자가 크고 툭 불거져 있다. 눈은 정신이 머무는 집으로, 검은 눈동자가 분명하고 맑아 좋다. 이건희 회장처럼 눈이 크고 툭 불거져 있는 눈을 보면 에너지가 강해 밀어붙이기를 좋아한다. 한편으로는 표현력, 직관력, 관찰력, 안목을 지니고 있다. 예측 불허의 아이디어를 창출해내는 강한 기운이 있다. 감수성이 풍부해 주변 사람들을 놀라게 하는 조언 실력도 가지고 있다. 실제로 눈이 튀어나온 데다 눈과 눈동자가 커서 즉흥적이고 하고 싶은 것을 하는 유형이다. 특히 검은 눈동자는 현실적이며 돈의 흐름을 빨리 파악해 모든 것을 돈과 연관하여 기업을 발전시키는 데 주안점을 둔다. 차분하고 조그맣게 일을 벌이기보다 갑자기 새로운 것을 만드는 방식을 선호한다.

재물운을 주관하는 코의 생김새도 좋다. 평소 많이 웃어 특히 얼굴 옆선이 탄력적으로 발달해 있다. 눈이 아주 커서 관찰력이 탁월하다. 특히 관찰력은 이 시대 CEO들에게 가장 필요한 재능으로 꼽을 수 있는데, 그는 관찰을 잘할 수 있는 고성능 카메라를 장착한 셈이다. 그 덕분에 세상 변화를 세밀히 읽고 업무를 파악하는 능력이 타의 추종을 불허한다.

이회장의 코는 코가 짧고 콧방울은 힘이 있다. 또한 만년과 부하운을 보는 턱이 좋기 때문에 재물을 모으고 유지할 수 있는 것이다. 코가 짧다는 것은 그만큼 유동성이 좋다는 것으로 세계의 변화에 발맞추어 사업을 잘 이끌고 있다.

그의 입술은 얇으면서 큰 입의 형태이므로 냉철한 판단력과 통 큰 사업 구상이 가능하다. 입을 다물면 작아 보이나 열면 큰 입을 좋은 관상으로 친다. 눈빛이 냉정하고 입술이 일자로 딱 다물어져 얇은데, 이병철 회장과 똑같다. 성격이 매우 냉정하고 차가우며 의지와 결단성이 뛰어남을 의미한다.

특히 턱이 인상적인데 턱이 크지만 탄력 있고 부드러워 사람을 이끌면서 두루 살피는 능력이 있다. 턱 선이 발달된 사람은 지구력이 있으며 아랫사람을 잘 챙겨주는 지도자 유형이 많다. 이건희 회장은 코보다 관골과 턱이 발달하여 자신이 직접 나서서 일을 추진하기보다는 아랫사람을 잘 관리해나가는 스타일이다. 그러므로 자신을 보좌하는 유능한 직원들이 늘 곁에 포진해 그들이 사업을 키우도록 하는 복이 있다.

이회장도 선대회장과 마찬가지로 사람에 대한 공부를 제일 열심히 하였다. 공부가 경영에 주요하게 반영되었고, 그래서 인사, 업무 등을 치밀하게 관리하는 삼성의 문화를 만들었다. 이렇듯 인재의 특성을 세밀히 파악하는 관찰력, 인재를 조합하는 상상력, 치밀한 관리 능력은 재능이 아닐 수 없다.

그는 별로 출근을 하지 않는 대신 자택에서 깊은 생각에 잠겨 상상을 통해 삼성의 미래를 예견했다고 한다. 또 경쟁사 제품을 스스로 분해하고 조립하면서 삼성 제품과의 차이와 문제점을 발견해냈다. 그런 후에 여러 말들을 쏟아내거나 적절한 인물을 기용해서 리더십을 발휘하였다.

정몽구 현대자동차그룹 회장은 한국전력 부지 인수에 입찰가 10조 5,500억 원을 적어서 성공한 뚝심이 놀라운 경영자다. 평가액보다 3배

정도 많은 금액이어서 경쟁사였던 삼성도 놀라움을 금치 못하였다고 한다. 그러나 정몽구 회장은 시세보다 많은 돈은 국가에 바치는 것과 같아서 상관없다고 하였으니 역시 큰 재벌의 스케일은 일반인들의 상상력을 초월해버린다.

정몽구 현대자동차그룹 회장은 재벌 2대지만 전략적 행동가 스타일의 자수성가형 CEO의 얼굴을 하고 있다. 이마는 초년운과 자신의 노력으로도 어쩔 수 없는 영역을 말해주는 부위이다. 얼굴을 삼등분했을 때 이마가 좁은 편에 속하고 울퉁불퉁해 초년에 다소 곤궁함과 수고로움이 따르지만 미릉골, 즉 눈썹뼈가 발달돼 반드시 크게 대성하는 관상이다. 이마의 주름이 여러 개이고 선이 굵지 않아 명예를 이루는 과정에서 고난과 역경이 따랐음을 뜻한다.

눈썹은 형제운을 보는 곳인데 눈썹의 털이 섬세하고 숱이 진하지 않고 연해서 형제의 도움이 많지 않고 인연이 적은 편이다. 형제간의 불협화음이 발생할 수 있지만, 이런 유형은 역경이 생겼을 때 누구에게 아쉬운 소리를 하기보다는 자기 힘으로 꿋꿋하게 이겨낸다.

작은 눈이지만 가는 듯 길게 뻗은 초승달 모양이고, 흑백이 분명한 눈동자와 강한 눈빛에서 빠른 판단력이 나온다. 모든 일을 꼼꼼히 따지고 판단을 내리니 실수가 적을 수 있다. 늘 미소를 짓고 있는데 그 속의 눈에서는 총명함의 빛이 나온다.

코는 살집이 있어 재물을 부르는 전형적 복코로, 특히 콧방울이 빵빵해서 앞에서 볼 때 콧구멍이 보이지 않으니 한번 들어온 것은 잘 나가지 않는다. 많은 일을 하되 함부로 쓰지 않으니 경제관념도 투철하다. 정몽구 회장은 자신을 보좌하는 의미의 좌우 광대뼈가 자신을 의미하는 코와 균형이 잘 맞고 뺨도 통통해서 인맥이 잘 조화를 이루고 있다. 이는 인복이 타고났음을 의미한다. 원칙을 소중히 하고 미래에 대한 모험보다 현재에 더 충실한 것은 양날의 칼이 될 수 있다.

입술선이 희미하면서 두터운 것은 현장을 많이 다니더라도 말이 많지 않고 묵묵했음을 뜻한다. 또한 다른 인맥을 통해서 부와 명예를 가지려 했던 것이 아니라 본인이 직접 발로 뛰며 만들었다는 의미다.

사각턱에 살이 이중으로 되어 있어 의지력이 강하고 자기 주위에 따르는 사람을 챙겨주고 밑에서 받쳐주는 든든한 자손도 있다고 보면 된다. 전체적으로 볼 때 말년으로 갈수록 좋고 한번 마음먹은 일은 꼭 해내는 성격이며 힘과 추진력이 좋고 밀어붙이는 경영 스타일로 재물복이 많은 전형적 기업가 유형이다.

무에서 유를 창조하는 창의력, 상황에 따라 발휘하는 기지, 두 가지 일을 동시에 수행하는 동시공학, 불도저 같이 밀어붙이는 돌파력이 뛰어나다. 사무실보다 현장을 중시하는 경영이다. 이렇게 행동으로 리더십을 발휘한다.

정몽구 회장의 인사 스타일은 한마디로 기동력이다. 경영 일선에서 물러났던 임원을 다시 불러들이기도 하고, 실적이 좋은 임원을 경질하기도 한다. 이런 예측 불허의 용병술은 기동력에 기인한다.

| 삼성, 현대 3세대의 얼굴 비교 |
- 향후 20년간 한국 경제를 이끌어나갈 경제계 리더

이재용 삼성전자 부회장은 귀가 크고 앞으로 튀어나온 것으로 미루어 짐작하건대 정보에 대한 욕심이 많다. 얼굴을 이마의 상정, 눈과 코의 중정, 입과 턱의 하정 세 부분으로 나누었을 때, 상정과 중정이 잘 발달되어 있는데, 이는 어린 시절부터 승승장구할 수 있음을 뜻한다. 이마와 눈썹에서 살펴본 운이 좋아서 연장자, 동료, 형제로부터 큰 사랑과 넉넉한 지원을 받는 것이 어렵지 않다. 눈썹이 진하고 바르게 누웠으니 대인관계가 원만하다.

눈이 가늘고 길면 깊은 지혜가 뚜렷하게 드러나서 좋은데 그는 눈이 둥근 편이다. 눈과 눈빛에 힘이 많이 들어가 있어 계속 긴장해온 상태임이 엿보인다. 옆으로 긴 눈은 장기적·거시적 안목이 있음을 나타낸다. 또 눈동자가 큰 편인데 감성이 풍부하고 화려한 것을 좋아하는 성향을 갖고 있다.

얼굴 전체의 균형 측면에서 보면 산근이 좀 들어가 있다. 산근은

41~43세의 운을 보는 부위인데, 이게 낮으면 그 시기가 다소 순탄치 못함을 뜻한다. 산근이 약한 탓에 40대 초반 이혼이라는 아픔이 있었다. 산근이 약하면 원래 긴 인생에 고난이 몇 차례 숨어 있다. 그러므로 인생 속에 숨어 있는 고난을 잘 넘기기 위해서 지나간 힘든 과거는 초연하게 바라봐야 한다. 그리고 타고난 선한 성품과 소통으로 주변 사람들과 좋은 관계를 유지하도록 노력하는 것이 좋다.

콧방울이 돈을 끌고 들어오는 형상이지만 콧대가 두껍지 않아 강력한 추진력을 발휘하기보다는 이성적이고 합리적인 경영을 통해 부를 축적할 상이다. 코 역시 재벌들에게서 볼 수 있는 콧방울로 돈을 낚아채 들여오는 낚싯바늘 같은 모양을 하고 있다. 콧방울은 힘이 들어가 있다. 자신의 자리를 유지하기 위해 내공을 기르면서 생긴 모양으로 보인다.

관골이 솟아 있어 자기표현을 잘하는 스타일이다. 하지만 턱으로 내려오면서 좀 약해지는 상이라, 마음속에 있는 것을 100% 표현하지는 않는다. 좀 얌전하고 '샌님' 같은 면이 있다. 아버지 이건희 회장은 관골과 뺨이 약간 빵빵한데, 이재용 사장은 현재 탄력이 좀 부족하다. 앞으로 재물운을 더 채워야 하는 모양새다.

꽉 다문 입매는 에누리 없는 성격을 나타낸다. 약간 작아 보이지만 꽉 다문 입을 보자면 그의 사전에 대충하는 일이란 없다. 면밀하면서도 꾸준한 노력으로 기업을 잘 이끌어갈 상이다. 다부진 입술과 약간 솟은 턱은 자신의 영역을 잘 지켜내고 큰 창고를 귀중한 재물로 가득 채울 것임을 보여준다. 턱과 입 주위에서는 뭔가를 자주 결심하고 다짐한 흔적이 보인다. 일을 할 때 시작은 감각적으로 꿈꾸듯이 하지만 마무리는 철저하게 하는 타입이다.

상정과 중정에 비해 하정이 빈약해 두루 아우르는 리더십 스타일은 아니다. 마음에 안 드는 부하는 두고 보다가 조용히 내친다. 주변 사람들은 스스로 알아서 따라가야 한다. 이성적으로 사물을 파악하는 능력과 계산적인 면이 뛰어나다. 조용하고 은밀한 리더십을 통해 직원을 존중하고 그들이 최대한 능력을 발휘할 수 있도록 지원한다면 최고의 경영자가 될 것이다.

정의선 현대자동차그룹 부회장은 상정과 중정에 비해 하정이 다소 빈약하지만 이것은 세월이 흘러 얼굴에 살집이 붙으면 해결된다. 확고한 자신감과 노력으로 미래를 향해 돌진하니 타고난 복보다 더 큰 성과가 있다.

현대가(家)는 거저 받는 것이 없는지 하나같이 개척하는 자의 이마로 자수성가해야 할 뻔했던 이마가 세월이 지나면서 봉긋 솟아올라 잘생긴 이마로 개발되었다. 미골이 발달되어 적극적이고 창의력이 좋은 이마이다.

정의선 부회장은 눈이 작고 눈두덩에 살집이 제법 있다. 눈이 작다는 것은 생각이 많고 내면을 성찰하는 성향을 나타낸다. 눈두덩의 튼실한 살집에서는 무던하고 담담한 성격을 엿볼 수 있다. 인내심도 많다.

코가 시작되는 산근이 조금 들어가 있으니 인생의 굴곡이 있을 수 있다. 그러나 콧대가 쭉 뻗어 있고 관골이 좋으니 큰 어려움은 없을 것으로 보인다. 물론 40대 후반까지는 스스로를 낮추어 겸손하고 이성적으로 처신함이 현명하다. 코끝이 둥글며 빵빵한 콧방울이라 정면에서 보면 콧구멍이 잘 보이지 않는다. 이는 돈을 헛되이 쓰지 않는다는 뜻과 상속받은 재산을 잘 관리할 능력이 충분하다는 것을 의미한다.

재물운은 더 만들어질 수 있는 인상이다. 다만 돈을 많이 벌더라도 자기만을 위해 쓰지는 않는다. 아버지 정몽구 회장보다 '욕심보'가 덜하다. 따라서 남들에게 존경받을 스타일이다. 본인 스스로도 존경을 받기 위해 노력한다. 입꼬리가 올라가 있어 일을 즐기는 스타일로 현대가의 미래는 밝다. 매사에 진취적이고 어디에서든 당당하게 자신의 소신을 밝히는 성향이 있다. 이 때문에 오해를 받아 재난을 초래할 수 있으니 말을 부드럽게 하도록 힘써야 한다.

얼굴의 골격이 큰 반면, 살집은 적다. 얼굴 크기나 골격을 봤을 때 선이 크고 굵은 사업을 하면 딱 맞다. 현대자동차그룹의 주력 사업이 대부분 중후장대(重厚長大, 무겁고 두껍고 길고 크다는 의미로 육중한 장비와 넓은 대지가 필요한 산업이라는 뜻)한 업종이라는 점에서 궁합이 잘 맞는 후계자라고 할 수 있다. 향후 경영권을 승계하면 현대자동차의 기업 이미지도 업그레이드될 것이다. 조직을 이끌 때는 원칙을 중시하고 약속을 지킨다. 노사관계도 원만하게 풀어갈 것으로 보인다.

3세대에 걸쳐 삼성, 현대가의 얼굴을 비교했다. 척박한 땅에서 사업을 일군 1세대들은 많은 기업인의 정신적 희망이 되었다. 2세대들은 글로벌 경제 체제의 압박에 나가떨어지지 않고 당당하게 'Made in Korea' 제품을 전 세계에서 볼 수 있게 경영했다. 3세대들은 중국의 급부상과 성장 동력 재탐색이라는 도전을 앞두고 있다.

다들 얼굴 속에 담긴 경영 스타일대로 경영하고 있다는 인상을 받았다. 지금은 3세대의 경영으로 넘어가고 있는 추세다. 3세대들과 비슷한 얼굴을 가지고 있다면 경영 스타일과 꼴의 값이 일치하는지 기대하며 자기 스타일대로 일과 사업에 임해보자.

유대인들은 부의 세습에 자신들만의 철저한 경제 교육이 있었다. 실제로 우리나라 부자 중에 경주 최씨 부잣집은 3대가 아니라 400년 이상을 부자로 살면서 많은 이에게 존경을 받았는데, 다음과 같은 '가훈육훈(家訓六訓)'을 자손들에게 철저히 가르쳤다고 한다. 그것을 소개로 이번 이야기를 마무리하겠다.

첫 번째 교훈, 진사 이상 벼슬을 하지 마라! 양반 신분은 유지하되 권력과는 거리를 두라는 뜻이다.

두 번째 교훈, 만 석 이상의 재산은 모으지 마라! 재산이 만 석을 넘으면 사회에 환원하라는 가르침을 두었다. 충분한 부를 축적했다면 더는 욕심을 부리지 말라는 의미다.

세 번째 교훈, 흉년에는 재산을 늘리지 마라! 남들이 고통스러운 시기에 남의 땅을 사들여 그들을 더 곤궁하게 하지 말라는 교훈이다. 남의 고통

을 자신의 부의 축적 수단으로 삼지 말라는 양심의 경영철학이라 할 수

있다.

네 번째 교훈, 과객을 후하게 대접하라! 이 교훈은 활빈당 사건 등 사회

적 혼란기에도 최씨 부잣집 일가가 화를 면하고 부는 물론 생명을 유지

할 수 있었던 결정적 요인이 되었다.

다섯 번째 교훈, 사방 백 리 안에 굶어 죽는 사람이 없게 하라!

여섯 번째 교훈, 시집온 며느리는 3년간 무명옷을 입어라! 이 가르침은

부를 드러내지 말고 검소하게 살라는 뜻일 것이다.

가문이 부와 명예를 동시에 지킬 수 있었던 근본 원인은 인격 수양을

바탕으로 한 자기관리와 끊임없는 노력 덕분이었다. 모은 재물을 바르

게 쓸 줄도 알았다. 경주 최씨 부잣집이 영혼이 있는 부자, 덕이 있는 부

자로 평가받는 이유다. 참으로 '노블레스 오블리주'를 실천한 존경받아

마땅할 부자의 한 기준이 아닌가!

부자가 되기 이전에 먼저 남에게 베푸는 마음이 부자이면 좋겠다. 이

런 부자가 3대를 넘어 400년을 간다.

Chapter 3

내 얼굴을
좋게 만드는 습관

01

좋은 얼굴은
좋은 운을 부른다

위, 촉, 오의 이야기를 다룬 《삼국지》에는 갖가지 인간 군상이 담겨 있다. 수많은 인간 군상이 있기에 '삼국지로 모든 이야기를 할 수 있다'는 말도 있다. 삼국지에는 처세는 물론 정치, 경제, 용인술 등 정말 많은 이야기가 있다. 그래서 강의 현장에서 삼국지는 '콘텐츠의 보고'라 불린다.

콘텐츠의 보고라 불리는 삼국지의 진짜 주인공은 누구일까? 관점에 따라 다르겠지만 군벌이 난무하는 혼란한 상황에서 통일 기틀을 잡은 위왕 조조가 아닐까 생각한다. 조조가 사업 기반을 다지고 이름이 알려진 건 반(反)동탁연합군 때였다. 황제를 업신여긴 동탁을 토벌하기 위해 조조는 격문을 띄운다. 그리고 18군벌이 일어나 반동탁연합군에 가담한다. 이때 조조의 이름이 세상에 알려진다. 이 이름은 조조에게 큰 무기가 된다. 당시 조조 말고도 원소, 원술, 마등 등 쟁쟁한 군벌이 있었지만 조조 격문에 18군벌이 일어난 걸 보면 좋은 운이 조조를 따랐다고 할 수 있다.

이 일을 토대로 역사학자들은 조조의 운을 세 개로 봤다. 첫 번째는 천운(天運), 즉 하늘의 운으로, 동탁이 천자라 할 수 있는 황제를 업신여겨 하늘의 운이 조조를 도왔다. 두 번째는 지운(地運), 즉 땅의 기운으로, 동탁은 백성을 돌보지 않았고 변방 세력이 궁을 자기 집 안방 드나들 듯하는 모습에 백성들은 탐탁지 않았다. 세 번째는 인운(人運), 즉 사람의 운으로, 조조는 인운이 좋았다. 사람의 운은 얼굴로 알 수 있는데 조조의 외모는 지금으로서는 정확히 알 수 없다. 그의 얼굴은 삼국지를 다룬 책만큼이나 다양하게 묘사되어 있기 때문이다. 단지 그의 여러 행동을 보아 얼굴을 짐작할 뿐이다.

조조는 자신의 목표를 위해 능수능란한 수를 많이 사용했다. 병사들의 반란을 잠재우기 위해 무고한 보급관 장교를 죽여 희생양으로 만들어버리고, 아버지의 복수를 위해 아무 죄도 없는 서주 백성을 도륙했다. 또한 적벽대전 패배 후 관우 앞에서 무릎을 꿇고 사죄하는 모습도 보인다. 이런 다양하고 뻔뻔한 얼굴을 하기 위해서 후흑(厚黑, '면후(面厚, 두꺼운 얼굴. 뻔뻔함)'와 '심흑(心黑, 검은 마음. 음흉함)'을 합성한 말)이 필요하다.

후흑은 청나라 말기 사회비평가 리쭝우가 쓴《후흑학》의 요체다. 후흑학은 변증법적인 역사의 발전을 믿는 긍정과 희망의 철학으로, 조조의 얼굴이야말로 후흑학의 최고 경지이다.

신동준 시사평론는 자신의 저서《후흑학》에서 후흑의 경지를 3단계로 나누었다.

1단계는 낯가죽이 성벽처럼 두껍고 속마음이 숯덩이처럼 시꺼면 단계다. 낯가죽이 두껍고 속도 새까마니 안색이 혐오스러워 사람들이 접근하기 꺼리는, 아직 초보 단계이다. 2단계는 낯가죽이 두꺼우면서 딱딱하지만 속마음은 검으면서도 맑은 단계다. 낯가죽이 두껍다 보니 어떤 공격이 들어와도 미동하지 않고 속마음은 검다가 희다 보니 다른 사람 마음을 얻어 대접을 받는다. 즉, '속마음은 칠흑같이 까맣지만 얼굴은 투명하리만큼 밝다'라고 할 수 있다. 3단계는 낯가죽이 두꺼우면서도 형체가 없고 속마음이 시꺼면데도 색채가 없는 단계다. 불후불흑(不厚不黑) 단계로 이 경지에 오른 사람은 쉽게 찾아볼 수 없다고 평가했다. 그만큼 후흑은 낯가죽은 물론 속마음도 능수능란하게 움직여야 한다는 의미이다.

조조의 얼굴이 다양하게 묘사되는 이유는 삼국지 저술가와 시대 환경에 따름이겠지만, 분명 그는 다양한 얼굴을 가졌을 것이다. 또한 후흑 3단계를 이룬 사람으로 자비와 공포, 카리스마와 온화 모두를 가진 얼굴이었기에 허저, 전위 같은 무신과 가후, 순유 같은 문신이 그를 따랐다고 할 수 있다. 분명 조조는 능수능란함이 배어 있는 좋은 얼굴이기에 좋은 운도 따라다녔을 것이다.

얼굴에 대해 무지한 사람이라도 상대의 미간에 내 천(川)이 강하게 있고 얼굴빛에 생기가 없으며 눈에 총기를 잃었다면 호감을 느끼지 않는다. 당연히 같이 무엇을 하고 싶지 않다. 세상이 변했어도 일을 시작하고 이룩하는 건 사람이다. 사람이 있어야 무엇을 할 수 있는데 좋은 얼굴로 호감을 산다면 당연히 일을 이룰 수 있다.

좋은 얼굴이 좋은 운을 끌어다준다는 말이 있다. 그렇다면 좋은 운이란 무엇일까? 좋은 운이란 814만분의 1 확률인 로또에 당첨되거나 행운권에 당첨되어 자전거 상품을 받는 게 아니다. 이런 건 '행운'이다. 행운은 잠시 떠돌아다니다가 나에게 온 것일 뿐 수중에 든 작은 모래처럼 시간이 지나면 사라진다.

좋은 운이란 일이 잘 진행되는 상태를 말한다. 일이 잘되려면 주변에 좋은 사람이 있어야 한다. 즉, 좋은 운이란 일하기 좋은 사람들이 많이 있는 상태를 말한다. 좋은 사람들이 많이 있으니 좋은 얼굴인 것은 당연하다.

강의를 나가 운과 좋은 얼굴에 대해 이야기하다 보면 대부분 미남, 미녀를 떠올린다. 당연한 이치이다. 미남, 미녀에 끌리지 않는 사람은 없다. 하지만 좋은 얼굴은 미남, 미녀를 말하는 게 아니다. 각자 개성이 다른 얼굴과 타고난 상이 있는데 통째로 뜯어고치지 않는 이상 변하지 않는다. 통째로 뜯어고친다 해도 그 안에 담긴 품성은 바뀌지 않는다. 세월이 지나면 품성이 얼굴로 드러나게 된다. 좋은 운을 부르는 좋은 얼굴을 갖기 위해 품성을 점검하는 게 우선이다.

지방에 모 구의원이 있다. 그는 자신을 두꺼비라고 소개한다. 딱 봐도 두꺼비다. 젊은 시절, 그는 이런 외모가 싫어 남 앞에 서는 일을 좋아하지 않았다. 어느 날 이렇게 살다간 결혼도 못하고 몽달귀신으로 운명이 끝날 것 같다는 불안이 엄습했다. 그는 우선 자신의 두꺼비 얼굴을 인정하고 거울 앞에서 출근 전 10분 동안 웃는 얼굴을 연습했다. 처음에 부모님과 직장 동료들은 실없이 웃는 그를 실성한 사람으로 여겼다. 한 달

두 달이 지나자 집안 분위기는 점차 바뀌었고 동료들도 웃는 그를 인정 했다.

웃는 얼굴을 싫어하는 사람은 없다. 차츰 자신감이 생겨 맞선도 나가고 결혼도 한다. 세월이 지나 구의원까지 당선된다. 그가 구의원에 당선되기까지 얼마나 많은 사람에게 도움을 받았을까 짐작할 수 있다. 두꺼비 같지만 좋은 얼굴이 좋은 사람을 끌어당겼을 것이며, 좋은 사람들은 그와 일을 같이할 수 있다는 믿음을 느꼈을 것이다. 이것이 좋은 운이 아니고 무엇일까?

나 역시 좋은 얼굴이 끌어다주는 좋은 운을 받았다고 생각한다. '얼굴 읽어주는 여자'라는 브랜드로 활동을 하다 보니 상대의 시선에 쉽게 노출된다. 강의 때는 메이크업은 물론 계절, 강의 장소, 청중 나이에 맞게 옷을 준비한다. 강의를 업(業)으로 하는 나로서는 당연한 노릇이다. 과거 얼굴경영 외에 이미지 관련 일을 25년 넘게 하다 보니 화장하고 나를 꾸미는 것이 일상을 넘어 습관이 되었다. 소소한 모임은 물론 편안한 장소를 갈 때도 습관적으로 나를 꾸민다.

몇 개월 전 또래의 강사끼리 점심식사가 있었다. 내가 강사라고 떠들지 않는다면 누구도 무대에서 마이크 잡는 일을 하는지 모른다. 그날도 습관적으로 좋은 얼굴을 위해 화장을 하고 그에 맞는 옷을 입고 나갔다. 점심식사를 마치고 가까운 마트로 갔다. 나에게는 마트 보는 일상이지만 남들 눈에는 세련된 복장과 화장이었나 보다. 사무용품 매장을 들렀다가 과거 명함을 주고받았던 모 기업 인사 담당자를 만났다. 통상적인 인사가 끝나고 아무 일도 없는 듯 지나간 하루였다.

며칠 후 그 인사 담당자에게 연락이 왔다. 강의 문의였다. 주제는 '프로 의식'이었다. 인상학 강의랑 멀어 거절하려 했는데, 인사 담당자가 마트에서 본 모습을 보고 '얼굴 읽어주는 여자'라는 이름에 맞는 프로 직업인이라고 생각했던 모양이다. 결국 강의를 허락했다. 강의 시작 전 인사 담당자는 마트에서 우연히 본 나의 모습으로 나를 소개했다. 이런 일이 종종 있다. 이것은 단순한 행운일까, 아니면 좋은 얼굴이 만든 좋은 운일까?

후배 강사들은 가끔 나에게 이런 질문을 한다.

"선생님은 집 앞 마트를 가도 화장하고 하이힐을 신고 가세요?"

그 정도는 아니다. 하지만 좋은 얼굴이 좋은 운을 가져다주는 걸 자주 경험하다 보니 소소한 만남, 소소한 장소에서도 좋은 운을 받을 수 있도록 늘 좋은 얼굴을 준비하라고 조언한다. 당신도 좋은 운을 받고 싶다면 좋은 얼굴을 준비해야 한다.

좋은 얼굴을 거부하는 사람은 없다. 거듭 말하지만 좋은 얼굴은 미남, 미녀를 말하는 것이 아니다. 좋은 얼굴을 준비하는 것은 자신이 가진 고유의 얼굴에 긍정적 기운을 불어넣는 일이다. 이 기운이 좋은 운을 끌어오는 것이라고 할 수 있다. 좋은 운은 일을 원활하게 진행시켜준다. 좋은 얼굴이 끌고 온 좋은 운으로 일을 한다면 성공은 물론 행복도 따라오는 법이다.

02

첫인상을 결정하는 눈썹,
눈썹관리법

첫 만남에서 그 사람의 첫 이미지를 결정짓는 시간은 얼마일까? 이미 여러 연구에 나와 있듯 3~5초다. 위아래로 고개를 끄덕이듯 한 번 살피면 그걸로 이미지 판단은 끝나는 것이다. 첫 이미지는 오랫동안 기억에 남는 만큼 상대방에게 처음으로 전하는 이미지가 중요하다.

그렇다면 사람의 첫인상을 결정짓는 것은 무엇일까? 흔히 사람들은 또렷한 이목구비를 가꾸는 데 정성을 쏟지만 이에 못지않게 중요한 것이 바로 눈썹이다. 물론 큰 눈, 오뚝한 코, 도톰한 입술 등 뚜렷한 이목구비가 차지하는 비율이 훨씬 더 크지만 이러한 이목구비를 돋보이게 하는 것이 눈썹이다.

미국 매사추세츠공과대학교 연구팀은 얼굴을 알아보는 데 눈과 눈썹 중 어느 쪽이 더 큰 영향을 차지하느냐를 조사했다. 익숙한 사람의 얼굴 사진에서 눈이나 눈썹을 지운 다음, "누군지 알아보겠느냐?"고 피

실험자들에게 물어봤다. 놀랍게도 눈썹을 지웠을 때 해당 인물을 알아보는 것이 더 어렵다는 사실이 드러났다. 인상학에서도 '눈썹이 아름다우면 마음도 아름답고 선량하며, 눈썹이 거칠면 마음도 거칠다'고 볼 정도로 눈썹의 중요성이 강조된다.

눈썹 주변에는 감정 표현을 담당하는 표정 근육이 다른 곳보다 집중되어 있어 감정이 가장 뚜렷이 나타난다. 눈썹은 얼굴에서 차지하는 비중이 크지는 않지만 사람과 사람 사이의 얼굴 커뮤니케이션에서는 생각보다 큰 역할을 한다. 눈썹은 분노, 놀람, 즐거움, 두려움, 무력함, 주목 등등 우리가 즉시 알아차릴 수 있는 수많은 메시지를 전달하는 데 도움을 준다.

사실, 눈썹이 없다면 많은 표정이 거의 비슷해 보인다. 멀리서 반가운 사람을 만날 때, 우리는 눈썹을 잠깐 올렸다가 내림으로써 순간적으로 놀랍고 기쁜 감정을 전달한다. 즉, 눈썹 전체를 올리는 표정은 주로 반갑거나 놀랄 때 짓는다.

눈썹 모양을 보면 교감신경과 부교감신경이 관장하는 부위라 표정의 변화와 더불어 인체의 긴장 상태도 짐작할 수 있다. 이완을 담당하는 부교감신경이 작용하면 눈썹꼬리가 내려가고, 긴장을 담당하는 교감신경이 작용하면 눈썹꼬리가 올라간다. 감정 상태와 인체의 생리적 변화가 더불어 표현되는 것이다.

눈썹의 형태, 두께, 길이, 위치, 색상 등에 따라 얼굴의 전체적 분위기가 좌우된다. 눈썹 숱이 많고 눈썹이 짙은 경우에는 너무 남성적이고 강한 인상을 줄 수 있다. 반대로 숱이 적고 눈썹 색이 연하면 이목구비가 뚜렷하게 잘생겨도 어딘가 모르게 부족한 느낌이 들고 얼굴이 밋밋해 보이며 인상까지 흐릿하게 비춰진다.

얼굴은 아름답고 미소는 온화하지만 눈썹으로 인해 허전하고 비어 보이는 느낌을 받는다. 이처럼 이목구비와 더불어 눈썹은 미적 요인으로 얼굴의 인상을 결정짓는 주요 요소 중 하나이다. 또한 메이크업 트렌드를 가장 민감하게 반영하기 때문에 최신 트렌드에 뒤처지지 않기 위해 많은 이가 시대의 흐름에 따라 바뀌는 눈썹 모양에 대해 관심을 가지고 또 관리를 한다.

남자도 여자만큼이나 눈썹이 중요하다. 눈썹은 이마에 흐르는 땀이나 물 등으로부터 눈을 보호해주는 기능적인 면에서 얼굴의 지붕 역할을 하지만 최근에는 외모를 평가하는 중요한 역할을 한다. 눈썹이 짙은 남자는 인상이 또렷하게 남아 좋은 인상을 주며 이성에게 남자로서의 매력을 느끼게 한다. 깔끔하게 잘 다듬어진 눈썹은 단정한 느낌을 줄 뿐 아니라 호감을 불러일으키기도 한다. 여기에 얼굴에 잘 어울리는 눈썹 모양까지 알고 있는 남자라면 그루밍(몸단장) 센스에서 좋은 평가를 받을 만하다.

개그맨 이휘재 씨와 홍준표 경남지사는 빈약한 눈썹을 보완, 이미지를 개선할 목적으로 문신 시술을 받았다고 털어놔 화제가 되었다. 이휘재 씨는 출연한 방송을 모니터링하던 중 숱 없는 눈썹이 너무 신경 쓰여 눈썹 문신을 했다고 고백했다. 홍준표 경남지사는 눈썹이 많지 않아 흐릿한 인상이었는데 눈썹 문신을 통해 강한 인상으로 거듭났다. 당시 그는 당대표로서 언론에 노출될 일이 많아 고민하다 눈썹 문신을 선택한 것으로 전해졌다. 눈썹 문신 이후 게임 캐릭터와 닮았다는 이유로 '홍그리버드'라는 별명도 붙었다.

남성들은 대부분 눈썹 숱이 많고 별다른 화장을 하지 않기 때문에 눈썹 정리 하나만으로도 인상이 많이 달라진다. 눈썹 손질은 얼굴과 전체적인 조화를 이루는 것이 중요하다. 특히 남자들의 경우 눈썹 숱이 지나치게 많으면 답답한 인상을 줄 수 있으며 돈이 잘 안 붙는다.

전택궁은 부동산운을 보는 자리로, 눈 사이에 잔털이 많으면 운을 방해할 수 있으니 눈썹과 눈 사이의 잔털을 제거해 깔끔하게 다듬는 것이 긍정적 효과를 불러올 수 있다. 실제로 배우 서인국 씨와 김수현 씨는 원래 눈썹이 두껍고 숱이 많았는데, 매끄럽고 날렵하게 눈썹을 정리하면서 인상이 바뀌었다. 소녀시대의 멤버 효연 씨도 데뷔 초반 도전적이고 남성적이었던 위로 뻗은 눈썹 때문에 다소 강해 보이는 이미지였으나, 눈썹 모양을 일자로 바꾸어 여성스러운 눈썹으로 변신, 미모가 업그레이드돼 화제를 낳기도 했다. 이렇듯 눈썹 모양 하나로 이미지 변신을 할 수 있다.

눈썹 모양을 만들 때는 자신의 콧방울에서 수직으로 선을 그어 이마 아래에서 만나는 부분이 눈썹 머리, 콧방울부터 눈동자를 지나는 직선의 끝 부분이 눈썹 산이다. 마지막으로 입꼬리와 눈꼬리를 지나는 끝 부분이 눈썹꼬리다. 자신의 얼굴에 어울리는 모양으로 눈썹에 가이드라인을 그린 뒤 눈썹 칼로 잔털을 제거한다. 이어 브러시로 눈썹을 결대로 빗은 후 라인 바깥으로 나오는 긴 눈썹을 눈썹 가위를 이용해 잘라준다. 마지막으로 눈썹 앞머리나 눈썹의 빈 곳을 아이브로우 펜슬로 채워 눈보다 길게 그려준다. 이때 눈썹을 그리는 펜슬이나 섀도를 너무 어두운 것으로 사용하면 자칫 나이 들어 보일 수 있으니 주의해야 한다. 모발이나 눈동자 색깔과 비슷한 회밤색을 선택하는 것이 좋다.

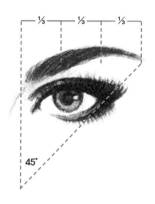

날카롭고 이지적인 분위기를 만들고 싶다면 각진 눈썹을 연출하자. 눈썹 산이 분명하게 드러나는 눈썹에 적용하면 자연스럽게 연출할 수 있다. 인상이 너무 강해 보이거나 얼굴형이 각진 편이라면 부드러운 곡선 모양의 둥근 눈썹이 선한 이미지를 만들어준다. 그러나 일자형의 직선적인 눈썹 모양을 하게 된다면 각진 얼굴형을 더욱 도드라지게 하므로 이는 피하는 것이 좋다.

눈썹의 꼭지점을 각지게 그린다.

둥근형의 얼굴을 가져 흐릿한 인상이 고민이라면 눈썹 산에 커브를 주어 단정하고 세련된 느낌으로 표현하는 것이 좋다. 턱이 각진 얼굴에도 잘 어울려 개성 있고 동적인 분위기를 가질 수 있다.

눈썹산을 안쪽에 두고
아치형으로 그린다.

역삼각형 얼굴은 직선적인 눈썹 모양보다는 가는 굵기의 아치형으로 표현하면 여성적이고 매혹적이며 우아한 느낌을 줄 수 있다. 자연스럽게 곡선을 그려주고 눈썹 산이 너무 높아지지 않게 조심해야 한다.

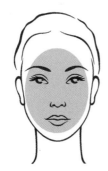

눈썹의 꼭지점을 낮게 그린다.

일자형 눈썹은 우리나라 여성들이 가장 많이 연출하는 눈썹 모양이다. 긴 얼굴형을 가진 사람들과 폭이 좁은 얼굴을 가진 사람들에게 가장 적합하다. 얼굴형이 길면 자칫 나이 들어 보일 수도 있으나, 일자형 눈썹을 통해 어려 보이는 효과를 연출할 수 있다. 눈썹 앞머리에서 꼬리까지 일자로 라인을 그리고 라인 바깥쪽 눈썹을 정리한다. 눈썹이 처지거나 치켜 올라가지 않도록 수평을 잘 맞춰야 한다.

첫인상이 걱정이라면 거울을 보고 사람을 반갑게 맞이하는 표정을 계속 지어보자. 눈썹 전체를 위로 들어 올리면서 복을 맞이한다고 생각하자. 모든 것을 반갑게 맞이하면 성공도 저절로 따라올 것이다.

당신의 눈썹에 따라 상대는 3초 안에 당신을 판단할 수 있다는 점을 명심하자. 상대가 3초 안에 판단해버린 이미지는 당신의 일, 사업, 연애 등 많은 부분에 영향을 행사한다. 귀찮다고 생각하면 한없이 귀찮아진다. 자신에게 맞는 눈썹관리를 하자. 관리하는 모습 자체만으로 당신의 첫 이미지가 될 것이다.

03

복을 부르는 제2의 얼굴, 목소리

배우 김상중 씨. 그는 KBS 대하드라마 〈징비록〉에서 조선의 재상 류성룡 역을 맡고 있고, SBS 〈그것이 알고 싶다〉의 진행을 맡고 있다. 명품 보이스로 진짜 사람을 흡입하는 매력이 있다. 단순히 목소리뿐만 아니라 또박또박한 발음과 귀에 쏙쏙 박히는 강약 조절, 아나운서를 해도 좋을 정도의 호소력 짙은 목소리이다. 연극배우 출신 영화배우가 많은 이유는 좋은 목소리도 한몫한다. 연극배우들은 무대에 서서 객석 끝까지 마이크 없이 대사를 전달해야 하기 때문에 자연스럽게 발음이나 발성에 훈련의 중점을 둔다.

요즘 여성들에게 정말 많은 인기를 누리고 있는 배우 여진구 씨. 그는 남성적인 외모다. 나이보다 성숙한 중저음의 목소리로 아역배우의 한계를 벗는 데 성공했다. 누구나 인정할 만한 안정적이고 신뢰감 있는 목소리의 김주하 아나운서, 달콤한 목소리의 갑이라고 불리는 배우 이

선균 씨, 이들 모두 공통적으로 저음에서 울리는 목소리를 가지고 있다.

그렇다면 목소리는 성격과 어떠한 상관관계가 있을까? 하버드대학교의 연구 결과에 따르면 청중의 80% 이상은 말하는 사람의 목소리만 듣고도 신체적, 성격적 특성을 규정짓는다고 한다. 예를 들어, 목소리가 크고 우렁차면 적극적이고 외향적인 성향의 사람일 것이라 판단하고, 반대로 목소리가 작고 기어들어가면 내성적이고 소극적이며 자신감 없는 사람으로 판단한다. 또한 저음의 굵은 목소리는 신중하고 침착한 사람으로, 허스키하고 바람이 새는 듯 쉿소리를 내는 사람은 쾌활하고 명랑한 인상으로, 목소리 톤이 높고 말이 빠른 사람은 성격이 급할 것으로 생각한다.

누구나 목소리와 말투를 통해 상대방의 성격과 특징을 가늠해본 적이 있을 것이다. 부지불식간에 목소리를 얼굴과 마찬가지로 인상을 읽는 단서로 삼았다는 셈이다.

목소리는 영혼과 가장 가까운 곳에서 나오기 때문에 목소리가 훌륭하면 매력이 넘치는 법이다. 목소리에는 정신이 깃들어 있다. 좋은 목소리를 내면 매력이 있고 매력이 있으면 인복이 있다. 특히 오늘날처럼 하루에도 수십 통씩 휴대전화를 사용해 대인관계를 해야 하는 환경에서는 어쩌면 얼굴보다 목소리가 때로는 더욱 강력한 자기표현 수단일 수도 있겠다. 전화 통화를 하면서 만나는 사람들의 목소리는 가지각색이다. 목소리를 통해 짐작한 그 사람의 인상은 직접 만나봐도 크게 다르지 않다.

어쨌든 외모나 성격 못지않게 음성의 매력이 중요하다. 목소리가 좋으면 상당히 목관리가 잘되어 있다. 우리는 저마다 다른 목소리를 갖고 살아간다. 미국의 사회심리학자 앨버트 메라비언은 대화를 통해 내용을 전달할 때 목소리가 38%, 표정 35%, 태도 20%, 내용은 7%의 비중을 차지한다고 했다. 목소리가 3분의 1 이상의 영향력을 미친다는 이야기다. 그래서 목소리를 제2의 얼굴이라고도 한다. 즉, 목소리도 얼굴이며 복을 부르는 곳이다.

사람의 목소리에는 표현하기 어려운 에너지와 파장이 숨어 있다. 칭찬, 긍정, 위로의 말을 할 때는 자연히 얼굴에 미소가 번지면서, 입 주위의 긴장이 풀리고 따스한 기운을 실은 말이 나온다. 더운 입김을 불듯이 입을 크게 벌리는 대표적인 것이 크게 웃는 것이다. 웃으면서 대상에게 따스함을 보내면, 그것이 메아리가 되어 나에게 따뜻한 복의 기운을 몰고 되돌아온다. 마치 산에 올라가서 "야호" 하고 외치면 메아리가 되어 다시 나에게 돌아오듯이 내가 "행복해"라고 자꾸 말하면 그 말 속에 담긴 행복의 기가 나한테 온다.

반대로 비난의 말, 부정의 말, 책망의 말을 할 때에는 입 주위의 근육이 경직되면서 차가운 기운을 실은 말이 나온다. 찬 입김을 불듯이 입을 작게 벌리는 대표적인 것이 화를 내는 것이다. 화를 내면 대상에게 차가운 기운이 보내지고, 그것이 메아리 되어 나에게 차가운 화의 기운을 몰고 돌아온다. "불행해"라고 말하면 그 말 속에 담긴 불행의 기가 다시 나한테 돌아온다는 뜻이다.

이처럼 남을 위하는 따스한 열린 마음이면 긍정적이고 희망적이며 사랑스런 말이 되어 나오지만, 차가운 닫힌 마음이면 부정적이고 절망적인 데다 비난의 말이 나오게 된다. 그러므로 항상 좋은 기를 받기 위한 좋은 말을 나 자신과 남에게 하는 습관을 길러야 한다. 좋은 기를 받기 위한 좋은 말에는 "잘될 거야" 하는 긍정의 기를 주는 말, 아무리 작은 행복에도 "아! 정말 행복해" 하는 행복의 기를 주는 말, 작은 일에도 "감사합니다", "고맙습니다" 하는 감사의 기를 주는 말 등이 있다. 또한 "감사합니다"라고 말하면 얼굴 표정이 웃게 되고 그로 인해 타인에게도 좋은 인상을 주고 나에게도 복이 온다.

《돈보다 운을 벌어라》를 쓴 김승호 저자는 목소리를 들으면 그 사람의 운명까지도 알 수 있다고 한다. 목소리를 고치겠다고 마음먹으면 이보다 쉬운 것이 없다. 남들과 대화를 나눌 때 최선을 다해 아름다운 목소리를 내도록 하라. 목소리에 리듬을 주거나 아름다운 단어를 발음하면 더욱 좋다. 게다가 밝고 친절한 표정까지 지으면 더욱 좋다. 하지만 가장 중요한 것은 목소리 자체다. 눈빛보다는 목소리에 영혼의 힘을 더 많이 실어야 더욱 좋다.

목소리를 들으면 그 사람의 운명까지도 알 수 있다. 사람의 상을 볼 때 제일 먼저 보는 것이 목소리다. 머지않아 죽을 사람, 곧 실패할 사람은 목소리가 변한다. 주변에 인기 있는 사람을 살펴보라. 확실히 목소리가 남다르다. 선거에서 이기는 것도 목소리 덕분이고, 사랑을 쟁취하는 것도 목소리 덕분이다. 유독 진급이 빠른 사람은 목소리가 좋기 때문이다.

인상에 따라 저음에 필요한 사람이 있고 미성이 필요한 사람이 있다. 얼굴과 궁합이 잘 맞으면 부자가 된다. 목소리는 제2의 인상이라 불릴 정도로 중요한 요소이다. 얼굴과 목소리가 좋으면 본인이 가진 좋은 기운을 발휘할 수 있어서 많은 재물, 명예, 권력을 가질 수 있다.

이처럼 누구에게나 호감 및 신뢰를 줄 수 있는 좋은 목소리는 큰 장점이 아닐 수 없다. 무엇보다 좋은 목소리는 타고나는 것이 아닌, 후천적으로 만들 수 있는 것이기 때문에 조금만 노력하면 누구나 좋은 목소리를 가질 수 있다.

그렇다면 좋은 톤의 자기 목소리를 찾는 방법은 무엇일까?

첫째, 숨을 깊이 들이마시는 복식호흡으로 공기의 압력을 높여 쉽게 소리를 낼 수 있도록 해야 한다.

풍선에 바람이 들어가면 점점 커지고 바람이 빠지면 작아지는 것처럼 하는 것이 요령이다. 온몸의 힘을 빼고 편안한 자세로 앉아 눈을 감고 숨을 깊이 들이쉬면서 배가 불러오는 것을 느끼고 천천히 내뿜으면서 배가 꺼지는 것을 느낀다. 아침 일찍 그리고 자기 전에 10분 이상 하며, 평소에도 수시로 실시한다. 이 단계를 수시로 연습을 해준다면 듣는 이는 내 목소리에서 안정감을 찾을 수 있고 자연스레 좋은 호감으로 이어질 확률이 높아진다.

둘째, 페널티킥에서는 선수가 자신감이 있어야 골을 넣을 수 있다. 좋은 소리를 내기 위해선 우선 내가 이야기하는 것에 대한 자신감이 있어야 한다.

말을 할 때 콧소리가 섞인 이상한 소리를 내거나 힘없는 소리를 낸다면 듣는 사람은 나의 상태를 불안하게 느낄 것이다. 큰 소리로 자신감을 갖고 얘기하는 습관을 들여야 한다. 물론 필요 이상으로 소리가 크면 오히려 거부감으로 이어질 수 있으니 적어도 내가 내는 소리가 전방의 한 점을 향해 곧바로 이어지는 듯한 느낌은 있어야 한다.

셋째, 말투에 어눌함이 가득하다면 좋은 인상을 남기기란 매우 어렵다. 즉, 정확한 발음으로 이야기하는 것도 상당히 중요하다.

배우 김명민 씨는 매일 아침 일어나 화장실에 갈 때면 대본을 들고 어김없이 볼펜을 문다. 혀가 볼펜을 탁탁 칠 정도로 활발하게 움직여 정확한 발음을 위한 연습을 한다. 발음을 연습하는 방법에는 입에 막대를 물고 하나하나의 글자를 신경 쓰면서 천천히 책을 읽어보거나 랩을 불러보는 것 등이 있다. 어떤 방식의 연습이 됐든 가장 중요한 것은 정확하게 발음을 내는 데 신경 쓰는 것이다. 입 모양을 정확하게 만드는 노력이 필요하다.

넷째, 목소리는 많은 훈련과 연습을 통해 충분히 가다듬을 수 있다. 옷을 잘 입어 몸매 보정의 착시 효과를 내는 것처럼 목소리도 착시 효과를 낼 수 있다. 이것이 바로 목소리 메이크업이다.

가장 좋은 방법은 상황에 따라 내가 말하는 것을 죄다 녹음하여 들어보고 분석하는 것이다. 처음에는 이렇게 연습하는 것이 다소 어렵고 따분할 수 있지만 반복적으로 연습하면 어느 순간 자기 목소리를 찾는 법이 자연스럽게 체득될 것이다. 한정적이고 호감 가는 음색으로 바뀌는 것은 물론이다. 목소리는 바꿀 수 없다는 생각을 버리고 자신의 좋은 목소리를 찾도록 노력해야 한다. 판소리 중간중간 들어가는 "얼쑤" 하는 추임새처럼 모든 사람에게 흥을 돋우는 기를 불어넣어주자.

아나운서나 연극배우 같은 목소리가 아니어도 좋다. 자신감이 배어 있고, 긍정의 언어를 사용한다면 그게 좋은 목소리다. 그러니 자신의 언어 습관을 점검하고 자신감으로 제2의 얼굴, 목소리를 메이크업해보자.

04

습관적인 화장법에서
운이 열리는 화장법으로

나는 20대 중반부터 메이크업 아티스트로 일을 했다. 그야말로 25년 넘게 얼굴 전문가로 살아온 셈이다. 메이크업 아티스트 시절의 화장은 아름다워지기 위한 작업이었다. 눈이 작으면 눈을 크게 보이려고 화장에 정성을 기울였고 코가 낮으면 코를 높아 보이게 노즈 섀도(nose shadow)를 썼다. 그런데 겉모습을 아름답게 보이기 위한 메이크업은 한순간일 뿐이다. 게다가 결점을 감추기에만 신경 쓰면 자신도 모르게 화장으로 운을 막아버리는 경우가 있다.

얼굴은 변한다. 성형을 하지 않아도 메이크업을 어떻게 하느냐에 따라 얼마든지 운의 흐름을 바꿀 수 있고 좋은 인상을 만들 수 있다. 메이크업은 자신의 이미지를 자유롭게 변신시키고 표현해내는 하나의 수단이다. 따라서 이를 통해 자신의 이미지의 단점을 보완하여 충분히 스스로 운을 변화시킬 수 있다. 지금부터 운이 들어오는 화장법으로 인생을 바꿔보자.

첫째, 오광을 밝혀라.

얼굴이 환하고 밝으면 만사가 형통하고 복이 따라온다는 옛말이 있다. 메이크업은 3초 만에 결정되는 첫인상에 아주 큰 영향을 주므로 메이크업을 할 때 오광 부위, 즉 이마, 양쪽 광대, 코, 턱을 밝혀주어 상대방에게 좋은 인상을 줌은 물론 행운 또한 잡도록 한다. 자신의 본래 피부색을 살리면서 탄력 있어 보이도록 연출하는 게 포인트다. 무조건 하얀 얼굴이 좋을 것이라는 생각에 피부색보다 밝은 파운데이션을 선택하는 것은 좋지 않다.

이마 중앙은 직업운, 출세운을 나타낸다. 성공하고 싶으면 이마 한가운데부터 양미간을 지나 코끝까지 이어져 있는 이른바 T존 부위를 손보자. 이 부위에 맑은 기운이 막힘없이 흘러야 매사 크게 성공할 수 있다. 중간에 주름이 있으면 기운이 가로막히므로 충분한 보습과 주름 방지의 관리가 필요하다.

피부 표현을 밝고 화사하게 하기 위해 펄이 함유된 핑크빛 파운데이션이나 비비크림을 사용하자. 이것이 오광을 밝혀주는 작업이다.

둘째, 눈썹에 힘을 줘라.

대인관계의 운을 나타내는 눈썹은 눈보다 길어야 하고 눈썹이 끊어지지 않고 고르게 연결되어 있어야 하며 자신의 피부색이 살짝 드러나는 정도가 좋다. 너무 숱이 많고 짙은 눈썹은 고집 센 성격을 나타내고, 상사와의 마찰을 불러일으킬 수 있다. 눈썹 숱이 너무 적은 경우라면 반대로 적절하게 그려넣어야 한다. 마스카라를 휴지로 닦아 액이 살짝만 묻어나올 정도로 만든 뒤 눈썹의 결 방향으로 칠하면 본래부터 짙은 눈썹을 가진 것처럼 자연스럽게 변신할 수 있다.

일과 가정 둘 다 성공적으로 병행하고 싶다면 눈썹을 너무 두껍지 않게 하고 자연스러운 곡선으로 그려준다. 눈썹이 너무 가늘면 나이 들어 보이거나 몸이 약해 보이거나 피곤해 보이므로 눈썹을 약간 두껍게 그려준다. 눈썹과 눈썹 사이의 미간에 잔털이 많은 경우에는 운이 들어오는 길이 막혀버리기 때문에 눈썹 칼로 밀어 정리한다.

셋째, 크고 또렷하게 눈 화장을 하라.

그러나 눈의 크기는 중요하지 않다. 눈동자가 밝게 빛나 보이느냐가 중요하다. 선명한 것이 좋지만 너무 강렬하게 도드라지는 것은 좋지 못하다.

눈 주변에 핑크색이 은은하게 감돌면 부부운이 상승하므로, 필요한 경우 눈가를 핑크나 오렌지 계열로 자연스레 연출한다. 만약 재물운을 원한다면 골드나 옐로우 계열의 아이섀도로 눈 화장을 하면 된다. 더불어 눈초리에 화이트 컬러로 포인트를 주면 돈이 새는 것을 막을 수 있다.

인상학적으로 좋은 눈은 눈꼬리가 3도 정도 올라간 모양이다. 아이라인의 경우 눈동자가 갈색이라면 다크브라운을, 그보다 좀 더 어둡다면 블랙 컬러를 선택하는데, 눈 앞머리와 수평을 이루도록 눈꼬리를 길게 빼서 살짝 올려 그려주면 자연스러우면서도 또렷한 눈매로 신뢰와 호감을 줄 수 있다.

눈과 눈 사이의 눈썹이 너무 가까우면 금전운이 달아난다. 눈 주변은 시원하게 탁 트인 것이 금전운을 불러들인다. 이 사이가 떨어져 있으면 사람들과 친해지기 쉬운 인상을 주며 사물에 집착하지 않고 작은 일로 안절부절못하지 않기 때문에 금전운이 높아진다. 눈썹머리에 잔털이 많이 난 사람은 여분의 털을 깎아 정리한다.

검은 눈동자와 흰자의 경계가 분명한, 강하고 맑은 눈빛도 성공할 상으로 꼽는다. 또렷하고 선명한 눈매를 만들려면 검정색 아이라이너와 흰색 아이펜슬을 적극적으로 활용할 것. 눈 아래 점막 부위는 흰색 아이펜슬로 라인을 그려주어야 흰자 부위가 확장되면서 눈이 더 크고 맑아 보인다.

눈밑이 처지고 불룩한 '눈물주머니'는 자식 때문에 눈물 흘릴 일이 많다는 것을 뜻한다. 눈밑을 탄력 있고 깨끗하게 유지하는 것이 좋다. 눈밑에만 부분적으로 팩을 할 수 있는 눈가 전용팩을 이용해 수분 공급을 해준다. 그다음 눈시울부터 꼬리 쪽으로 근육의 흐름에 따라 약지를 이용해 지그시 누르자. 이는 다크서클과 눈물주머니 현상을 완화하는 데 도움을 줄 수 있다. 눈밑은 자녀궁 자리로 칙칙하면 자식 복이 없음을 뜻하므로 컨실러를 이용해 발라주라. 그리고 얼굴에 있는 점 중에 90%는 좋지 않은 점이기 때문에 점과 잡티를 컨실러로 없애 깨끗하고 환하게 밝혀준다.

넷째, 재물운이 들어오는 복코를 만들어라.

코는 자존심, 재물운, 교양을 나타내는 부위로 콧대와 코의 모양을 잡아주는 것이 매우 중요하다. 반짝이도록 윤기를 내기 위하여 펄이 들어간 하이라이터로 콧대를 세워주고 펄이 없는 하이라이터로 콧방울을 도톰하고 도드라지게 하여 복코로 보이도록 연출한다. 주근깨나 상처가 있는 것은 좋지 않으니 컨실러를 이용해 깨끗하게 가려주는 것이 좋다. 또한 코는 피지 분비가 활발한 곳인데, 기름은 돈을 불태워버리는 성질이 있기 때문에 코 주변의 피지를 그때그때 제거해 깔끔하게 유지한다.

긴 코는 보수적이고 다른 사람에게 맞추지 못하는 성격으로 보인다. 이런 경우 코끝에 본래 피부보다 한 톤 어두운 비비크림을 발라 코를 짧게 보이도록 연출하는 것이 좋다. 둥근 코를 갖고 있는 사람은 일부러 코를 가늘게 보이려고 하는 경향이 있지만 이는 잘못된 메이크업이다.

다섯째, 애정운을 높이는 입술 라인을 살려라.

입술산의 윤곽이 뚜렷하고 밝아야 전체적인 이미지를 크게 변화시킬 수 있으므로 중요한 포인트이다. 입을 다물었을 때 입꼬리가 바깥쪽으로 살짝 올라간 입술이 가장 좋은 상이다.

큰 입은 체력, 결단력, 적극성의 상징으로 성격도 활발하고 항상 활동적인 자세를 취하는 사람에게서 많이 보인다. 입이 작은 사람은 소극적이고 어두운 인상을 주므로 자신의 입술보다 조금 더 크게 립스틱을 바르는 것이 성공에 도움을 준다.

입술은 통통한 것이 좋다. 귀여우면서도 표정에 따라 섹시하게도 보일 수 있는 것이 통통한 입술이다. 아랫입술 중앙에 밝은 색 립글로스를 발라 입체감을 살려준다. 이때 아랫입술과 윗입술의 크기가 같도록 해야 밸런스도 맞춰진다.

입술의 양끝이 처져 있는 사람은 불평, 불만, 남의 험담을 많이 해 자연스럽게 입 끝이 처진 것이다. 입 끝이 올라가면 금전운이 상승하는데 파운데이션으로 본인의 입술선을 지우고 입술 색과 같은 컬러의 펜슬을 이용해 입술 끝부분을 자신의 입보다 조금 안쪽으로 그린다. 웃는 얼굴처럼 입 끝을 살짝 올려주듯이 그리는 것이 중요하다.

입술을 그리는 방식을 보면 성격도 나온다. 자기 입술선 그대로 그리는 여성은 있는 그대로 표현하는 사람이다. 입보다 작게 그리는 사람은 집안에 금송아지 열 마리가 있어도 먹고살기 힘들다고 투정하는 내숭형이다. 반대로 입술보다 크게 그리는 사람은 허풍이 세다. 입꼬리와 입술선을 정확하게 그리는 여성은 확실하고 깔끔한 걸 좋아한다. 똑떨어지게 일하지만 남이 대충하는 걸 못 봐주고 이해심도 짧다. 정조관념도 뚜렷해 남성들이 쉽게 접근하지 못한다.

양 볼이 튀어나와 보이는 것은 좋지 않다. 그러므로 광대뼈가 나온 경우에는 옅은 색상의 블러셔를 볼의 높은 부위에 둥글게 칠한다. 반대로 볼이 빈약해 보이는 경우에는 살이 풍부해 보이도록 밝은색 블러셔를 바른다. 블러셔가 너무 강해서 광대뼈가 도드라져 보이는 것은 좋지 않으므로 부드럽게 보이도록 바른다. 뺨의 혈색이 좋은 사람은 운의 흐름도 좋다. 관자놀이에서 볼에 걸쳐 볼터치를 해 입체감이 느껴지도록 한다.

턱이 짧은 사람은 말년에 고생을 하게 된다. 일에 성공하고 편한 노후를 위해서는 턱 중앙 부분을 밝게 빛나도록 해야 한다. 입술 아래턱에 화이트 하이라이터를 살짝 발라준다.

몇 년 전부터 남녀 가리지 않고 화장을 한다. 그래도 화장은 남자보다 여자에게 중요한 일상이다. 자기 얼굴에 맞는 화장법에 운을 불러다 주는 화장법까지 곁들여보자. 주어진 운은 물론 새로운 운이 생길 수 있다. 그런 운을 받을 수 있는 사람 역시 자신의 얼굴을 알고 부지런히 자신을 꾸미는 사람이다.

Part 3

상대보다
한 수 먼저 읽는
페이스 리딩과 그 활용

Chapter 1

직업 탐색,
얼굴에
타고난 직업이 있다

01

얼굴이 주는
직업 정보를 읽어라

10대 청소년은 물론 취업을 앞둔 20대도 고민이 많다. 10대는 진로를 20대는 주로 직업을 고민한다. 어느 정도 경력을 쌓은 30대는 이직이냐 잔류냐를 고민하고, 40대는 자기 사업을 꾸릴 것인지 혹은 임원이나 만년 과장으로 길게 갈지를 고민한다. 50대는 정년퇴직까지 버티느냐, 아직 늦지 않았으니 시니어 취업을 하느냐, 또는 직업 2막을 가질 것이냐, 그것도 아니면 창업하느냐를 놓고 고민에 빠진다. 60대는 '연금 보릿고개' 전까지 버틸 직업을 찾는다. 65세 이후에도 급여가 나올 직업을 구하고, 적게 벌더라도 자녀에게 부담을 줄이기 위해 남은 생애 동안 일할 직업을 찾는다.

모든 걸 버리는 자연인이 되지 않는 이상 직업은 우리에게 영원한 화두다. 안타까운 건, 직업에 관한 고민의 짐을 덜어줄 여러 검사도 있고 체험의 기회도 있지만 대부분 10대에서 20대 초반에 끝난다는 점이다.

20대 중반, 우리는 취업을 한다. 고민 기간이 짧을 수밖에 없고, 30대가 되면 이런 고민조차 사치로 여긴다. 하지만 취업 후 이직률을 생각한다면 직업에 관한 고민 없는 직업 선택은 실패 확률이 높고 사회적 비용도 큰 편 아닌가!

직업이 개인에게 미치는 영향력이나 사회적 비용을 고려한다면 정형화된 데이터 통계나 단순 상담 등은 직업 선택에 충분한 정보가 되지 못한다는 게 내 생각이다. 조금 더 개인에게 주어진 정보를 가지고 직업 파악을 논의할 때가 되었다.

강의가 끝날 때쯤이면 청중이 전문 강사 되는 방법을 질문하는 경우가 종종 있다. 무슨 자격증이 있고 무슨 교육을 이수했는지 말하는 목소리도 쾌활해 좋다. 얼굴을 굳이 보지 않아도 외형적인 성격임을 쉽게 알 수 있다. 하지만 지구력이 약하고 자리에 앉아 연구할 얼굴이 아니다. 방법은 알려주지만 전문 강사직을 추천하지는 않는다.

이와 같은 직업 추천이 꼭 정답이라 할 수 없지만 주변 강사들을 살펴보면 얼굴에 특징적 공통점이 있다. 즉, 근사의 얼굴이 있다고 할 수 있다. 소수정예로 운영하는 CEO 맞춤 인상학 강의에서도 CEO만 모여 있다 보니 CEO만의 얼굴이 있음을 느낀다. 이런 현상에 대해 처음 공부할 때는 '직업이 같다 보니 얼굴이 그렇게 된 것일까, 아니면 그런 얼굴을 가지고 있으니 지금의 직업을 선택한 것일까'가 궁금했다.

공부하며 나름대로 얻은 결론은 '과업(課業)'이라는 관점을 생각하는 데서 나왔다. 우리에게는 주어진 과업이 있다. 얼굴이 다 다르듯 주어진 과업도 다르다. 그것은 태어날 때부터 우리가 가진 천직이자 '일생의 과업'이다. 그것이 얼굴에 드러난다. 일찍 얼굴로 비치는 과업을 발견하고 그에 맞는 교육을 받는다면 개인은 얼마나 발전할 수 있을지 생각해볼 일이다. 이러한 과업을 무시하고 사회적 책무가 주는 직업이나 소위 부모가 점찍어주는 직업을 선택한다면 어떤 일이 벌어질까?

실제 근무하는 시간이 8시간이라 해도 평균 출퇴근 시간 40~50분을 잡는다면 일을 하기 위해 10시간을 쏟아야 한다. 사회적 책무에 따른 직업이나 부모가 점찍어주는 직업 또는 어쩔 수 없이 먹고살기 위해 선택한 직업은 개인에게 좋은 직업일 가능성이 낮다. 여기에 시야를 넓혀 아무리 체력이 좋아도 16시간 이상 근무하기 힘들다. 다음 날 일하기 위해 휴식을 취해야 한다. 그러니 하기 싫은 일을 하기 위해 휴식을 취하는 모양새가 된다. 이처럼 직업이 자신과 맞지 않는다면 평생을 힘들어하며 살아가야 한다. 자신이 무엇을 잘하고 무엇에 흥미를 느끼고 무엇에 능력을 극대화하는지 느껴보지 못한 삶은 얼마나 불행할까?

이직을 고민하는 후배 Y가 있었다. 그녀는 '9시 출근 6시 퇴근'으로 살아온 공무원 아버지와 평범한 가정주부 어머니 밑에서 자랐다. 그녀 역시 전공을 살려 회계 일을 시작했다. 처음에는 만족스러웠다. 돈에 관한 사고만 없다면 평범하게 살 수 있었다. 결혼하고 아이를 낳고 대한민국 장삼이사처럼 살았는데 45세를 넘어갈 무렵 갑자기 '이게 아닌데'를 느꼈다. 그녀는 나를 찾아와 고민 상담을 열었다.

"언니, 나는 왜 이룬 것이 없지?"

"왜 없어? 직업 있지, 든든한 고등학생 아들 있지, 남편 있지. 뭐가 부족하냐?"

"그것보다 나는 왜 내가 하고 싶은 일을 하고 못 살았지? 왜 그냥 엄마, 과장, 아내로 살았을까?"

그녀의 푸념에는 한때 유행했던 '타이거맘(tiger mom, 엄격하게 훈육하고 간섭하면서 자녀를 혹독하게 교육하는 엄마)'이라도 해봤으면 속이라도 시원했겠다는 후회가 담겨 있었다. 지금은 아들이 커서 타이거맘은 물 건너갔고, 무엇을 시도해야 좋을지 몰라 했다. 자기는 이도저도 아닌 삶을 살았다는 것이다.

인상학을 공부하며 느낀 바, 그 직업에 맞는 인상은 있다. 그녀에게 맞는 직업이 무엇일지 쉽게 읽을 수 있었다. 하지만 상황이 상황이다 보니 그녀에게 이직의 확실성을 물어봤다. 그녀는 이직하고 다른 삶을 살겠다고 당당히 말했다. 20년 가깝게 자신이 무엇을 좋아하는지도 모르고 살았던 삶에 한 아닌 한이 묻어 있는 것 같았다.

그녀 얼굴에서는 눈썹과 눈 사이가 넓다. 관상학적으로, 전택궁이 좋다. 또한 상하가 균등한 귀를 보니 능숙한 언변과 설득력을 갖추었다. 직장을 그만두지 말고 시간을 쪼개 부동산 공부를 하라고 권유했다. 부동산 공부 권유에 그녀는 의아해했다. 하지만 인상학과 직업에 관한 설명을 해주니, 사설학원 등록부터 시작해 차근차근 준비를 해나갔다.

직업 자체가 숫자에 능하다는 장점이 있었고, 그동안 방치해두었던 세월을 보상받기 위해서인지 그녀는 열심히 공부해 공인중개사 자격증을 땄다. 나는 그녀에게 당장 직장을 그만두기는 어려우니 힘들더라도 주말에 발품을 팔아 시장조사를 하고 그 분야의 전문가를 찾아 강의를 들으라고 권했다. 아직 실전적 투자가 이루어지지 않았지만 그동안 빠져 있던 매너리즘에서 벗어나 무척 기뻐하는 눈치였다.

만약 그녀의 눈썹이 짧았다면 내조와 양육에서 큰 기쁨이 있었을 것이다. 하지만 위로 올라간 두꺼운 눈썹이라 왕성한 활동을 해야 하는데 회계 일을 하느라 답답했을 것이다. 과거는 전공도 그렇고 사회적 분위기가 여자는 내조하는 분위기라 참고 살았던 것 같다. 얼굴에 담긴 직업 DNA를 읽고 준비하는 그녀의 변화를 응원한다.

인상학과 직업의 관계는 자연적 운명론에 가깝다. 자연적 운명론은 고대 그리스부터 있어왔다. 고대 그리스의 서정 시인이자 철학자인 핀다로스는 모든 인간이 각각의 잠재력과 능력을 보유하고 각각의 인격체로 태어났다고 보았다. 자신의 잠재 능력이 뭔지 알아내야 애초에 태어난 목적을 달성하는 것이다. 이 자연적 운명론 메시지는 우리 곳곳에 있다. 그중에서 가장 쉽고 빠르게 파악하는 방법이 얼굴을 보는 것이다.

우리 얼굴에 있는 직업 정보 DNA를 읽고 10대 때부터 자신에게 주어진 과업 또는 천직을 알고 교육을 통해 직업화했다면 '능력 극대화' 측면에서 지금 사회는 상상을 초월하게 발전했을 것이다. 안타깝게도 그런 기회는 주어지지 않았다. 그리고 자신에게 맞는 직업이 아닌 사회가 원하는 직업을 물려주는 현상은 계속 반복되고 있다.

얼굴에 담긴 직업 DNA를 풀어보자. 그리고 그 메시지를 읽고 직업으로 승화하여 과업을 이행하는 사람으로 살아가자. 과업을 이행하는 데는 나이가 없다. 중요한 건 그 메시지를 읽고 실행하는 일이다.

지금 거울을 들고 얼굴이 주는 직업 메시지를 읽고 나에게 주어진 과업을 이행하자. 그것이 자신을 위한 일임은 물론 직업이 주는 진정한 재미를 전파하는 사회적 공헌이라고 확신한다.

이과? 문과? 예체능?
무엇을 공부해야 할까

　이른바 '수포자(수학 포기자)'에 대한 우려가 많다. 수포자가 많은 건 수학교육 시스템 문제가 가장 큰 이유라고 생각한다. 또한 아이 개개인별 특성을 고려하지 않고 일방적으로 이론을 가르치는 것에도 문제가 있다. 아이 얼굴에 문과나 예체능이 강하다는 메시지가 담겨 있으니, 이런 메시지를 읽고 수학 수준을 관리 및 교육한다면 수포자는 줄어들지 않을까?

　사춘기 이전 어렸을 때는 얼굴대로의 성격과 고유한 능력이 잘 나타나지 않는다. 부모 등 주변 사람의 영향을 많이 받는 시기이기 때문이다. 세월이 흐르면 흐를수록 잠재되어 있던 성향이 드러나므로 누구든 나이를 먹어갈수록 생긴 대로 살게 마련이다.

　얼굴을 읽으면 아이의 마음을 알 수 있고, 아이의 마음을 알면 타고난 적성을 알 수 있다. 얼굴의 이목구비를 통해 타고난 적성을 찾는 방법은 다음과 같다.

첫째, 나는 누구인가, 곧 나는 어떤 성격과 기질을 타고났는가를 파악한다. 둘째, 나는 무엇을 잘하는가, 곧 나의 재능과 끼는 무엇인가를 찾아낸다. 셋째, 나는 무엇을 원하는가, 곧 나의 관심과 흥미는 무엇이며 나에게 부족한 것이 무엇인가를 알아낸다.

이 세 가지 요소를 종합적으로 분석하면 그 사람이 타고난 적성(직업)을 알 수 있다.

| 둥근형 얼굴 |

얼굴형이 둥글면서 살집이 좋고 이마도 둥글고 눈도 뚜렷하며 크다. 대체로 양미간이 넓어서 선한 느낌을 준다. 눈동자가 맑은 편이며 사람들을 대할 때면 동그란 눈동자를 약간 위쪽으로 반짝반짝 굴리면서 재빨리 눈치를 살핀다. 귀도 두텁고 둥글며 귓불이 크고 처져 있다. 콧방울은 양쪽으로 퍼져 있다. 입은 크고 입술은 위아래의 두께가 같다. 턱은 둥글고 살집이 많다.

애교가 많고 감수성이 풍부하다. 낙천적이며 주위와도 잘 어울리고 친구들과 친화력이 뛰어나며 두뇌 회전이 빠르다. 본능적으로 본인이 어떻게 행동해야 하는지를 빠르게 파악한다. 적극적이고 왕성한 활동성을 가지고 있다. 남을 잘 보살펴주고 동정심이 많기 때문에 자신도 모르는 사이 사회생활에서 신용을 쌓게 되고 뜻하지 않은 때와 장소, 사람들로부터 도움을 받는 경우가 있다. 대체로 생각이 밝고 긍정적이며 친구들에게 칭찬과 격려를 잘한다. 이성적인 생각보다 감정에 따라 행동하는 경향이 있어 어려움에 빠진 친구를 잘 도와주나 우유부단하여 맺고 끊는 것을 잘하지 못한다. 표현력이 풍부하고 의존적인 성향이 강해 혼자서 뭔가를 하기보다는 옆에서 신경을 써줘야 하는 형이다.

▶ 직업 및 전공 : 사회 계열, 가정, 간호, 체육, 복지, 사범대, 심리 / 사회복지가, 간호사, 유치원 교사, 임상치료가, 보험 설계사, 정보서비스 분야 컨설턴트, 언어치료사, 관광업, 호텔업, 서비스업, 음식점, 농수산물 중개인, 국제회의 기획진행자, 무역 전문가, 협상가, 동시통역사, 영화 홍보 전문가, 외환 딜러, 부동산 중개인, 비행기 승무원, 피부관리사, 바이어, 비서, 외교관, 증권 세일즈, 마케팅 분야, 홍보 담당, 호스피스 전문 간호사, 정신 전문 간호사, 임상심리사, 진로 상담 심리사, 청소년 상담원, 취업 상담 심리사

| 마름모형 얼굴 |

광대뼈가 돌출해 있고 아래턱은 뾰족하고 광대뼈가 두드러져 보인다. 눈매는 눈꼬리가 약간 위로 올라간 듯한 일자형이다. 눈빛은 날카롭고 단호한 느낌이 든다. 평소에는 무표정하며 입을 야무지게 다물고 잘 웃지 않는다. 얼굴이 긴장돼 보이며 다소 세련미가 없다.

목적을 달성하기 전에는 물러서지 않으나 지혜와 계획성이 부족하고 부지런하지만 지나치게 단순한 면이 있다. 말하지 않아도 스스로 해야 할 일을 잘한다. 모든 것에 아는 척하고 간섭하길 좋아한다.

다른 아이들을 괴롭히지 않지만, 그 위에 군림하려 하는 편이다. 학교생활을 진지하게 받아들이며, 지적받는 것을 매우 싫어해서 매사 노력하며 스스로 결정하고 싶어 한다. 그러면서도 정작 자신은 아이들을 끊임없이 지적하고 간섭하려 든다.

신념이 강하고 투쟁적인 면이 있어서 좀처럼 꽁무니를 빼는 행동은 하지 않는다. 승부욕이 강해서 뒷전에 서는 것을 싫어하기 때문에 어떤 한 분야에서 재능을 발휘하게 된다.

아이들은 실수를 했다는 것에 짜증을 내고 스스로 완벽하다고 느낄 때까지 노력을 멈추지 않는다. 이들이 삶을 좀 더 즐기면서 창조적인 면을 계발한다면 삶의 균형이 이루어질 것이다. 늘 의젓하고 완고해 보이지만 사실 내면에서는 자신의 부족함에 대한 콤플렉스와 지적당하는 것에 대한 두려움 사이에서 치열하게 싸운다. 아이 본인이 목표를 정하면 끈기 있게 공부를 잘하는 유형이다. 승부욕이 있는 아이라 부모가 시키지 않아도 스스로 동기 부여가 된다. 문과적 기질과 이과적 기질을 다 갖고 있다. 숫자나 통계에 능하다.

▶ 직업 및 전공 : 경영, 경제, 상경, 법정, 사회, 행정, 정치, 회계, 문헌 / 공인회계사, 경제분석가, 은행원, 세무사, 감사원, 안전관리사, 법무사, 변리사, 손해사정인, 감정평가사, 공학 기술자, 데이터베이스관리자, 시스템 엔지니어, 정보보호 전문가, 네트워크 엔지니어, 벤처 기업가, 유통관리사, 항공물류사, 자동차 딜러, 선물거래 중개사, 펀드매니저, PD, 취재기자, 연예인 매니저, 스포츠 마케터, 감사 관련 서비스, 부동산관리, 임대 관련 서비스, 환경, 위생, 청소 대행 서비스, 세밀한 기계 부품 제조 수리, 토목, 건축업, 건축 재료 생산업, 농축수산업, 광업과 그 가공품 제조

| 계란형 얼굴 |

이목구비가 잘 갖추어진 계란형 얼굴은 성격이 깔끔하고 이지적이

나 다소 예민하고 신경질적인 면이 있다. 상상력과 감수성이 풍부하며 개성이 강하다. 상대방에게 특이하게 보이고 싶어 하고 사물을 독창적인 관점으로 바라본다.

일상생활을 따분하고 지루하게 느낀다. 남이 간섭하는 것을 싫어하고 자신의 생각으로 움직이는 유형으로 예술이나 예능에 관계된 창의력이 뛰어나다. 독창성을 개발시키는 예술적 활동에 적극적으로 참여한다.

친구에게 다정하고 친절하지만 이따금 수줍어하고 외로워하며 자기 감정에 사로잡히고, 자신이 다른 사람과 잘 어울리고 있는지 미심쩍어한다. 상상력이 풍부하며 틀에 얽매이지 않고 자유롭게 사고하고 싶기 때문에 다른 사람들이 미처 생각하지 못한 것들을 많이 생각해낸다. 뛰어난 미적 감각을 지녔으며 자신만의 독창성으로 유행을 선도하고 새로운 문화를 만들어낸다.

▶ 직업 및 전공 : 예술, 음악미술 공연, 연극영화, 무용계 / 공예가, 조각가, 판화가, 전통음악 연주자, 판소리 종사자, 민속극 예술가, 광고그래픽 디자이너, 피아니스트, 바이올리니스트, 플루티스트, 한국무용가, 발레리나, 현대무용가, 소설, 시인, 시나리오 작가, 드라마 작가, 희곡 작가, 미술품 감정사, 이미지 컨설턴트, 이벤트PD, 의상 컬러리스트, 예체능 교사, 메이크업 아티스트, 분장사, 인테리어 디자이너, 애니메이션 디자이너, 푸드 스타일리스트

| 사각형 얼굴 |

사각형의 얼굴에 눈썹이 짙고 광대뼈가 튀어나와 보이고 턱 밑부분

은 U 자형으로 넓게 퍼져 있다. 코는 높고 눈꼬리는 올라간 편이며 입은 크고 일자로 굳은 표정에 강한 인상이다. 특히 귀를 보면 중앙 부분이 밖으로 튀어나와 있다.

의지가 강해 남에게 지기 싫어하는 성품을 가졌다. 일을 겁내지 않고 척척 해내는 스타일이라 어떤 일을 해도 성공할 가능성이 높다. 의리가 있어 친구들을 돌봐주고 약한 아이들을 대변한다. 힘이 넘치는데도 대장이 못 되거나, 밖에서 신나게 뛰놀지 못하거나, 재미있는 일에 참여하지 못하면 슬퍼한다.

거침없이 자기주장을 말한다. 열심히 공부하고 열심히 놀고, 꾸며서 하는 말을 아주 싫어한다. 본인이 보고 싶은 것, 듣고 싶은 것만 보고 듣는다. 집념이 강하고 자기만의 원칙과 틀이 있어 자기의 세계가 분명한 편이다. 아이 자신의 틀이 워낙 강하고 계획성이 강해 주변에서 아무리 좋은 방법을 제시해도 받아들이지 않는 성격이다.

곧고 강직한 성격이며 턱이 발달해 지구력과 인내심이 강하다. 관심 있는 한 가지만 집요하게 파고들거나 끝장을 보는 유형이다. 반면, 관심 없는 분야는 전혀 신경을 쓰지 않으므로 과목에 따라 극단적인 점수가 나올 수 있다. 이과적 기질이 강하다.

▶ 직업 및 전공 : 공학, 농학, 해양수산, 이학 계열 / 항공기 조종사, 항공 정비사, 현장 감독관, 신문기자, 무역업, 상공업, 경호원, 해운업, 군인장교, 경찰, 소방관, 신규 사업, 교도관, 운동선수, 체육 교사, 경영자, 건축업, 방송 엔지니어, 조경사, 무선통신 기사, 정보통신 기사, 컴퓨터 기술자, 철강, 선박, 항공기, 자동차 제조 등의 중공업, 중장비 기계 제조 및 기계 운용, 의식 개혁 관련 사회교육, 기

업경영자, 운동 경기 심판, 기자, 성악가, 오페라 연출가, 운동 감독 및 코치, 생활체육 지도사, 보호관찰관, 영화감독, 전투비행사, 학교사회 사업가, 독극물 처리사, 환경 지킴이, 스턴트맨, 보안관리요원, 음향 엔지니어, 귀금속 공예기사, 요리사, 제과제빵사

| 역삼각형 얼굴 |

이마가 비교적 넓어 코에서부터 턱으로 내려감에 따라 좁아지는 것이 특징이다. 머리가 약간 큰 데 비해 몸은 약간 작은 편이다. 근육은 별로 좋지 않고, 운동을 해도 근육이 잘 발달하지 않는다. 영양이 풍부한 음식을 먹어도 살이 잘 찌지 않는다. 눈썹은 가지런하고 예쁘며 입술은 얇은 편이다.

정신력은 강하지만 체력은 다소 떨어진다. 조용하고 부끄러움을 잘 타는 편이다. 혼자서 책을 읽거나 자기가 좋아하는 관심 분야에 몰두하기를 좋아한다. 어떤 주제에 대해 분명한 자기 의견을 가지고 있으며 다른 의견에도 기꺼이 귀를 기울인다. 사물이 작동하는 원리나 철학적 질문에 흥미를 보인다. 사람들이 지나치게 자기를 주목하거나 살피는 것을 싫어한다. 호기심이 강하고 생각이 많다.

그들은 혼자 지내는 데 아무 문제가 없다. 이들은 자신이 다른 사람들과 다르다고 느끼고 사람들과 어울리는 것을 불편하게 여긴다. 사교적인 활동으로 무조건 밀어넣지 말고 자연스럽게 같이 어울릴 수 있도록 부드럽게 초대하는 것이 좋다.

선생님과 교육 환경에 크게 영향을 받는다. 예민한 성격이고 사람과의 관계를 중시하는 만큼 선생님과의 유대관계가 중요하다. 학원보다

는 일대일 교육이 잘 맞는다. 문과적 기질이 강하다. 낯을 가리거나 새로운 환경에 적응하는 데 시간이 걸리는 편이다.

▶ 직업 및 전공 : 의학, 약학, 이학, 법정, 상경, 인문사회교육, 어문 계열 / 과학자(물리학자, 생물학자, 화학자), 심리학자, 인류학자, 지질학자, 의료 기술자, IT 산업, 컴퓨터 반도체 등 첨단 산업, 전자, 전기, 광학 기계, 산업 기계, 투자 분석가, 통신전자 응용, 작가, 연구원, 철학자, 종교, 비평가, 임베디드 프로그래머, 세무사, 웹 프로그래머, 게임 프로그래머, 컴퓨터 보안 전문가, 소셜커머스 종사자, 변리사, 인터넷 서점 종사자, e-러닝 종사자, 반도체 개발자, 향수 감별사, 소믈리에, 회계사, 애니메이션 기술자, 그래픽 디렉터, 북 디자이너, 웹 코디네이터, 위조 지폐 감별사, 금융 자산 운용가, 시장 여론 조사 전문가, 판사 및 검사, 변호사, 법의학자

|삼각형 얼굴|

이마가 좁고 광대뼈 아래로 내려오면서 점차 넓어져 턱 부위가 매우 발달하여 삼각형을 세워놓은 것 같은 형이다. 대체로 체격이 크고 살집이 있어 둥글둥글한 느낌을 준다. 눈매가 부드럽고 편안하며 가만히 있을 때는 명상을 하듯 눈동자가 깊어 보인다. 코가 둥글고 두껍고 콧방울이 퍼져 있으며 입은 크고 입술은 두껍다.

의지가 강하며 인정을 잘 베풀고 사교성이 있으며 정성을 다하여 친구를 대하므로 지도력도 있다. 텔레비전이나 컴퓨터에 매달려 살거나 집 안에서 빈둥거리길 좋아한다. 어떤 일을 선택하기 힘들어서 다른 사람의 결정에 따라가는 편이다.

다른 아이들에 비해 말하고 행동하는 것이 느린 편이다. 감정이 쉽게 상하는 편이며 고집스런 면이 있다. 보통 느긋하고 온화한 편이지만 화가 나면 가끔 목소리나 표정에서 드러나 상대방이 눈치챌 수 있다.

어릴 때부터 자신감을 갖도록 지지해주고 선생님이나 부모님이 사람들 앞에서 칭찬을 많이 해주면 칭찬받고 싶어 공부하는 유형이다. 경험이나 체험에 의해 지식을 얻는다. 다양한 관점에서 폭넓게 수용하는 것을 좋아하고 친구들의 말을 오랫동안 잘 들어준다. 똑같은 걸 반복적으로 길게 하는 교육보다는 하루에 여러 과목을 조금씩 나눠서 공부하는 게 효율적이다.

남들 앞에서 인정받는 것을 좋아하고 중심이 되는 걸 좋아한다. 문과적 기질과 예체능적 기질을 다 갖고 있다. 부모가 일일이 간섭하며 말하지 않아도 묵묵히 실천하는 미덕을 갖추고 있어서 부모의 잔소리가 있기 전에 이미 자기 일을 알아서 해나간다. 이론보다 실기에 능하며 이 특성을 잘 길러주면 장차 어른이 되어서도 세상이 놀랄 만한 큰일을 해내는 비즈니스맨이 될 수 있다.

▶ 직업 및 전공 : 이학 계열(자연과학), 사회계, 농업학, 생활과학 / 멀티미디어 자료 제작 전문가, 관광 안내업, 소방공무원, 물류관리사, 농산물 품질관리사, 환경영향 평가원, 인터넷 보안 전문가, 고객 상담사, 정보통신 시설 구축 기사, 정보검색사, 보석감정 평가사, 부동산감정 평가사, 통신, 물류운송, 택배업, 창고업 및 유통업 관리자, 사회복지 단체, 생명과학 전문가, 폭발물 해체처리사, 토목공학 전문가, 안경사, 화물취급원, 장례지도사, 호텔 종사원, 전통식품 제조원, 전통문화 기능인, 임상병리사, 각종 기술 분야 전

문가, 사회복지사, 상업미술가, 단순 노무 종사자, 내과의사, 성직자, 도예가, 생명과학 전문가, 건물 및 차량 청소원, 항해사, 선박기관사

최근 학생들이 이공계를 많이 지원한다고 한다. 이유는 너무나 분명하다. 바로 취업이 잘되기 때문이다. 어떻게 보면 참으로 서글픈 현실을 아이들에게 주는 것이다. 얼굴이 주는 메시지를 읽고 최소한 아이들이 좋아하는 직업을 가질 수 있도록 기회를 주는 게 어른들의 할 일이라고 생각한다. 얼굴이 주는 직업 메시지를 읽고 자신의 주어진 능력과 실력을 극대화할 수 있도록 어른들이 배려해주자.

03

페이스 리딩으로 말하는
내 아이 코칭

아이의 미래를 꿈꾸는 주체는 부모가 아니라 아이 자신이어야 하며 부모의 역할은 꿈을 잘 꿀 수 있게끔 이끌어주고 길을 제시해주는 것이다. 당연한 말이다. 어느 부모든 내 아이의 미래가 평탄하지 않기를 바라는 이는 없지 않겠는가! 아이들은 부모의 유전적 인자를 그대로 물려받고 태어나 특정 얼굴과 체질로 성장한다.

언젠가 자녀와 함께하는 학부모 특강을 한 적이 있다. 자녀와 함께 강의를 진행하다 보면, 부모의 얼굴을 통해 아이의 성향이나 기질을 빨리 찾을 수 있다. 왜냐하면 아이들은 부모의 특정한 유전적 인자를 갖고 태어나기 때문이다.

그날 강의에서 한 아이의 얼굴을 보니, 이마가 좁고 뼈가 많이 발달해 있었다.

"이 아이는 책상에 앉아서 공부하는 것보다는 예체능으로 진로를 결정하는 것이 좋겠어요."

나의 말에 아이 엄마는 한숨을 푹 내쉬었다. 한국의 모든 엄마는 우리 아이가 공부를 잘했으면 하고 바란다. 그러나 아이들은 타고난 성향과 기질 그리고 흥미와 경험에 따라 각자 가야 할 길이 다르다. 장사를 잘하는 아이, 창의적 아이디어로 청년 재벌이 될 수 있는 아이, 김연아 선수나 박지성 선수처럼 운동을 잘해서 돈을 버는 아이, 음악이나 미술 등 다른 끼를 발휘하는 아이 등 각자 충분히 잘 맞는 직업을 통해 행복을 누릴 수 있다.

우리 아이의 얼굴을 잘 읽어 아이만의 재능과 장점을 읽어내고 내 아이가 진정으로 즐겁고 행복한 삶을 살게 하려면 우선은 내 아이가 기뻐하고 즐거워하는 일이 무엇인지부터 알아야 한다. 얼굴의 이목구비에 따라 우리 아이의 미래를 알아보도록 하자.

|귀|

귀는 어린 시절의 유복함을 나타낸다. 어린 시절의 영양과 정서의 유복함이 귀의 크기를 결정하고 타고난 장수에 영향을 준다. 귀가 크면서 둥글고 살집이 두툼한 아이들은 남의 말도 잘 듣고 친구의 아픔을 헤아릴 줄 아는 사랑하는 마음이 크다고 생각해도 된다.

아이의 귀가 크고 두텁다 해도 마치 때가 낀 듯이 어두운 색이면 부모가 경제적으로 어려움에 처해 있는 형국이다. 마치 분가루를 칠한 듯 뽀얗고 맑으면 부모의 생활이 날로 좋아질 때 혹은 자신의 이름을 날릴 때이다.

칼귀를 가진 아이는 신경이 예민해서 탐구심이 강하고 집중력도 있다. 그 대신 모험은 그다지 좋아하지 않는다. 성격이 급하고 순발력이 있으며 벼락치기도 잘한다. 친구가 뜸을 들이면 숨이 넘어갈 정도로 답답해하는 성격이다. 남을 배려하는 면이 부족하고 친구를 사귀어도 좁고 깊게 사귄다. 반면 귓볼이 두둑하면 폭넓게 친구를 사귀며 주변 사람들을 잘 챙기며 정이 많아 인기가 있다. 정치적 관료나 재계의 성공한 인물들은 대개 귓볼이 두툼하며 학계, 예술계, 전문 직종의 사람들은 귓볼이 없는 경우가 의외로 많다.

귀가 가로로 넓은 편이며 정면에서 봤을 때 잘 보이는 아이들은 문과형으로 어학 또는 경영학에 능하다. 귀가 세로로 긴 편이며 뒤쪽으로 붙어 정면에서 잘 안 보이면 이과형으로 수리에 강하며 공학 쪽에 능하다.

아이의 귀 윗부분 끝이 눈썹보다 높이 위치해 있으면 이론적이고 예술적인 귀, 명예와 학문을 추구하는 귀다. 리더의 뒤에서 조언을 하고 받쳐주며 새로운 아이디어를 제공하며 정보 수집 활동에 뛰어나 참모 역할이 적합하다. 지도력은 부족하나 윗사람에게 인정을 받는다. 귀 아랫부분이 코보다 내려와 있으면 실용적이고 활동적인 유형으로, 부와 권력을 추구하며 지도력이 있어 직접 친구들을 이끌고 다니기를 좋아하고 잘 보살피는 리더형이다.

| 이마 |

이마는 두뇌 활동을 담당하고 있어 우리 아이가 얼마나 공부를 잘하는지, 어떤 분야의 공부에 뛰어난지를 알 수 있는 부위이다. 이마가 둥글다면 엄마 배 속에 있을 때 뇌도 골고루 키워졌다고 보면 된다.

- 이마 상부가 발달 : 수리영역, 논리력, 직관력
- 이마 중부가 발달 : 추리력, 상식, 기억력
- 이마 하부(눈썹 윗부분)가 발달 : 진취적, 도전 정신, 추진력, 승부욕

앞이마가 짱구인 아이는 학문적 두뇌가 우수할 뿐 아니라 남들이 상상하지 못하는 획기적인 아이디어를 내는 창의력도 뛰어나다. 아이의 머리가 납작하고 젖혀진 이마는 이성적이기보다는 감성적이다. 직관을 살리도록 키우기보다 노력으로 성공할 수 있는 환경을 만들어줘야 한다. 뒤짱구인 아이는 머리도 좋지만 스포츠적 두뇌가 매우 뛰어나다.

사각형 이마는 모서리가 약간의 부드러움이 있어야 좋다. 지나치게 각이 지면 친구들과의 트러블도 많고 일을 추진할 때 친구들에게 지지를 받기가 어렵다. 전문직으로 무언가를 깊이 연구하는 데 적합하다. 직관력과 계산 능력이 뛰어나 사물을 보는 시각이 밝고 합리적이다. 전문직이나 기업 오너, 군인, 경찰 등이 어울린다.

| 눈썹 |

사람의 성격이 급한가 여유롭고 느린가를 판단하는 제일 기준선이 눈썹이다. 눈썹의 생김새만 보고도 아이의 타고난 성격을 알 수 있다. 형상의학에서는 기운을 내려보내는 것을 '기혈(氣血)'이라고 하고 올려보내는 것을 '혈기(血氣)'라고 한다. '혈기가 왕성하다'는 말은 기운이 위로 끓어오른다는 뜻으로 그 혈기는 눈썹에서 드러난다.

눈썹이 진하게 앞으로 서 있는 아이들은 욱하며 내지르는 성향이지만 차분히 누워 있으면 욱하지 않고 할 말을 다하여 친구들을 자기 뜻대

로 주도하려는 편이다. 양쪽 눈썹이 붙다시피 한 아이는 순발력은 있지만 성격이 급하고 참을성이 부족하다. 자신의 기분에 따라 모든 사람이 자기에게 맞춰주지 않으면 견디지 못할 정도의 고집을 부리기도 한다.

눈썹 모양에 따라 어울리는 직업도 알 수 있다. 눈썹이 굵고 결이 반듯한 아이는 성격이 강하고 결단력이 뛰어나므로 군인, 경찰관, 판검사가 적합하다. 눈썹이 눈보다 길고 눈썹뼈가 발달하여 나와 있는 아이는 수리에 밝고 성격이 꼼꼼하고 세심하므로 약사, 의사, 세무사, 수학자, 엔지니어 등 이과 계통의 직업이 어울린다. 눈썹이 부드럽고 가느다란 아이는 성격이 내성적이고 차분하고 체력도 약해 사무직이나 예술 방면의 직업을 선택하는 것이 좋다.

|눈|

눈이 큰 아이는 감성이 풍부하고 생각한 것을 마음에 담아두지 않는다. 자기표현을 잘하고 활달한 편이라 많은 친구를 넓게 사귀는 편이다. 강한 면이 부족하고 의지력이 약하며 정에 약해 중도에 그만두거나 손해를 보는 일이 많다. 감정의 변화가 심하고 눈물이 많다. 크고 화려한 눈은 연예인 등 많은 사람을 만나는 직업에 좋다.

반면 눈이 작은 아이는 냉정하고 논리적이며 관찰력과 집중력이 강하다. 사물을 가까이 접근해서 정확히 보는 직업에 어울린다. 친구를 사귈 때도 한 명이라도 깊이 있게 만나는 편이다. 생각과 행동도 과하게 하지 않으니 내성적이고 신중하다는 애기를 많이 듣는다. 어릴 때부터 친구를 골고루 만날 기회를 만들어줘야 한다.

눈이 작거나 눈두덩이 좁으면 치밀하고 계산하는 걸 즐긴다. 큰 그림을 그리기보다는 자그마한 그림을 그리면서 남의 도움을 기대하지 않고 스스로 잘 챙겨서 해내는 스타일이다. 눈두덩이 넓으면 느긋해서 대충 넘어가는 경향이 있다. 따지지 않고 친구를 잘 믿어주며 좋고 싫음을 감추지 않는다. 마음이 좋아 보이기도 하지만 때론 어리숙해 보이기도 한다.

눈의 검은자위가 짙을수록 연구심과 탐구력이 높고 검은자위가 옅거나 갈색에 가까우면 감성적 성향이 강해 공부보다 예술에 재능이 있다. 눈의 길이가 길면 눈앞에 당면한 일에는 좀 손해를 보더라도 훗날을 기약하는 미래지향형이다.

아이들은 눈빛이 살아 있는데 그것은 때가 안 묻었기 때문이다. 커가면서 하는 행동과 습관에 따라 눈빛이 바뀐다. 학교에서 아이들 수업을 하다 보면, 자다가 곧바로 깨어나 아무 생각 없는 것처럼 눈에 빛이 없고 멍해 보이는 학생이 있다. 꿈과 희망이 없이 사는 아이들이다. 책을 즐겨보는 아이는 눈빛이 살아 있고 눈에서 빛이 난다. 눈빛이 강하면 강할수록 활동력이 대단하다. 누군가와 대화를 나눌 때 눈동자를 좌우로 움직이는 아이는 마음이 안정되지 않은 상태이므로 부모들은 아이의 마음을 잘 읽어주어야 한다.

|코|

코는 얼굴 가운데 있으면서 자기 위상을 나타낸다. 아이들의 코는 16세가 되어야 비로소 제 모습이 완성된다. 광대뼈가 남들이 인정해주는 명예의 자리라면 코는 남이야 인정하든 말든 나 잘난 맛에 사는 부분이다. 광대뼈는 발달하지 않고 콧대만 높으면 자존심이 강하고 도도한 모습이다. 자존심을 상하게 하는 말은 표현은 안 하지만 큰 상처로 남는다. 칭찬을 많이 해주어 자존심을 살려줘야 한다. 한편, 코는 낮지만 광대뼈가 큰 아이들은 남들 앞에서 칭찬해 체면을 살려주는 게 효과적이다. 타협성과 친구들의 의견을 받아들이는 재능 또한 뛰어나다. 상황에 따라 대처하는 임기응변이 매우 좋다.

코끝이 내려와 콧구멍이 보이지 않는 아이는 무엇이든 야무지게 하며 무엇이든지 절약하는 편이다. 콧구멍이 보이면 씀씀이가 크고 돈을 잘 모으려고 애써도 나가는 일이 많이 생긴다. 또한 사교성과 애교가 많아 친구는 많지만 행동과 말이 가벼워서 오해를 살 수 있으니 평소 신중히 생각하고 말과 행동을 조심해야 한다.

코끝이 뾰족한 아이들은 창이라서 친구가 잘못을 하면 비난이 앞선다. 포용하는 힘이 약하며 말도 뾰족하게 톡톡 쏘듯 하는 편이다. 그러나 뒤떨어지지 않으려 노력을 많이 해서 독창적인 아이디어가 풍부하다. 코끝이 둥글수록 정이 많아서 남 생각하다 손해를 본다. 그런 아이들은 친구 만나지 말고 공부만 하라고 하면 싫어한다.

| 입 |

입이 큰 아이는 사교적이라서 친구의 마음을 잘 알아주고 자기를 희생해서라도 친구를 잘 도와준다. 실수는 잦지만 대인관계가 좋고 느긋한 성격이 장점이다. 거침없이 자기주장을 하기 때문에 활동성이 강하고 화통하며 스케일도 크다. 아이들이 공부나 일에서도 성공할 가능성이 크다. 입이 크면서 입술이 얇으면 냉정하고 이기적이며 타인의 비밀을 잘 지키지 못한다.

입이 작은 아이는 소심하고 말이 별로 없거나 자기주장을 잘 못하고 행동도 소극적이다. 혹시 말이 많은 아이라면 행동보다는 말로만 일을 마무리하는 경우가 많고 끈기가 없다. 또 포용력이 없고 속이 좁아 잘 삐져서 가족이나 친구들에게 핀잔을 자주 듣는다. 먹는 것도 적고 음식을 가리며 편식 성향도 있다.

입이 두툼한 아이는 정이 많고 친구들과 친화력이 있다. 그러나 입술선이 분명하지 않으면 일을 벌이지만 야무지지 못하므로 마무리가 약한 편이다. 집중력이 떨어지고 정리 정돈도 잘 못하는 편이다. 이런 아이들은 어릴 때부터 정리 정돈의 습관을 들여주는 게 좋다.

|턱|

턱이 널찍하게 발달한 아이들은 지구력이 있고 밀어붙이는 힘이 있어 자신이 하고자 하는 것에는 강한 집중력을 발휘한다. 따라서 동기부여만 충분히 된다면 스스로 강한 열정을 가지고 공부에 임한다. 무엇보다도 구체적 목표를 정해주고 이를 잘 성취해내면서 공부를 잘하면 그에 따른 구체적인 보상을 해주어 성취감을 가질 수 있도록 해주는 것이 좋다. 구체적인 보상이야말로 효과적 동기부여가 될 수 있다.

턱이 넓은 아이는 리더십이 있어 앞에 나서는 것을 좋아해 반장이나 리더를 도맡으려 한다. 식욕이 좋고 뼈가 발달해 운동신경도 좋으며 뭐든지 잘 먹고 잘 뛰어논다.

턱이 약하고 갸름한 아이의 경우, 이마가 넓으면 생각하는 걸 즐기는 편이고 집중도가 높아서 특별히 가르쳐주지 않아도 공부하는 요령을 터득한다. 주로 혼자서 공부하기를 선호한다. 스스로 계획을 세우고 누가 가르쳐주는 것보다 혼자서 책을 보고 익히는 경우가 많다. 과외나 학원에 다니는 것보다 혼자 조용히 공부하도록 배려해주는 것이 훨씬 능률적이다. 뭔가 몰아붙이는 일은 하지 않는 게 낫다. 지구력이 약하기도 하거니와 싫증을 잘 내기 때문이다. 깔끔한 것도 좋아하고 입도 짧고 까다로운 편이다.

어떤 유행에 따라 만든 사다리를 세워놓고 일렬종대로 늘어선 아이들이 한 사람씩 오르는데 자기 재능과 끼는 제쳐두고 모든 아이가 앞사람의 뒤를 졸졸 따라 올라간다. 사다리를 가로로 눕혀봐라. 아이들이 통과할 수 있는 여러 개의 큰 구멍을 선택해 통과하면 된다. 아이들 자신의 재능과 끼, 적성과 소질이 선택의 기준이 될 수 있다.

아이는 부모의 거울이라고 한다. 내 얼굴을 보며 내 아이의 얼굴과 성격을 볼 수 있고 코칭도 가능하다. 우선 내 아이에게 바라는 점이 있다면 부모부터 실천해야 하는 건 당연하다. 부모는 누워서 TV 보면서 아이에게 독서하라고 강요하는 것은 명백한 잘못이다. 얼굴에 담긴 내 아이의 미래는 나를 보는 거울이다. 그러니 자기계발법이나 진로 탐색을 함께 고민해보자.

04

얼굴로 읽는
공부의 길

평범한 사람이 자신의 운명을 바꾸는 몇 안 되는 방법이 공부다. 보통은 공부에 따른 학창 시절 골치 아픈 기억이 있을 것이다. 하지만 공부만이 우리의 운명을 바꿔주고 모르는 세상을 알려주는 등불이다. 공부의 길은 아이는 물론 어른들에게도 해당하는 부분이다. 얼굴이 주는 공부의 길을 보고 자신에게 맞는 공부를 해보자.

옛날 고전 상법에서는 눈, 이마, 입, 귀를 통해 상을 관찰하는 사학당(四學堂)이 있어 아이들의 얼굴로 학업운(學業運)을 알아볼 수 있었다. 그렇다면 얼굴이 주는 공부의 길을 찾아보자.

| 관학당(官學堂) |

눈(眼)을 말하는 것으로 눈은 총명함과 영리함을 보며 눈동자의 흑백이 분명해야 높은 자리에 오를 수 있다. 눈이 가늘고 길면 지식과 지혜의 보물 창고다. 아이디어가 반짝이며 꾀와 궁리가 가득하다. 생각이 매우 깊고 재능과 기획력이 우수하여 자기 분야에 일인자가 될 수 있다. 뭔가 해결해야 할 일이 있으면 답을 찾을 때까지 파고드는 매우 끈질긴 강한 내면을 지니고 있다. 거시적 안목에서 멀리 내다보고 치밀하게 계획을 세운다.

눈은 눈 모양보다 눈빛이 중요한데, 평상시에는 은은하게 감추고 생각하고 궁리할 때는 강렬한 빛이 나야 한다. 눈빛이 강하면 강할수록 아이들의 활동력이 뛰어나다. 이에 비해 검은 눈동자가 혼탁하거나 눈에 구름 끼듯 흐릿하여 흰자위가 밝지 못하고 눈빛이 약하면 힘이 없이 풀린 눈으로, 공부에 대한 집중력이 떨어지고 엉뚱한 짓을 자주하여 주위 사람들을 놀라게 한다.

눈동자가 짙은 검은색일수록 순수하고 연구심과 탐구력이 높다. 생각이 깊어 정확성을 필요로 하는 일, 세심함을 요구하는 일에 잘 맞는다. 검정색 눈동자는 상당히 현실적이다. 눈동자가 옅거나 갈색이면 말재주가 좋고 재치 있고 유쾌한 성품인데, 더불어 성급한 면도 있고 과장이 약간 심한 유형이다. 색채감각이 뛰어나고 감성적 성향이 강해 공부보다는 예능과 예술 분야에서 능력을 발휘한다.

| 록학당(錄學堂) |

이마 가운데의 인상으로, 관운을 보는 곳이다. 초년운을 나타내는 이마 주위는 어릴 때 거의 완성되어 6세쯤이면 뇌와 함께 이마의 형태도 결정된다. 특히 이마는 뇌의 부위 중 전두엽에 해당되는데 기억력, 사고력 등을 주관해 판단과 학습 등에 큰 영향을 미친다.

이마가 넓게 발달한 아이는 공부를 잘할 가능성이 높다. 아이들은 이해의 속도가 빠르다. 하지만 그만큼 쉽게 잊기 때문에 아이들을 반복적으로 교육·지도하면 좋다. 실력을 쌓으면 돈이 팍팍 들어오니 머리를 써서 열심히 공부하면 된다. 이마에 흠이나 상처 없이 넓고 풍만하면 학교장이나 학장의 도움으로 유학을 가거나 추천을 받아 좋은 기업에 취업할 수도 있다.

공무원이나 직장인처럼 조직에 근무하는 사람은 이마의 생김새가 중요하고 제조업이나 서비스업 등 사업을 하는 사람들은 이마보다 코의 생김새가 중요하다.

| 외학당(外學堂) |

귀는 눈과 함께 조상으로부터 유전인자를 가장 많이 받는 부위로, 생긴 모습이 죽을 때까지 변하지 않는다. 귀는 안면과 떨어져 있어 사회에 비유하면 정보통신부, 외무 담당 부서와 같다.

귀는 지혜의 근본이며 깊은 지혜를 나타낸다. 지혜란 알고 있는 지식이나 상식을 바르게 운영하는 능력이고, 어느 사물이나 대상의 진실과 거짓을 구별하는 능력이다. 지식과 확연히 구분되어지는 것으로 사물과 사건에 대한 올바른 구분과 정확한 이해력을 의미한다. 어떤 문제를 대할 때 전체를 보고 부분을 파악하고, 부분을 보고 전체를 읽는 능력이다.

귀는 윤곽이 뚜렷하고, 둥글고, 크고, 두툼하게 살집이 있고, 색이 밝고, 귓바퀴가 꽃봉오리처럼 둘러싸여 있어야 좋다. 이렇게 잘생긴 귀는 뇌의 발달이 뛰어나고 활동성이 강하다는 표시다. 귓구멍이 넓고 깊으면 총명하고 지혜롭다고 볼 수 있다. 눈에 생기가 있는지 혹은 빛이 나는 기운이 있는지 잘 파악되지 않을 때 귀의 생김새와 색깔을 보고 판단한다. 지혜의 깊이는 눈보다 귀에서 객관적 판단이 가능하다.

귀를 만졌을 때 단단하고, 보았을 때 가지런한 모양이어야 의지가 강하다. 도중에 공부를 포기하지 않고 끝까지 해내고 마는 근성이 있다. 귀가 너무 말랑말랑하면 성격이 우유부단하고 체력이 약하다는 방증이므로 공부에 집중하기가 어렵다

| 내학당(內學堂) |

입을 가리킨다. 입의 윤곽이 뚜렷한 아이는 언어의 덕을 지녀 매우 야무지게 보이고 말도 잘하고 재물도 잘 챙긴다. 특히 윗입술의 윤곽선이 뚜렷한 아이는 좋고 싫은 것을 분명하게 얘기한다. 구각이 잘 짜여져 있고 웃을 때 입꼬리가 위로 향해야 공부의 마무리를 잘해 좋은 성적을 거둘 수 있다. 입은 항상 다물고 있어야 한다. 입을 벌리고 있으면 몸의 에너지가 빠져나가 복도 달아날 수 있다.

치아의 상을 볼 때는 윗니를 주로 보는데 배열이 고르고 가지런하며 희면서 앞니, 즉 대문니(대문처럼 앞니의 가운데에 위아래로 두 개씩 있는 넓적한 이) 두 개가 벌어지지 않고 윤기가 나면 아주 좋다. 치아의 개수는 32개 이상이면 매우 총명하며 공부의 결과도 매우 좋다. 치아로서 공부하는 마음의 단단함이나 결심을 알 수 있으니, 이 사이가 뜨지 않고 꽉 차면 결심이 굳음을 의미한다. 치아 사이가 벌어지고 치열이 고르지 못하면 거짓과 허영심이 많아 공부에 집중을 못한다.

학업운은 대체로 눈썹과 눈썹 사이, 즉 명궁을 본다. 명궁은 본인의 손가락이 두 개가 들어가고도 조금 남으면 넓은 것으로 치고 인상학에서는 좋게 본다. 천재 물리학자 아인슈타인도 미간이 매우 넓다. 사춘기 이전에는 명궁에 상관 없이 자기의 재능보다 부모의 노력에 의해 공부를 잘하고 못하고가 결정된다. 그러나 사춘기 이후에는 명궁의 생김새가 좋으면 학문적 성과와 사물에 대한 이해력, 응용력이 좋아 창의력을 바탕으로 공부에 두각을 나타낸다. 하나를 알면 그 이상을 상상해서 활용하는 능력을 갖추고 있기 때문에 세상을 보는 시야도 넓게 트인다. 명궁은 주름이나 흉터, 점 같은 것들이 없이 거울처럼 맑고 깨끗해야 공부를 잘하기 때문에 반드시 관리해주어야 하는 부위이다.

여기, '공부의 신(神)'이 전하는 공부 잘하는 습관이 있다.

백번 강조해도 지나치지 않은 것, 바로 복습의 중요성이다. 한 번 보고 다 알 것 같아도 나중에 떠올리다 보면 머릿속에서 지워져 있는 것이 현실이므로 보고 또 보면서 복습을 하는 것이 중요하다. 아무리 어려운 것도 반복 학습을 통해 나의 것으로 만들 수 있다. 그리고 모르는 것이 있으면 바로바로 질문해서 해결하는 것이 중요하다. 조금씩 미루다 보면 의문점을 잊게 되고 다음에 또 같은 문제로 고민하게 되기 때문이다. 모르는 것은 죄가 아니다. 오히려 모르는 것을 창피하게 생각하고 질문을 안 하는 것이 문제가 된다.

공부를 잘하려면 당연히 많이 알아야 한다. 공부 잘하는 학생들은 계획을 세워서 공부한다는 특징이 있다. 계획 있게 행동해야 비는 시간이 없고 성취감을 느낄 수 있다. 물론 제대로 계획을 세우고 실천하기란 매우 어려운 일이지만, 습관을 들이면 시간을 효율적으로 사용할 수 있고 결과적으로 공부를 잘할 수 있게 된다.

자신의 공부의 길을 본다면 어떤 목적으로 공부하고 어떤 과목이 자신에게 맞을지 판단할 수 있다. 학업은 꼭 아이만 하는 것이 아니다. 오히려 어른들이 더 공부해야 한다. 아이들은 학교가 정해준 공부를 해야 하지만 어른이야말로 하고 싶은 공부를 할 수 있는 최적인 시기다. 아이에게 복습 습관을 물려주고 싶다면 어른부터 복습하고 공부하자.

공부만큼 단가가 싸고 효율적으로 성과를 거둘 수 있는 것도 없음을 기억하고 자신에게 맞는 공부를 해보자.

Chapter 2

인상 마케팅, 매출을 올려주는 고객 얼굴

고객의 얼굴을 읽어야
매출이 오른다

몇 년 전 정치를 다룬 드라마가 안방을 사로잡았다. 최고가 되기 위한 남자들의 충성 경쟁, 정적을 제거하기 위한 고도의 모략술도 재미있었지만 나를 사로잡은 건 아들을 왕으로 옹립하기 위한 여자들의 궁정 정치였다. 연기파 배우로 소문난 여배우의 얼굴 연기를 보고 연기 관록이란 무엇인지를 새삼 느꼈다.

나를 사로잡은 연기는 다름 아닌, 상대 속임수를 눈치챈 여배우의 살짝 올라간 입꼬리 웃음이었다. 오른손잡이를 기준으로 오른쪽 입꼬리가 올라가면 재미 웃음이지만 왼쪽 입꼬리가 올라가면 비웃음이다. 배우의 비웃음 연기는 100점이었다. 말은 없어도 '나를 속이려 들어?'가 들렸다. 그만큼 얼굴 표정은 많은 메시지를 준다. 만약 상대가 왼쪽 입꼬리가 올라간 웃음을 보았다면 속임수를 말하고 사죄했을 것이다.

그렇다면 표정을 만들어내는 얼굴은 얼마나 많은 메시지를 담고 있는지 생각해봐야 한다.

우리는 시간과 비용이 많이 들더라도 유능한 명의를 찾는다. 병을 잘 고치는 의사도 명의지만 진단부터 잘하는 의사가 진정한 명의이다.

지금 기업들은 공급 과잉 시대의 생존법을 고민하고 있다. 과거에는 물건이 귀해 생산만 하면 판매되었지만 지금은 판매 문제에서 자유로운 기업은 없다.

나 역시 현장에서 느낀다. 불과 10여 년 전만 해도 아름답게 포장하는 이미지 컨설팅 강의 의뢰가 많았지만 지금은 얼굴과 매출관계를 알려달라는 의뢰가 많다. 고객 얼굴을 얼마나 정확히 읽느냐가 판매에 직결되기 때문이다. 강의에서도 나는 명의의 비유를 들어 고객을 먼저 진단해야 정확한 치료(판매)가 된다고 설명한다.

영업의 달인들은 얼굴경영이나 기질에 대한 공부를 많이 한다. 역시나 매출과 직결되기 때문인데 본격적으로 영업을 하기 전 작은 담소, 즉 스몰토크(small talk)로 고객을 사로잡는 부수입이 있다고 말한다. 스몰토크 관점에서 본다면 얼굴경영만큼 좋은 이야깃거리도 없다. 자기 얼굴이 가진 메시지를 풀어준다는데 싫어하는 사람이 있을까?

지금은 교육연구소 대표지만 과거 영업 사원을 했던 K 대표가 있다. 그는 외국계기업 보험 회사에서 승승장구하며 40대 때 임원까지 했던 입지전적인 인물이다. 그의 할아버지는 지기(地氣), 관상, 성명 등 명리학에 조예가 깊었다. 그는 할아버지 영향으로 관상을 접하게 되었다. 전문적 공부는 훗날 했지만 관상에 대한 거부감은 없었다.

20대 영업 사원 시절, 그는 고객의 흥미를 끌기 위해 고객의 얼굴을 읽어주었다. 그리고 지금 얼굴에 어디가 안 좋은지 짚어주고 관련 보험을 파는 전략을 펼쳤다. 지금이야 일반화된 보험 상품 판매전략이지만 당시로서는 획기적인 방법이었다. 그렇게 성과를 내며 영업 사원으로서의 자리를 잡아갔다.

그가 임원이 될 때 큰 역할을 했던 것이 역시 얼굴 읽기였다. 누구나 그렇지만 사석에서 분위기를 살려주는 사람을 좋아한다. 여자들이야 수다가 있지만 남자들은 정치, 부동산, 비즈니스 빼고 무슨 할 말이 있겠는가? 술이 들어가야 나눌 말이 있는데 서로 계약을 앞두고 있으면 술자리도 긴장되는 법이다. 한국지사장은 그런 자리에 K 대표를 꼭 데려갔다. 복잡한 계약 이야기 전에 밑밥을 깔듯 K 대표 이력을 말하면 100에 100은 자기도 읽어달라고 말한다. 지사장은 흐뭇하게 바라볼 뿐이다. 얼굴을 읽고 매출을 올리는 영업이 계속되었다. 상사에게 눈도장을 찍으니 진급은 자동이었다.

얼굴경영을 스몰토크 관점 말고도 매출로 생각해보자. 모두가 다른 얼굴로 살고 있듯 상품 구매에서의 특징 역시 다르다. 여자들에게 백화점은 '시간의 방' 같은 존재다. 시간이 나도 모르게 흐르는 곳이다. 남자들이야 동행한다면 그날은 모든 걸 내려놓거나 카드만 주고 나오는 게 건강에 좋다.

얼마 전 유명 백화점에 강의를 나갔다. 얼굴에 관록이 묻어나는 청중이 약간 지루한 표정으로 앉아 있었다. '페이스 리딩'을 내걸고 강의를 하다 보니 '눈썹을 움직이는 고객의 심리' 혹은 '코를 만지는 고객의 심리' 등의 행동심리학으로 생각했던 모양이다. 관록 있는 청중은 고객 행동심리학의 재야 고수라 할 수 있다. 그들에게 페이스 리딩은 지루한 강연이었던 것이다.

하지만 페이스 리딩은 행동심리학이 아니다. 타고난 상을 바탕으로 해석하고 고객 맞춤으로 판매에 적용시키는 일이 페이스 리딩이다. 수만 가지 얼굴에서 공통점을 묶어내고 일정한 패턴을 찾아 해석하는 방식이니 '코를 만지면' 같은 휘발성과는 다르다. 역시 청중의 반응도 다르고 매출도 달라졌다고 칭찬이 들어온다.

나이 차이가 있을 뿐 우리는 동시대에 살고 있다. 고로 경제 상황도 동시대에 있다. 같은 업종을 창업해도 누구는 성공하고 누구는 실패한다. 모두가 성공하면 좋겠지만 쉽지 않다. 프랜차이즈 시스템에서는 빅데이터 활용과 다양한 기법을 적용해 고객 성공을 도와준다. 하지만 현실은 너무나 반대다. 슬픈 이야기다.

프랜차이즈에서 아무리 현란하게 준비해준다 해도 매출은 고객이 올려준다는 사실은 절대 진리다. 고객은 많은 정보를 주지 않는다. 하지만 고객은 얼굴을 보여준다. 고로 얼굴을 읽을 수 있다. 더 연결한다면 읽은 얼굴로 고객에게 맞춤 판매가 가능하다. 고객이 주는 최고급 정보는 아마도 얼굴일 것이다. 이 얼굴을 읽고 매출을 올리는 데 활용하자.

이목구비와 행동 분석을 통한
비즈니스 활용법

고객이 물건을 사지 않겠다고 하면 나는 그 사람의 손바닥을 보라고 한다. 왜냐하면 사람들은 솔직한 이야기를 할 때는 대개 자신의 손바닥을 상대에게 내보이기 때문이다. 물건을 사지 않는 이유를 솔직하게 말하는 사람은 자신의 손바닥을 살짝 내보이는 반면, 진실을 숨기는 사람은 입으로 하는 말은 같더라도 자신의 손을 숨기는 경우가 많다.

인상학을 비즈니스에 활용해보자면, 고객이 어떤 제품을 좋아하는지는 눈과 얼굴에서 드러난다. 좋아하는 것을 보면 시선이 집중되고, 눈이 커지고, 눈빛과 얼굴 표정이 밝아진다. 물건을 세심하게 고르는 경우는 눈이 가늘어지고 길어진다. 그러므로 고객이 어떤 제품을 보고 눈이 커지는지 잘 살피고 얼굴 표정도 밝아지면 그 제품을 권하라. 확실히 판매 효과를 올릴 수 있다.

고객의 얼굴을 읽어 성격이나 구매 선호도를 추정하여 판매전략을 수립할 수도 있다.

|귀|

귀가 작은 사람은 어린 시절부터 풍요롭게 받지 못하고 늘 부족하였으므로 상황이 불리해지는 것에 대해 민감하고 두려움이 있다. 주변의 일이나 다른 것에 관심이 많지만 상대를 이해하는 마음이 부족하다. 변덕이 심하여 경솔하며 순간적 재치로 판단하는 면이 많다. 또한 자기가 아는 정보가 최고라고 생각하며 고집이 강하기 때문에 남의 말을 잘 안 듣는다. 이런 사람에게는 제품 설명을 자세히 해주어야 한다.

귀가 큰 사람은 감성이 풍부하여 낙천적이고 활동적이다. 사교성도 좋아 다른 사람과 의견과 정서 교류를 하는 데 익숙하다. 정보를 많이 갖고 있기 때문에 무엇이든 먼저 물어보는 것이 편하다. 가격, 성능, 특징 등을 구체적으로 질문하라. 머뭇거리면 어떤 물건이 마음에 드냐고 질문하라. 제품을 구매하려고 마음먹기까지 판단 시간이 오래 걸리기 때문에 짧고 간단하게 응대한다. 마음에 드는데 가격이 곤란하다는 것이니 가격 협상을 하는 것이 좋다.

귀가 정면에서 보이지 않는 사람은 자기 주관이 뚜렷하다. 남의 얘기를 귀담아듣지 않고 고집이 세며 결정적 순간에 자신의 의견을 강하게 말한다. 인내심이 약하기 때문에 시간의 여유를 두고 얘기하는 게 좋다. 또 건방진 면이 있고 자기 잘난 맛에 사는 유형이므로 그가 하는 말에 맞장구를 쳐주면 판매 확률이 높아진다.

|이마|

이마가 튀어나온 짱구형 고객은 모든 일에 능동적이고 적극적이라 항상 도전하고 성취하는 기쁨을 강하게 느낀다. 판매자가 말을 많이 하면 사지 않는 유형이니 불필요한 말은 삼가고 핵심만 말하되, 머뭇거리지 말고 빨리 말하면 도움이 된다. 빠르고 신속한 판단을 하기 때문에 물건이 마음에 들면 가격은 신경 쓰지 않는다.

이마가 넓고 잘생긴 고객은 사물을 대할 때 판단력이 좋고 정신력이 강하며 이해력도 뛰어나다. 지식, 지혜가 풍부하고 머리가 대체적으로 좋다. 상품에 대한 이해력도 뛰어나니 제품에 대해 자세하게 설명하라. 이마의 색이 어두우면 저가의 상품을 권유하고 이마가 넓고 윤택하며 시원시원하게 생겼으면 고가의 상품을 권해 공략하는 게 쉽게 판매하는 방법이다.

이마가 뒤쪽으로 향하고 눈빛이 위에서 아래로 눌러보는 것 같은 느낌이 드는 사람은 자기가 최고라는 생각이 강하다. 또한 남을 가르치려고 하는 성격이 강하기 때문에 어린애들한테 가르쳐주듯이 설명해서는 안 된다. 오히려 그 사람을 최고로 인정해주는 것이 도움이 된다.

|눈|

눈썹과 눈썹 사이가 좁은 고객은 남의 의견을 참고하지 않는 똥고집에다 융통성이 없고 고지식하며 소심하다. 쓸데없는 잡념을 달고 살기 때문에 편하게 해주어야 한다. 결론을 좋아하기 때문에 설명은 짧고 간단하게 하고 고객의 자존심을 높여주고 칭찬을 많이 해주어야 한다.

눈이 가늘고 긴 고객은 제품에 대한 모든 정보나 기능, 가격을 알고 있다고 보면 된다. 전문가 이상의 수준을 갖고 있기 때문에 대충 설명하면 안 된다. 시중에 잘 알려지지 않은 정보를 얘기해주면 쉽게 마음을 연다. 섬세하게 평가한 후 구매 여부를 결정하는 신중한 유형이다.

눈이 큰 고객은 화려한 생활을 추구하고, 명성, 학벌, 간판을 중시한다. 남의 시선을 많이 의식하고 속마음을 쉽게 드러낸다. 디자인 감각이 뛰어나다. 쉽게 감동하기 때문에 감동 요인을 제공하면 효과적이다.

눈이 튀어나온 고객은 결론부터 말해주는 게 좋다. 그는 무슨 일이든 항상 급하다. 대화 중 이해했다는 것처럼 고개를 끄덕여도 결론은 자신의 생각대로 움직인다. 즉흥적이고 기분에 따른 행동을 많이 하는 유형이기 때문에 오히려 그 분위기에 판매자가 휩쓸릴 수도 있다. 그러니 냉정하게 대화를 이끌어나가는 것이 좋다. 마음먹은 것은 꼭 하고 만다. 그리고 후회한다. 숨김없이 말한다는 생각을 심어주면 쉽게 응대할 수 있다.

눈이 들어간 고객은 생각이 깊어지면 행동이 느려진다. 의심이 많고 이것저것 생각하느라 시간을 소비한다. 옆에 있는 일행이 말을 해도 다시 생각하고 결정하지 못하는 성격이니, 무작정 설명하거나 최신 유행을 말하는 것보다 제품을 구체적으로 자세히 설명하는 게 좋다.

|코|

코가 큰 고객은 예리한 관찰력이 있어 물건을 잘 고른다. 돈도 의미 있어야 쓰는 사람이다. 쉽게 생각하지 말고 조목조목 설명하면서 작은 것도 놓치지 말고 응대하라. 코가 높고 크면 개성이 강하니 특별한 제품을 권해준다.

코가 작은 고객은 실용적이며 합리적 선택을 한다. 기능이나 가격을 비교하면서 설명을 하면 알아서 선택한다. 가격이 비싼 제품이나 명품은 그다지 선호하지 않으며 자기 자신을 낮게 평가하는 경향이 있다. 꼭 코의 윤기를 살피는 게 좋다. "가격은 중저가이지만 정말 실속 있는 물건입니다"라는 한마디에 마음이 움직인다. 둥근 코는 성격이 원만하지만 지나치게 크면 독선적이다. 평범한 것을 선호하며 구매 조건이 까다롭지 않다. 다른 사람의 요구 조건에 적당히 협조한다.

코가 뾰쪽하면 성격이 까다롭고, 자존심이 강하며, 예술적 감각이 뛰어나다. 고품격 이미지를 선호하는 유형이니 자존심을 상하게 해서는 안 된다. 고객이 최선이라는 것을 강조하면 판매 효과가 높게 나타날 수 있다.

돈 씀씀이는 코의 전체적 모양과 콧구멍, 볼의 아랫부분을 보고 판단하면 가장 쉽다. 콧구멍이 잘 안 보이고 아주 작은 사람, 코끝이 아래로 처지고 독수리 부리처럼 안쪽으로 휘어져 있는 사람은 돈에 대한 애착이 매우 강하기 때문에 쉽게 돈을 쓰지 않고 가격을 중요하게 고려한다.

|입|

입술은 그 사람의 의사소통 스타일을 나타낸다. 언변에 설득력이 있는가의 여부와 약속을 잘 지키는지의 여부도 입술을 통해 알 수 있다.

입이 큰 사람은 물건을 갖고 싶어 하는 욕망이 강하다. 구경하기보다는 적극적으로 물건을 고른다. 성격도 활발하고 씀씀이가 크기 때문에 물건 팔기가 상당히 쉽다. 적극적으로 응대하라.

입이 작은 고객은 매우 까다로운 고객이다. 가까이 다가가 적극적으로 응대하기보다는 고객이 제품을 꼼꼼히 보고 선택한 후에 믿음이 가도록 제품의 가격 대비 성능, 기능을 전문가답게 설명해야 제품을 구매한다. 말을 잘하나 자기 위주이고 잘해줄 때와 실수할 때 변화가 심하니 흠을 잡히지 않도록 조심해야 한다. 충동구매는 잘하지 않는 편이다.

입이 튀어나온 고객은 기가 넘치고 에너지가 있다. 감정이 상당히 다양하여 자기 기분에 맞으면 바로 선택하지만 그렇지 않으면 쉽게 단념한다. 이런 경우, 판매자는 고객의 기분을 충분히 공감하고 교감하는 것이 필요하다. 이런 고객은 판매자가 전해주는 정보와 자기가 아는 정보가 다르면 끝까지 우기는 편이다. 만일 어떤 물건에 관심을 보이며 물어보면 간단하고 짧게 대답하라. 공격적이며 부정적이고 비평가 기질이 다분하니 필요 이상의 말은 삼가는 게 좋다.

입이 얇은 고객은 굉장히 이지적이고 냉정하고 차가운 사람이다. 자존심이 강하고 자기 일이 최고라는 자부심이 강하니 이런 점을 이용한다. "이 물건은 성능이 최고인데 가격이 조금 비싸네요. 혹시 생각해둔 물건이 있으십니까?"라며 최고와 상대적으로 다음 것을 제시하면서 응대하라.

입을 가리지 않고 큰 소리로 웃는 여성은 화통한 성격으로 예스, 노를 분명하게 하는 화법으로 접근하면 좋은 결과를 얻을 수 있다.

상품을 보고 고객이 입을 다물고 그것을 찬찬히 살펴보면 그것은 마음속에서 살까 말까 하는 두 마음이 갈등을 빚고 있다는 의미이다. 지금이 바로 승부의 시간이다.

03

얼굴 유형으로 보는
고객 마케팅전략

'고객이 왕이다'라는 말이 갈수록 퇴색하고 있다. 이런 분위기를 반영하듯 고객도 왕처럼 대해주는 것보다 친근하게 환영하고 반가워해주기를 바란다. 자신이 누구든 어디서 물건을 사든, 일관성 있고 공정하게 대우받기를 원한다는 뜻이다. 그러면서 한편으로는 기업이 자신에 대해 잘 알고, 자신의 독특한 요구에 맞춰 자신과 관련 있는 경험을 제공해주기를 바란다.

고객은 서비스 종사자보다 우월하다는 심리를 갖고 있다. 따라서 서비스 종사자는 고객에게 서비스를 제공한다는 철저한 직업 의식을 갖추고 고객의 자존심을 인정하고 자신을 낮추는 겸손한 태도를 보여야 한다. 고객의 장점을 잘 찾아내어 적극적으로 칭찬하고 실수를 덮어주는 요령이 필요하다.

사람들은 누구나 상대방을 닮고자 하는 미러링(mirroring) 성향을 타고났다. 반말을 하는 고객이라도 정중하고 상냥하게 응대하면 고객도 친절한 태도로 반응하게 되며, 앞 고객이 서로 친절한 대화를 나누었다면 그다음 고객도 이를 모방하여 친절한 대화를 나누게 된다.

인상 마케팅은 고객의 얼굴과 마음까지 읽음으로써 고객에게 한발 먼저 다가가 고객 만족을 실현하는 데 그 목표를 두고 있다. 고객의 얼굴 유형에 따라 구매 스타일이나 마음이 움직이는 포인트가 따로 있으니, '고객의 얼굴만 잘 읽어도 반은 성공'이다.

| 사각형 얼굴 |

한마디로 '고객은 왕'이라고 생각하는 타입이다. 왕으로 대접받기 원하는 만큼 진심으로 성의와 친절을 보여주면 좋은 소문을 내고 대량 구매도 서슴지 않는 훌륭한 단골이 될 수 있다. 사면 사고 안 사면 안 사지, 망설이지 않는다. 자존심이 강해 설득하기 힘들다. 이런 유형에게는 우물쭈물 응대해서는 안 된다. 남의 말을 듣기보단 자기 생각에 따라 제품을 구매하는 스타일로 불요불급한 응대를 자제하는 게 오히려 효과적이다.

이때 판매자는 깍듯한 예절과 겸손한 태도를 보여야 한다. 실없는 농담과 예의 없는 행동을 싫어하는 고객이므로 자신감 있는 자세와 고객의 체면을 세워주는 센스가 필요하다. 고객이 묻는 말에는 요점만 간단명료하게 빠르고 정확한 답변을 해주어야 한다. 고객이 말한 의견에 다른 의견을 강하게 어필하지는 말아야 한다.

직접 눈으로 보고 손으로 만져보게 하는 게 좋다. 최고의 품질과 최고의 브랜드를 고집하는 성향이 있으므로, 값이 비싸고 호화롭고 현란한 것을 좋아한다. 좀처럼 구하기 힘들거나 비싸서 보통 사람은 엄두도 낼 수 없는 상품임을 강조하면 고객은 구매욕을 불태운다. 또한 호탕하고 배포가 커 일단 제품이 마음에 들면 가격은 그다지 상관하지 않는다. 오히려 싼 게 비지떡이라고 생각한다. 여러 곳을 비교해서 구매하기보다는 한곳에서 필요한 것을 전부 사는 스타일이다.

| 둥근형 얼굴 |

사교적이고 낙천적이며 돈의 씀씀이가 큰 유형으로, 유행에 민감하고 호기심이 많아서 판매자와 적극적으로 대화하는 편이다. 상품 설명보다 자신의 기분을 맞춰주는 화제를 더 좋아하며 합리적 구매보다는 충동구매가 대부분이다. 판매자가 자신을 인간적으로 친근하고 상냥하게 대해 기분이 좋아지면 바로 물건을 구입한다. 이때 판매자는 고객에게 세트 구매를 유도하는 것이 좋다.

칭찬을 아끼지 말고 인정해주는 것이 단골을 만드는 지름길이다. 오늘 입고 온 옷을 칭찬하고 제품을 고르는 안목을 칭찬하라.

제품의 선택 기준은 독특하고 세련된 디자인과 최신 유행에 따른 이미지로, 정찰제보다 가격을 흥정하기를 좋아한다. 주위 사람들의 영향을 많이 받기 때문에 같이 온 사람이 권하거나 판매자가 마음에 들면 미안해서라도 작은 물건 하나라도 산다. 그리고 단골이 되어 주위 사람들에게 입소문을 내거나 데려오는 경우가 있다. 단, 물건을 구입하고도 마음이 변하기 쉬워 계약을 한 뒤에도 해약할 가능성이 높기 때문에 신속한 일 처리가 요구된다.

| 역삼각형 얼굴 |

스스로 선택하도록 편하게 대한다. 충동구매를 거의 하지 않기 때문에 예산 이상의 상품을 권하면 기분 나빠한다. 가격, 기능, 디자인, A/S 등 모든 것을 고려하며 가격 대비 성능을 따져 실속 있게 구매한다. 자신만의 지식 및 정보에 의한 과학적 소비를 하는 유형이다. 외모에 크게 투자하지 않으며, 전문 서적, 신제품, 새로운 기술, 새로운 지식을 기반으로 한 정확한 정보를 제공해주어야 한다.

판매자는 고객에게 너무 말을 많이 시키거나 친한 척하면 안 된다. 혼자 제품을 둘러보게 하고 필요한 때만 다가가 설명을 해준다. 지나친 친절은 금물이다. 사적인 잡담을 통해 인간관계를 발전시키려고 노력해서는 안 된다. 타사 제품에 대한 정보까지 비교해서 알려주면 고객들은 상당히 믿음을 가져 상대방을 신뢰하고 마음의 문을 열어 일생 동안 그 관계를 지속하게 된다.

이론을 좋아하므로 순서를 정하여 차분하게 생각할 시간을 주면서 상대방의 귀에 들어갈 수 있도록 대화를 이끄는 것이 좋다. 상품을 설명할 때도 품질과 값을 잘 비교해서 설명하며 내용의 충실함과 성능 우수성에 포인트를 맞추는 것이 좋다.

| 마름모형 얼굴 |

고집이 세고, 좀처럼 설득되지 않는 성격일 가능성이 높다. 깍듯하게 언어 예절을 지키고 겸손한 것처럼 행동하지만, 내면에는 우월감이 다분히 존재해 다소 거만하다는 인상을 주기도 한다. 판매자는 진지하고 성실한 자세로 예의범절을 갖추어 판매하고자 하는 제품을 설명해야 한다. 마름모형 얼굴은 주로 단골로 다니는 매장이 있으며 제품 설명을 읽고 문제되는 성분의 포함 여부를 확인 후 구매한다.

초면에 가볍고 싱거운 농담을 해서는 안 된다. 은근히 칭찬과 감탄의 말을 흘리면서 상대방을 높여주면 친밀감이 상승한다. 판매자는 약속한 부분(시간 약속 등)은 반드시 지켜야 한다. 품질보증에 민감한 유형이므로 인증기관의 인증을 받았으며 우수 제품으로 선정된 상품을 소개해준다.

| 계란형 얼굴 |

치밀하고 계획성이 있다. 내성적이며 자아의식이 강하고 내부적인 감정과 충동에 접해 있다. 스스로를 찾기 위하여 노력하는데, 매우 창의적이며 개인적인 성향을 가지고 있다. 특히 예술 세계에서 보편적 느낌을 잘 표현하고 개성을 창출하는 능력이 뛰어나다.

한 번 믿으면 끝까지 믿으며 기분에 좌우되는 유형이므로, 판매자는 성실하게 설명해야 한다. 판매자가 추천하는 것보다 자신이 원하는 스타일, 자신에게 맞는 특별한 제품 또는 특별함을 돋보이게 할 제품을 선택한다. 판매자는 고객이 특별하다는 것을 인정해야 한다. 고객이 선택한 것을 평가하거나 바꾸려고 하지 말자. 간섭하지 말고 혼자서 쇼핑할 수 있게 해주어야 한다. 장인이 만들어 당신의 특별함에 잘 어울리며 단 하나뿐인 제품이라고 소개해야 흥미를 느낀다.

| 삼각형 얼굴 |

삼각형 얼굴의 고객은 성실하고 듬직한 유형으로, 걱정이 많고 변화를 싫어한다. 대체로 변화에 느리게 반응하고 전통적 가치관을 중요하게 여기므로 보편적이고 검증된 상품을 추천하는 게 좋다. 첫 거래가 마음에 들면 한결같은 마음으로 오래도록 거래한다. 항상 말이 없어도 자신의 결정에 대해 부정하거나 쉽게 마음을 다른 곳으로 결정하지 않는다. 과소비를 하지 않으며 필요한 것만 구매하는 편이다.

평범해 보여 무시할 수 있으나 한 번 단골이 되면 꾸준히 단골이 되는 유형이다. 작은 선물이나 할인쿠폰, 감사의 카드 등을 보내면 보답하려는 마음이 강해 당장은 아니라도 나중에 더 많은 제품을 구매할 수 있다. 주변에 소개도 많이 해준다.

쉽게 결정을 내리지 못하는 고객으로, 주위의 눈치를 보고 스스로 결정하기를 부담스러워한다. 매장 방문 시 특정 제품 구매를 결정하고 오는 경우라도 여론 및 제품 안내 방향에 따라 마음이 흔들리는 경우가 많다. 다소 직접적이더라도 의사결정을 망설이는 이유를 알아낼 만한 적절한 질문을 던져 솔직한 말을 들을 수 있도록 한다.

판매자는 고객에게 빠른 구매를 유도하지 말고 상대를 이해하고 수용하며 경청해주는 기분을 느끼게 해야 한다. 편안한 분위기를 조성하고, 친근하고 다정다감한 인상을 주고, 친절한 태도를 유지해야 좋다. 그것이 지속적인 고객관리의 지름길이다.

고객을 위한 준비된 서비스는 고객을 즐겁게 해주고 지속적인 평생고객으로 만드는 역할을 한다. 고객들은 물건을 사기 전 구매 욕구에 대한 부분을 물건의 판매처와 직원들의 친절도에 따라 결정하는 경우가 많다. '칭찬은 고래도 춤추게 한다'는 말이 있듯, 친절 서비스야말로 고객을 즐겁게 해주는 가장 큰 요소이다.

고객을 내 편으로 만들려고 하면 성공할 때도 있고 실패할 때도 있다. 그러나 내가 언제나 고객 편이 된다면 항상 성공할 수 있다. 고객 얼굴을 충분히 파악하고 고객의 마음을 읽어보자. 꼭 판매로 성공하지 못할지라도 반드시 다시 찾아와줄 것이다. 이것이 마케팅과 판매의 시작이 아닐까 생각한다.

04

얼굴별
불만 고객 대응법

고객은 항상 변덕스럽고 쉽게 배반한다. 한 번 등을 돌리면 미련 없이 돌아서고 다시는 거들떠보지도 않는다. 더 나아가 주위 사람들의 발길도 끊게 만든다. 불만 고객은 자신이 겪은 상황에 불만을 품는 그 순간 8~10명에게 전파한다고 한다.

불만족한 고객의 80% 정도가 해당 상점과 거래를 중단한다. 하지만 불만족에 대한 판매자의 대응이나 처리가 마음에 들면 다시 찾아와 물건을 구입하고 좋은 입소문을 내주기도 한다. 만족스런 불만 해결 시 54~75%가 다시 거래를 하며, 불만이 재빨리 해결되기만 하면 재거래율이 95%까지 증가한다고 한다. 이러한 고객은 단순 고객이 아닌 단골이 될 확률 또한 높다.

불만이 없던 고객, 불만을 말하지 않고 돌아서는 고객보다도 불만을 제기한 고객이 문제만 제대로 해결된다면 불만이 없었던 경우보다 더 큰 호감을 가질 수도 있다. 불만을 밖으로 표출하는 고객은 100명 중 4명밖에 되지 않는다. 나머지 96명의 고객은 불만을 품고 다시는 돌아오지 않을 고객이 되어버린다.

'좋은 약은 입에 쓰나 병에 이롭고, 충언은 귀에 거슬리나 행동에 이롭다(良藥苦於口而利於病, 忠言逆於耳而利於行).'

《사기(史記)》에 나오는 말이다. 불만 고객이 주는 쓴 말을 깊이 새길 필요가 있다. 또한 불만 고객 응대에 따라 충성 고객이 되는 경우도 있으니 불만 고객 응대를 잘 하는 게 중요하다.

불만 고객은 회사의 규정이나 운영 시스템에 불만을 제기하는 것이지 상담자 개인에게 화를 내는 것이 아니다. 따라서 고객의 반말이나 높은 언성, 행동 등에 화를 내거나 개인적인 말을 하는 것은 금물이다.

이제 얼굴 유형별로 불만 고객 대응법을 살펴보자.

| 둥근형 얼굴 |

사교적이며 협조적인 고객이며 합리적이고 진지한 면이 있다. 그러나 때로는 고객 자신이 하고 싶지 않거나 할 수 없는 일에도 약속을 하여 상대방을 실망시키는 경우도 있다. 모든 사람이 항상 자신을 받아들이고 좋아해주기를 바라는 욕구가 내재되어 있기도 하다.

이런 고객의 불만을 접했을 경우 상대방의 의도에 말려들지 않도록 주의하고 말을 절제한다. 질문을 통해 고객의 요구가 무엇인지 확실히 파악하는 게 좋다. 또한 고객에게 말할 기회를 많이 주어서 결론 도출을 유도해야 한다. 상담자가 계획한 결론을 고수할 수 있도록 외유내강의 자세를 유지하여 깔끔한 합의를 이끌어낼 수 있어야 한다. 말의 내용을 잘 이해하고 있는지 확인할 필요도 있다.

싹싹하고 쾌활해서 상대하기 쉬운 사람이지만 그렇다고 마음을 놓아서는 안 된다. 만만하게 여기면 '사람 우습게 보는데?' 하며 꽁하는 마음을 먹을지도 모른다. 이런 고객은 후에 인간적인 교류까지도 가능하게 되는 무난한 고객이다. 이런 고객에게는 일을 처리할 때 '예스, 노'를 분명하게 표현하는 것이 좋다. 단, 상대방의 쾌활함에 말려들어 예의를 벗어나는 일이 없도록 유의한다.

|사각형 얼굴|

자신이 생각한 방법밖에 없다고 믿고 타인의 제안을 받아들이지 않으려고 하는 유형이다. 표면화된 호전성과는 달리 심한 불안감이 마음을 지배하고 있으므로 상담자가 미리 겁먹거나 위축되지 않도록 한다. 고객이 상담자 본인이 아닌 회사에게 항의하고 있음을 기억하고 논쟁을 하거나 마주 화를 내는 일이 없도록 해야 한다.

이런 유형은 상대방이 말을 하는 도중에 끼어드는 일이 잦으므로 부드러운 분위기를 유지하는 게 좋다. 정성스럽게 응대하되 음성에 웃음이 섞이지 않도록 유의한다. 고객이 흥분 상태를 인정하기를 바라거나 직접적으로 진정할 것을 요청하기보다는 고객 스스로 감정을 조절할 수 있도록 유도하는 우회화법을 활용해야 한다.

게다가 목소리는 최대한 크게, 욕과 함께라면 일이 더 빨리 해결되는 줄 아는 고객이다. "저 죄송합니다만 목소리를 좀 낮추시지요"라고 할 수는 없는 노릇이다. 우선 상담자 본인의 목소리를 작게 낮추고 말을 천천히 이어감으로써 상대방으로 하여금 자기의 목소리가 지나치게 크다

는 사실을 깨닫게 하여야 한다. 그래도 상대방이 언성을 높일 때는 분위기를 바꾸는 것이 필요하다

| 역삼각형 얼굴 |

조금 불만스러운 것이 있어도 잘 내색을 하지 않는 유형이다. 그러나 말이 없다고 흡족해하는 것으로 착각해서는 안 된다. 이런 고객은 한 번 마음에 들면 충성 고객이 되지만, 마음이 돌아서면 끝장이다. 말이 없는 대신 오해도 잘한다. 정중하고 온화하게 대해주고 차근차근 빈틈없이 일 처리를 해주어야 한다. 별로 말이 많지 않고 예의도 밝아 직원에게 깍듯이 대해주는 반면, 직원의 잘못은 꼭 짚고 넘어간다.

참으로 조심스러운 고객 유형이다. 정중하고 친절히 응대하되 만약 고객이 잘못을 지적하면 반론을 펴서는 안 된다. 이런 고객일수록 자존심이 상당히 강하므로 "지적해주셔서 감사합니다" 하고 받아들이는 자세를 보여야 내심 좋아한다.

언어 예절을 깍듯이 지키며 겸손한 듯이 행동하지만 내면에 강한 우월감을 갖고 있으므로 거만한 인상을 준다. 우선 고객의 말을 잘 들으면서 상대의 능력에 대한 칭찬과 감탄의 말로 응수하라. 상대를 인정하고 높여주면서 친밀감을 조성해야 한다. 정면 도전을 피하고 고객이 주장하는 내용의 문제점을 스스로 느낄 수 있도록 하며, 대안이나 개선 방안을 유도해내는 게 좋다. 대화 중 반론하거나 자존심을 건드리는 행위를 하지 않도록 주의하자. 자신의 전문성을 강조하지 말고 문제 해결에 초점을 맞추어 고객의 무리한 요구에 대체할 수 있는 사실을 언급한다.

| 마름모형 얼굴 |

우선 조목조목 비판을 해오더라도, 정면 반박은 절대 피해야 한다. 무리한 요구를 하더라도 무턱대고 "안 됩니다"로 일관하면, 상황이 안 좋아질 가능성이 높다. 고객의 비판을 인정해주면서, 대안을 제시하는 게 상책이다.

별로 말이 많지 않고 예의도 밝아 직원에게 깍듯이 대해주는 반면 직원의 잘못은 꼭 짚고 넘어가는 유형이다. 참으로 조심스런 고객이다. 이런 고객은 자존심이 강하므로 "지적해주셔서 감사합니다" 하고 받아들이는 자세를 보여야 내심 좋아한다.

속마음을 헤아리기 어려운 고객으로, 조금 불만이 있더라도 잘 내색하지 않는 편이다. 그렇다고 해서 흡족해하는 것으로 착각해서는 안 된다. 이런 고객은 한 번 마음에 들면 거래가 오래 계속되나 마음이 돌아서면 끝장이다. 정중하고 온화하게 대해주고 차근차근 빈틈없이 처리해주어야 한다.

| 삼각형 얼굴 |

이 고객은 자신의 불만 사항이 해소되지 않으면 속에 쌓아놓고 있다가 다른 방향으로 표출해버리기 때문에 조용하다고 넘어가면 큰 낭패를 볼 수 있다. 즐겁고 협조적인 성격이지만 타인이 의사결정을 내려주기를 기다리는 경향이 있어서 요점을 딱 부러지게 말하지 않는다. 이러한 유형은 대부분 보상을 얼마나 받아야 할지 또는 자신이 요구하는 보상이 기준 이상임을 스스로 잘 알고 있는 경우가 많다.

고객이 결정을 내리지 못하는 갈등 요소가 무엇인지를 표면화시키기 위해 시기 적절히 질문을 하여 상대가 자신의 생각을 솔직히 드러낼 수 있도록 도와주어야 한다. 따라서 피해 보상 기준에 근거하여 적정 보상 내용을 성실히 설명하여 문제를 해결하고 사후 조치에 만전을 기함과 더불어 신뢰감을 높여야 한다.

'불평하는 고객이 침묵하는 불만족 고객보다 낫다'라는 걸 절대 잊지 말고 고객의 불평에 귀 기울이기 바란다. 그리고 얼굴을 읽어 충성 고객으로 만들자. 그것이 불만 고객에 대한 판매자로서의 예의이며 성공의 길이다.

Chapter 3

인사경영,
스펙보다
직원의 얼굴을
읽어라

01

기업의 승패는
채용이 가른다

회사나 조직을 이끌고 있다면 두 가지 질문에 답해보자.

첫째, 여러분 회사의 자산 중 90%가 밤마다 회사 정문을 빠져나간다. 이것은 무엇일까? 둘째, 현 회계 시스템에는 포함되지 않지만 매우 중요한 자산이 있다. 이것은 무엇일까?

정답은 바로 사람, 즉 '인재'다.

유소의 《인물지(人物志)》에 다음과 같은 말이 있다.

무릇 성현이 아름답게 여기는 것 가운데 총명함보다 아름다운 것이 없으며, 총명함이 귀하다고 여겨지는 점 가운데 '인물을 잘 식별하는 일'보다 귀한 것이 없다. 인물을 식별하는 일에 진실로 지혜롭다면 많은 인재가 각자의 자질에 따라 자리를 얻게 되고 여러 업적이 흥할 것이다.

'인사(人事)가 만사(萬事)'라는 말이 있다. '열 길 물속은 알아도 한 길 사람 속을 모른다'는 속담도 있다. 그만큼 사람을 제대로 알아보기란 쉽지 않다는 이야기이다.

옛날 중국 당나라에서는 관료를 채용할 때 신언서판(身言書判), 즉 예의 바른 몸가짐과 품위 있는 언어, 바른 글 솜씨와 냉철한 판단력이라는 네 가지 기준을 세웠다고 한다. 신(身)과 언(言)과 서(書)를 보는 이유는 최종적으로 판단력을 보기 위해서다. 결국 판단력에서 인간의 능력이 결판난다. 인생사는 '예스'냐 '노'냐 하는 판단의 연속이다. 결정적인 순간에 판단 한 번 잘못 내리면 만사가 끝장날 수 있다. 지도자의 자질 가운데 가장 중요한 첫 번째 능력 역시 판단력이다. 그런 만큼 신언서판 중에서 판단력이 가장 중요한 능력이 아니겠는가!

논어에 사람 식별법이 나온다. 공자는 보고(視) 살피고(觀) 관찰하는(察) 세 가지로 사람을 판단하라고 말한다. 즉, 시(視)는 겉으로 드러나는 모습과 행위를 보라는 것이고, 관(觀)은 무엇 때문에 그런 행동을 했는지 마음을 읽어보라는 것이다. 마지막 찰(察)은 그 사람이 무엇에 만족하며 살아가는지를 보면서 가치관이나 정신이 올바른지 아닌지를 살펴보라는 뜻이다. 즉, 얼굴 일색이 마음 일색만 못하니 사람을 제대로 보려면 그들만이 가진 내면의 아름다움을 읽을 줄 알아야 한다는 말이다.

조선 시대에도 독특한 인사제도가 있었다. 정승으로 일할 사람이 천거되면 그 집으로 관상감을 보내 그 사람의 일거수일투족을 관찰했다. 집 안에서 일하는 사람을 어떻게 보는지, 이웃과 대화할 때 말투와 눈빛은 어떤지, 걸음걸이는 어떤지 등을 살펴 왕에게 보고하면 그 자료를 토대로 사람을 쓰곤 했다.

삼성 창업주 이병철 회장은 인재를 알아보는 고수였다. 사업을 하면서 80%의 시간을 사람을 뽑고 기르는 데 투자했다는 말이 나올 정도였다. 사람에 대해 얼마나 공부하고 연구했는지 관상학에도 일가견이 있었다고 한다.

명리학계에 아주 유명한 제산 박재현 선생은 일명 함양의 박도사로 통하는 분이었다. 그는 남들은 사나흘 걸리는 평생사주를 단번에 정확하게 풀어낼 정도로 신통력이 대단해 '부산 박도사'로 불렸는데, 생전에 숱한 일화를 남겼다. 그중 압권은 유신에 얽힌 이야기다.

조용헌의 《담화》에 따르면 박정희 대통령이 1972년 10월 유신(維新)을 계획하고 제산에게 사람을 보내 물어보니 담뱃갑에 유신(幽神), 즉 '저승귀신'이라고 적어 보냈단다. 제산은 곧바로 남산 중앙정보부에 끌려가 곤욕을 치러야 했지만 그의 예언은 적중했다. 포항제철의 박태준 회장은 가끔 헬기를 타고 그를 만나러 오기도 했다. 이런 이야기를 들은 삼성 이병철 회장이 제산의 능력을 높이 평가하고 삼성의 인재를 뽑을 때 면접을 맡겼고, 삼성의 전략과 입지 선정에 조언을 받으며 사업을 하였다고 전해진다. 특히 임원 승진 때 승진 대상자들의 사주를 보고 최종 결정했다는 전설 같은 얘기도 있다. 이 회장의 인사철학은 '의심나면 쓰지 말고, 쓰면 의심하지 말라(疑人勿用 用人勿疑)'였다.

이병철 회장은 관상을 통해 세 가지를 판별하려고 했다 한다. 첫째, 복이 있는 사람인가? 둘째, 배신하지 않고 충성을 다할 사람인가? 셋째, 건강과 체력이 좋은 사람인가? 종합해보면 사업 성공에 필요한 운, 신의, 건강을 살펴보았다고 할 수 있다.

《드림 소사이어티》의 저자 롤프 옌센은 "인재의 가치를 반영하지 않는 현재의 회계 시스템은 잘못됐다. 기업의 자산 중 물적 자산이 10%, 인적 자산이 90%이다. 리더의 책무는 매일 회사를 빠져나가는 그 90%의 중요 자산이 내일 다시 회사로 돌아와서 재미있게 일하도록 하는 것이다"라고 말했다.

그러면 탁월한 리더는 어떤 방식으로 유능한 인재를 찾고 그들의 잠재력을 극대화시킬까? 채용이 답이다. 버스를 어느 방향으로 가게 할지보다 버스에 어떤 사람을 태울지를 먼저 결정해야 한다. 올바른 사람을 태우면 다른 것은 별로 문제되지 않지만 잘못된 사람을 태우면 사사건건 문제가 된다. 가장 중요한 것은 강점을 찾아 이를 업무에 연결시키는 것이다.

공공기관이나 각 기업에 이르기까지 사람을 채용할 때는 그가 지닌 적성과 능력 등을 평가하기 위해 이력서를 받고 서류 전형을 실시하고 시험이나 적성 검사 면접 등을 실시한다. 사람의 적성이나 능력 등을 파악하는 것이 중요하기 때문에 진행하는 일들이다.

이때 얼굴로 사람의 성격, 능력, 적성, 건강 상태 그리고 성패의 시기를 파악할 수 있다. 얼굴의 생김새에 따라 성격, 성향, 장단점이 다르기 때문에 각자 적합한 업무도 다르다. 해당 업무에 적절한 사람을 제대로 뽑느냐, 그렇지 않느냐에 따라 조직의 성과는 판이하게 달라질 수 있다.

기본 성품, 행동 성향, 감춰진 내면 심리 등을 파악하여 직무와 관련한 적합성을 판단하고, 성격 및 성향, 특장점 활용 가능성으로 장래성을 예측하여 비전 공유 가능성까지 검증하는 다양한 기법을 활용해야한다.

기원전 21세기 이전 하나라를 건국했던 요임금과 순임금이 인재를 등용할 때 인상학을 이용했다는 기록이 있다.

옛날 요임금은 용모(容貌)로, 순임금은 얼굴빛으로, 우왕은 말씨로, 탕왕은 음색으로 기운의 청탁을 살폈고, 문왕은 기량으로 사람을 선발하였다.

이처럼 오래전부터 인재 선발에 인상학이 크게 작용하였음을 알 수 있다.

현대사회에서도 기업의 인사 채용에 인상학의 장점을 살려 보완한다면 좋은 결과를 얻을 수 있다. 기업에서 성격, 조직심리학, 인적성 검사 등의 분석 도구를 활용하여 직원을 채용하고 있지만, 핵심 인재의 갑작스런 퇴사나 배신 행위는 풀지 못할 숙제이다. 이러한 부분은 직접적으로 사람을 살펴 재능, 능력, 성품, 천성, 기질 등의 파악이 가능한 인상학을 활용하면 좋은 결과를 얻을 수 있다.

인사관리와 인상학의 활용 사례는 서양의 조직심리학에서도 활용되었다. 각 기업이 적합하고 우수한 인재를 선발, 적성에 맞는 일에 배치, 교육하는 일련의 과정을 통해 인재의 역량을 개발하고 업무 성과를 공정하게 평가하며 조직 내 의사소통을 개선하고 직무 만족을 증진시키며 직무 스트레스를 줄이는 등 기업 내에서 조직심리학은 다양하게 활용되고 있다.

인사관리는 인재를 키우고 조직을 잘 경영하는 것이기도 하지만 좀 더 근본적 핵심은 적재적소에 인재를 배치하고 개인의 특성을 명확히 파악하여 신뢰할 만한 인재를 발탁하는 데 있다. 예를 들어 업무에 탁월한 인재를 뽑았더라도 갑작스런 퇴사나 개인의 목적을 위한 배신 행위 등에 대해서는 예측하기 어렵다. 이는 개인의 천성에 대해서는 자세히 파악하지 못했기 때문이다. 이럴 때 그 사람의 기질과 속성을 파악하고 특정 업무에 적합한지 여부를 파악할 수 있는 페이스 리딩이 필요하다.

지식 기반의 사회가 될수록 사람은 더욱 중요하다. 사람이 중요하다는 사실을 알고 인상학을 활용해 인재를 채용해보자.

얼굴형에 따른
인재 배치 지도

리더의 역할은 무궁무진하지만 리더십의 핵심은 인재 배치이다. 외향적인 사람을 골방에 들어앉히고 회계 처리를 시키면 개인은 물론 회사에도 큰 손해임이 분명하다. 경영학의 구루 피터 드러커는 "인간의 성과 창출 능력은 약점이 아니라 강점에 달려 있다. 약점에 근거해서는 발전할 수 없다. 리더는 동료, 상사, 자신의 강점 등 사용할 수 있는 모든 강점을 활용해야 한다. 강점을 생산적으로 만드는 것이야말로 조직의 고유한 목표이자 비전이다"라고 말했다.

21C 기업의 모토는 성과 중심의 책임경영이요, 기업의 성과 창출은 핵심 사업을 주도할 핵심 인재에게 달려 있다고 해도 과언이 아니다. 따라서 핵심 인재의 관리는 경영자의 최고 관심사이다. 그렇다면 얼굴 유형 및 형태에 따라 특정되는 것을 파악하여 개인의 성격과 성향, 적합한 업무는 어떤 것이 있는지 알아보자.

우선, 얼굴은 음양의 이치에서 볼 때 살은 음, 뼈는 양으로 살과 뼈의 조화가 얼굴형을 만든다. 얼굴형의 기본을 결정짓는 것은 상부의 이마, 중부의 광대뼈, 하부의 턱뼈이다. 뼈대는 변하지 않으나 살에 따라서 얼굴 모양이 달라진다. 이 시대 최고의 미인형인 계란형 얼굴도 턱살이 빠지면 역삼각형 얼굴이 된다. 광대뼈가 지나치게 나오면 마름모형 얼굴이 되고, 볼에 살이 통통하게 오르면 넓적한 사각형 얼굴이 된다. 즉, 뼈는 타고난 유전적인 것으로 바뀌지 않으나 살에 의해 얼굴형이 바뀌는 것이다. 이제 유형별로 적재적소 인사 배치를 고민해보자.

| 역삼각형 얼굴 : 두뇌형 |

머리가 크고, 이마의 가로와 세로의 길이가 길고 넓으며, 턱이 가늘고 뾰족한 것이 특징이다. 타고난 지적 능력을 바탕으로 전체적인 상황을 관찰하고 분석하며 그것을 움직이는 원리를 밝혀내는 데 탁월한 능력을 발휘한다.

전문적 지식이 필요한 일 또는 창의적이고 집중력이 필요한 일, 개인 작업 공간이 있고 사생활이 보장되는 환경에서 충분한 시간을 가지고 아이디어를 다듬고 준비할 수 있는 일이 적합하다. 역할이나 책임이 분명해서 한곳에만 집중할 수 있는 일을 선호하고, 변화가 빠르거나 역동적인 환경보다는 안정된 환경에서 일하는 것을 좋아한다.

체력 소모가 많은 활동적인 일이나 사람을 많이 접하고 상대에게 맞추어주어야 하는 일은 맞지 않는다. 상대와의 공감 능력이 떨어지고 사람들의 시선을 좋아하지 않고 지도 통솔력이 떨어지기 때문에 앞에 나서서 이끄는 일에도 적합하지 않다.

두뇌형은 살이 없어 외모에서 날카로운 사람으로 보여질 수 있으나, 사실은 뒷심과 끈기가 없는 탓에 후반이 약하다는 큰 단점이 있다. 냉철한 판단력을 요하거나 규칙적이며 강한 결단력이 요구되는 구조조정, 군살 빼기의 전략에서는 인간적 유대가 없는 두뇌형 인재가 최적의 적임자이다. 사고력, 분석력, 전략이 탁월한 두뇌를 활용하여 전략적 목표 설정과 대안 수립 등의 일에 적합하다. 전략기획, 인사·총무·관리 부서 교육 등 경영 지원 부서 관련 사무직, 창의력을 요하는 예능인, 전문 기술직이나 연구 개발(R&D) 분야에 적성이 잘 맞는다.

| 사각형 얼굴 : 현실형 |

뼈가 불룩 튀어나온 사각형 얼굴은 살이 단단하며 동작이나 얼굴 표정이 날카롭고 사납다. 광대뼈가 나와 있으며 턱의 양옆이 각이 져서 그다지 살이 붙지 않은 것이 이 얼굴의 특징이다. 이마도 사각형으로 눈은 가늘고 길며 날카롭다. 코는 뼈대가 굵고 탄탄하며 콧방울이 퍼져 있다. 귀는 사각형에 두터우며 탄력이 있고 귓불은 없는 편이다. 입은 크고 얇은 편이며 야무지게 보인다.

소신이 분명하고 목표에 대한 집념과 의지가 강하다. 좋다고 생각하면 바로 실행에 옮기는 행동력과 과감성이 있다. 구체적인 결과가 바로 나오는 역동적인 일을 좋아한다. 체면과 연관되면 손해가 있더라도 저돌적인 추진력을 발휘한다. 눈앞의 일만 생각하는 경향이 강하지만 목적이 확실하면 어떠한 역경도 극복하여 끝까지 해내는 불굴의 투지도 있다. 머리로 하는 일보다 몸을 움직여가며 일다운 일을 할 수 있는 직업을 선호하는 편이다.

상사의 꾸지람에 분개하고 자신은 올바르다고 생각하는 성향이 강하다. 일이 잘될 때는 별문제 없지만, 상황이 좋지 않으면 크게 차질을 빚고 실패할 수 있다.

타인을 지도하고 통솔하는 결정권이 있는 일, 조직의 외형을 크게 확장하는 일, 팀과 업무 영역에 대한 책임감과 권한이 확실한 일, 현장직이나 신규 사업 혹은 프로젝트에 대한 완성도와 추진력이 있다. 다만 타협성이 없기 때문에 남의 의견을 존중하지 않고 추진하고, 한쪽에 지나치게 편중되어 몰입할 수 있다. 경쟁심이 강하여 타인에게 지기 싫어하는 유형으로, 실행력이 강하며 현실주의자 성향이 강한 편이다.

수익성이나 성장성이 저조한 경우, 성장전략을 시도하는 기업이나 신사업을 정착화하는 현장 경영자로서의 성공 사례가 많다. 장시간에 걸쳐 추진해야 하는 일이나 한곳에 앉아서 하는 일, 특히 남 밑에서 일하거나 사람들에게 친절하게 대해야 하는 업무에는 적합하지 않다.

| 둥근형 얼굴 : 사교형 |

얼굴이 둥글면서 살집이 좋고 이마도 둥글고 눈도 뚜렷하고 크다. 귀 역시 두텁고 둥글며 귓불이 크다. 코도 두툼하고 코끝이 둥글다. 콧방울은 양쪽으로 퍼져 있다. 눈꺼풀에 살이 많고 입술이 두툼하며 턱은 둥글고 살집이 많다.

얼굴에 탄력이 있으면 성격이 좋다. 그러나 피부에 탄력이 없으면 성격에 주체성이 없어서 물에 물 탄 듯 술에 술 탄 듯하다. 사교적이고 친절하고 동정심이 있어 대인관계에 갈등이 없다. 외부 자극에도 유연하게 반응해 스트레스를 크게 받지 않는다.

이상적인 것보다 현재의 일이나 대인관계를 중시하는 현실감각이 있다. 쉽게 열중하고 너무 빨리 식어버리는 유형이다. 일에 대한 순서와 질서가 없이 어지럽고 약속을 어길 우려가 다분하다. 원칙 중심의 사고력이 부족하고 정에 약해 순리를 거스르기 쉽다. 사람과 접촉하는 업무에 적합하다. 이러한 사교형은 적응력이 높다는 점이 최대 장점이나, 반대로 단순 사무는 쉽게 싫증을 내고 변화와 변덕이 많다는 치명적 약점도 있다.

정에 의존하는 성향이 많고 관계 역량이 높기 때문에, 고객 심리를 간파하여 마케팅이나 영업전략을 세우고, 고객 접촉 빈도를 높이는 데 활용하면 단기 성과 목표 달성에 크게 기여할 수 있다. 회사를 알리는 홍보 업무나 기발한 아이디어가 요구되는 마케팅, 이벤트 부서, 사람들을 많이 만나는 세일즈, 고객 상담 업무 등에 유리하다. 그뿐만 아니라 기업이 갈등 상황에 놓여 있을 때 경영자와 노조 간의 해법을 찾는 일에는, 인간적 유대가 풍부한 사교형 활용이 가장 적합하다. 그러나 사람들과의 교류 없이 혼자서 일해야 하는 환경을 무척 답답해한다. 냉철한 판단력이나 맺고 끊는 결단력이 없고 정에 약한 특징이 있다. 감성적 성향으로 싫증이 빠르고 변덕이 많아서 굴곡이 많음에 유의할 필요가 있다.

| 마름모형 얼굴 : 진취형 |

이마가 좁고 광대뼈가 돌출해 두드러져 보이고 아래턱은 뾰족한 얼굴이 이 유형의 특징이다. 눈꼬리가 약간 위로 올라간 듯한 일자형 눈매이다. 눈빛은 날카롭고 단호한 느낌을 풍긴다. 얼굴이 사뭇 긴장돼 보이며 다소 세련미가 없는 마름모꼴 얼굴형이다.

중부가 옆으로 퍼지고 발달하여 실행력이 높다. 특히 굳센 의지와 부지런함으로 계획된 임무를 완수하는 책임감이 강한 반면에 너무 고집이 세고 자기주장이 강해서 가끔 주위로부터 고립될 단점이 있다. 자존심과 명예욕이 대단하고 인내력과 실천력도 있다. 그런 만큼 자존심을 지키려 노력하는 덕분에 허점을 잘 보이지 않고 자기관리가 철저하다.

명예욕이 강하여 목표에 대한 달성 의욕이 지대하고 이루려는 의지가 높다. 고집이 있고 자기 기대와 어긋나면 잘 삐치고 자기 계산 능력이 강해서 사교 면에서는 매끄럽지 못하고 실속이 없는 경우가 많다. 자기 자존심과 위상을 강조하는 만큼 남을 배려하거나 헌신하는 면이 적다. 뜻대로 이뤄지지 않으면 신경질과 짜증을 내고 자기를 심하게 탓하는 성향이 있다. 특히 직장에서 자기 소신과 자존심만 내세우면 동료들에게는 따돌림을 받아 유아독존형이 될 수 있고 부하가 따르지 않아 고위직일지라도 외롭게 지낼 수 있다. 이런 유형은 포용력을 발휘하여 자신의 의견과 상충되더라도 먼저 경청하고 상대방을 이해하고 존중하면, 소신 있는 친구나 상사로 인정받을 수 있다.

진취형의 얼굴은 아름다운 인상이나 정감을 주지는 못하는 경향이 있다. 따라서 겸손한 자세로 남을 대하고 처세해야 하며 더불어 함께하는 습관을 길러야 사람이 모여 운이 열릴 수 있다. 두뇌에 의한 사무직보다는 활동성이 강하면서 통제와 간섭이 적어 자존심을 지킬 수 있는 엔지니어 계통의 현장 업무가 맞다. 또한 공정하고 객관적 원칙이 있는 일, 꼼꼼하고 치밀한 마인드가 필요한 일, 환경이나 시스템을 더 발전적으로 개선하는 일 등에 적합하다. 한편, 사고력을 요하고 전략 대안을 수립하는 일에는 부적합하다. 친절하게 응대하는 일, 대인관계 역량을 요하는 업무, 영업직이나 원칙 없이 자주 변하고 융통성을 발휘하는 업무 등은 적성에 맞지 않는다.

| 삼각형 얼굴 : 자수성가형 |

얼굴 전체 중에서 이마 부위가 매우 좁고 광대뼈 아래로 내려오면서 점차 넓어져 턱 부위가 매우 발달한 형태이다. 코가 굵고 콧방울이 퍼져 있으며 입은 크다. 흡사 삼각형을 바로 세워놓은 것 같은 얼굴형이다.

이마 부분이 좁아 두뇌에 의한 감각과 판단력이 취약하므로 창의력이나 전략에 의한 성취도는 기대하기 어렵다. 코, 광대뼈와 귀의 중간 부분이 돌출하고, 탄탄한 뼈대로 받친 얼굴형이라 자기주장이 강하고 고집이 세다. 그런 만큼 친화력을 부단히 키울 필요가 있다. 강한 얼굴형으로 인해 스스로의 체력과 의지력으로 자수성가하거나 현장 책임을 맡는 일과 자영업 등의 CEO에 적합하다.

소박하지만 착실하고 건실하게 살아가는 유형이다. 인정을 잘 베풀고 사교성이 있으며 정성을 다하여 사람을 대하므로 지도력도 있다. 품위 있고 재미있고 명랑한 성격이어서 누구든지 잘 따른다. 시작은 힘들지만 일단 시작하면 될 때까지 미련스럽게 물고 늘어진다. 끈기로 불가능을 가능으로 만들어 새로운 가능성을 창출해낸다. 적극적인 사람들 사이에서는 자신이 총대를 메고 뛰어다닌다.

늘 전체를 보려고 하므로 느리지만 남들이 보지 못하는 부족한 부분을 잘 찾아내고, 알게 모르게 일이 되도록 기여한다. 조화로운 팀워크를 통해서 하는 일, 갈등을 중재하고 성장을 돕는 일, 사람들을 만나는 활동적인 일, 단기간이 아닌, 장기적으로 꾸준히 하는 일 등에 적합하다. 그러나 머리를 쓰고 지식을 기반으로 한 시스템 개발이나 가만히 앉아서 하는 일, 경쟁 속에서 다른 사람에게 손해를 주거나 강요해야 하는 일을 어려워한다.

| 계란형 얼굴 : 끈기형 |

계란형 얼굴은 이마는 좁고 눈이 뚜렷하며 크다. 볼뼈는 조금 튀어나와 있다. 입은 보통 크기이며 위아래 입술이 같은 두께로 입술에 탄력이 있다. 코는 높고 콧등이 반듯하게 내려와 있으며 턱은 둥글고 가늘다. 미남 미녀가 많다.

두뇌가 명석하고 끈기가 있는 노력가이며 곤란을 참아낼 의지력도 충분하다. 기획과 아이디어를 내는 일에는 맞지 않으나 한 번 계획을 세운 일이나 정해진 일은 뒤처리까지 깔끔하게 해내는 유형으로, 인내심과 실행력이 뛰어나다.

온순한 것 같으면서 약간 차가운 성격이다. 또한 주관이 확실해 쉽게 분위기에 휩쓸리지 않고 대인관계에 안정감을 줄 수 있으며 통찰력과 기억력이 매우 좋다. 반면에 이기적 경향이 있고 내성적 성격의 소유자가 많으며, 신경이 예민하고 섬세한 면이 있어 고독을 즐기는 경향이 있다. 이성적이고 냉정하고 마음가짐이 강하다 보니, 복잡한 사건에 휩쓸려도 잘 처리해가는 능력을 갖추었고, 마음에 굴곡이 없는 편이다. 그러나 자존심을 상하게 하면, 마치 다른 사람인 것처럼 돌변해 화를 벌컥 내고 만다.

자신의 감각을 표현하는 일, 전에 없던 새로운 방법으로 진행되는 일,

업무 과정이나 방법에 자율적 권한을 행사할 수 있는 일에 잘 맞는다. 직접 발로 뛰고 사람을 만나는 홍보, 광고, 이벤트, 기획, 마케팅, 모델, 탤런트 등의 예술적 직업에도 적합하며, 기자 업무나 비서직에서도 능력을 발휘할 수 있다.

나는 강의를 위해 회사를 방문하면 부서별로 사람들의 얼굴 유형을 보곤 한다. 같은 얼굴 유형끼리 모인 부서도 있고, 각자의 장점을 섞으라는 듯 다른 얼굴 유형이 모인 부서가 있다. 이때 팀 리더의 얼굴을 보면 적재적소에 인재를 배치했는지 판단이 가능하고 그 회사의 앞으로 모습도 그릴 수 있다. 회사 대표들이 인상학을 알고 조금 더 자신의 재능을 발휘할 수 있도록 인재를 배치했으면 좋겠다.

03

부서별로 알아보는
적재적소 인사 배치법

1980년대 창립한 기업 중 창업주에게 기업을 물려받지 않고 매출액 1
조 원대 기업을 세운 곳이 있으니, 하림그룹과 웅진그룹이다. 웅진그룹
은 건설 회사 위기로 힘들어하고 있지만, 하림그룹은 선박운송 회사 팬
오션 인수로 대기업 반열에 올라갈 준비를 하고 있다.

하림그룹 창업주 김홍국 회장은 "좋아하는 일에만 집중하면 반드시
성공한다"고 강조한다. 어릴 적 병아리 열 마리로 시작해 좋아하는 일
에 집중하여 지금과 같은 기업을 일구었다는 이야기는 김 회장이 공공
연히 밝히고 있는 역사다. 어쨌든 하림그룹은 직무 부서를 옮기는 시스
템이 잘 갖춰진 회사로 알려져 있다.

김홍국 회장의 사례에서 드러나듯, 인사에서 가장 중요한 부분은 진
정한 인재를 발굴해 적재적소에 배치하고 동기를 부여하는 것이다. 이
때 더욱더 큰 인재로 성장시키기 위해 조직원의 타고난 얼굴 유형을 파

악하는 것이 중요하다. 경영자가 자신은 물론 직원들의 타고난 기질과 성향을 파악하지 못하면 언제나 자신의 스타일에 맞는 직원들만 눈에 찰 뿐이다. 그리고 자신과 성향이나 기질이 다른 직원들을 보면 답답해 하고 그들이 장점을 발휘할 기회를 제공하지 못하고 만다. 그러면 뛰어난 인재를 놓칠 수도 있는 것이다.

대부분의 기업은 입사 지원자의 과거 경력, 전공 분야, 학력 수준 등에 의존해 입사 여부를 결정해왔다. 하지만 자신의 경력과 타고난 재능이 맞지 않으면, 일을 잘 해내더라도 스트레스를 받고 결국 무기력해져서 생산성이 떨어지는 경우가 많다. 그러나 직원의 핵심역량에 맞게 적재적소에 인사 배치가 이루어진다면 그 직원은 물 만난 고기처럼 제 능력을 충분히 발휘할 수 있다.

구성원 개개인의 얼굴에 나타나는 성향과 기질에 따라 영업에 맞는 유형, 연구직에 맞는 유형, 서비스에 맞는 유형 등 여러 유형이 있다. 유형별로 어떤 핵심 역량을 갖고 있으며 그에 맞는 일은 무엇인지 알아보자.

| 전략기획직 |

대내외 경영 정보 수집 및 분석 자료를 관련 부서에 제공하고, 회사의 발전과 경쟁우위를 지속적으로 유지·발전시키기 위한 전략적 방향을 설정해야 한다. 이를 통해 관련 부서 업무 활동에 적용하고 진행하며 부서 간 업무 조율 관리 및 추진을 해야 한다. 이때 한발 앞서는 기획력, 전략적 사고, 창의성 등 뛰어난 아이디어를 가진 사람이 호평받는다.

턱이 뾰족한 역삼각형 얼굴 유형이 많은 편이다. 머리가 넓은 것은 두뇌 회전이 좋다는 뜻이고, 턱이 좁은 것은 생각을 많이 한다는 뜻이다. 이런 얼굴을 가진 사람은 지구력이 약하다는 단점이 있다.

M 자형 이마는 상상력과 집중력이 강해 아이디어와 창의력이 뛰어나다. 창의성을 살리기 위해 추진력이 있어야 하며, 내면을 뒤집어보는 관찰력이 필요하고, 끈질긴 지구력을 갖추어야 한다. 튀는 것을 좋아하고 모방을 싫어하며 자신의 고집으로 아성을 쌓아가는 데 뛰어난 기질을 발휘한다.

날카로운 눈빛이 중요하며, 눈매가 작고 날카로우면 보는 눈이 세심하다. 눈 좌우 길이가 긴 사람은 앞일을 길게 보고 계획을 짠다. 장기적인 전략을 짜야 하는 기획 업무에 잘 맞는다. 콧대가 서 있으면 자신감이 넘치고, 광대뼈가 꺼지지 않고 약간 튀어 나온 사람은 추진력과 자존심이 강하다. 입이 작으면 야무지고 끈기가 있다.

체형은 뼈가 가늘고 마른 듯한 사람이 상당수다. 전체에 대한 성격이 온순하면서 예민해 보이는 사람이 이 직업에서 일하는 경우가 많은 편이다.

| 광고·홍보·마케팅직 |

회사의 상품을 대중에게 알리고 권하며 홍보해야 하므로, 성격이 활발하고 적극적인 마음이 우선시된다. 열성과 성의 그리고 물러나지 않는 끈기를 필요로 한다. 파격적이며 외향성을 띠고 진취적인 성품도 있어야 한다.

이마를 너무 가리지 않아야 하며 눈이 큰 사람이 좋으나 눈이 작아도 마음을 크게 먹으면 된다. 둥근 눈썹은 사람들과 마찰이 없고 활발하며, 코의 아랫부분인 양쪽 콧방울이 큼직하고 힘이 있고 단단하면 적극적이다. 입이 크면 분발심이 있으며 입술이 얇으면 말을 잘하여 사람을 끈다.

광고 업계 종사자는 머리 모양이 앞·뒤·옆으로 동그란 경우가 많다. 이런 유형은 톡톡 튀는 아이디어가 많아 창의적인 일에 잘 맞는다. 눈이 앞으로 튀어나온 사람은 남이 생각하지 못하는 발상을 해낸다.

홍보 종사자들의 경우 눈매가 중요하다. 눈빛이 살기를 띠거나 흰자 위가 자주 보이면 좋지 않다. 눈 안에서 빛이 나는 사람은 상대방에게 호감을 줄 수 있다. 아랫배에서 묵직하게 올라오는 목소리를 내는 사람도 홍보 업무에 어울린다. 목소리가 걸걸한 사람은 카리스마가 있을지 몰라도 이 일에 맞지 않다. 활동적이고 적극적이며 추진력을 가진 능동적인 모습이 중요하다. 얼굴은 약간 각진 듯한 게 좋다. 눈이 커 시야가 넓다. 콧방울이 단단하고 입이 큼직하면 매우 적극적으로 활동할 수 있다.

얼굴이 작고 코와 입이 작으며 턱이 짧은 사람은 소극적인 데다 부끄러움이 많고 끈기가 없어 중도 포기를 쉬이 한다. 반대로 얼굴이 큼직하고 코와 입이 크고 턱이 튼튼하면 지구력을 갖고 열심히 뛰어다닌다. 콧구멍이 약간 보이고 입이 큰 사람은 활달하고 성격이 소탈해 홍보에 어울린다.

| 회계 금융직 |

야무지고 정확한 계산력을 발휘해야 한다. 특히 금융권 종사자는 남의 돈을 소중히 여기고 잘 관리해야 한다. 남의 돈을 관리하는 사람이 낭비가 심하게 생겼고 말을 쉽게 한다면 믿음이 가지 않을 것이다.

인상에서 명궁이 너무 넓고 코가 크고 큰 입을 가진 이는 돈의 씀씀이가 크다 할 수 있는데, 이는 대인관계가 너무 좋아 씀씀이가 많기 때문이다.

공사의 구분을 정확하게 하고 돈관리를 잘하는 유형으로는, 눈썹과 눈썹 사이의 명궁과 눈과 눈 사이의 미간이 약간 좁은 사람이 좋다. 그리고 눈이 또렷하고 코가 크지 않으며 정면에서 보았을 때 콧구멍이 보이지 않으면 함부로 행동하지 않는다. 콧구멍이 크며 콧구멍이 보이는 들창코는 기분파라 낭비벽이 있다. 수중에 돈이 들어오면 쓸데없는 물건이라도 사는 경향이 있어 저축하고는 거리가 멀다.

입이 작고 꼭 다물고 있는 사람은 야무지고 일 처리가 분명하다. 이런 업무에는 야무지고 정확하며 치밀하고 빈틈없는 모습이 중요할 수밖에 없다. 명궁이 너무 넓으면 씀씀이가 많아 불안감을 주므로 넓게 보이지 않도록 눈썹 앞머리를 1밀리미터 앞으로 모아서 그려준다.

| 기술 기능직 |

많은 시간을 투자할수록 빛을 발휘한다. 물론 산업화된 사회라 기계에 많은 부분을 의존하고 있지만, 그 기계를 만드는 것은 사람이다. 기술과 기능에 소질을 발휘하려면 느긋한 성격, 조상의 것을 아끼는 마음, 장인(匠人) 기질을 갖추어야 한다. 얼굴이 긴 사람이 끈기 있게 지속적인 품질 향상을 추구하려면 눈이 작고 가늘어야 세심하고 예리하다.

넓은 이마에 갈매기 날개처럼 양끝이 올라간 주름이 있으면 직감력이 우수하고 영리하기 때문에 새로운 기술을 창조하여 성공한다. 코가 길고 입술이 두툼하면 지구력이 강하고 끈질긴 성격이다.

기술 기능직 종사자는 세심하고 꼼꼼하며 끈질겨야 좋다. 관골이 튀어나왔다면 장인의 기질을 가지고 있으므로 노력 끝에 성공할 수 있다.

| 영업직 |

뺨에 살이 통통하고 광대뼈가 두드러지는 큰 얼굴이 적합하다. 적극적이며 대인관계가 좋기 때문이다. 보험 설계사들 중 이런 얼굴이 많다. 살집이 있으면 원만한 성격이다. 이목구비가 큼직하게 생긴 사람들은 대부분 성격이 활발하다.

눈이 크고 눈에 웃음을 머금은 듯한 눈매는 서글서글하고 친절하며 인정이 많아 보여 사람을 많이 끌어 모으는 인상으로 누구에게나 호감을 준다. 특히 입을 크게 벌린 후에 웃는 사람은 적극적인 성격의 소유자다. 약간 낮은 코에 코끝이 둥그스름해지게 생긴 인상도 사람을 잘 사귄다. 입꼬리를 약간 올린 듯한 미소 띤 얼굴과 입술 위 모양이 갈매기 날개처럼 생겼다면 언변이 좋다. 눈썹이 너무 짙으면 거부감을 주므로 진하지 않고 부드럽게 그려준다.

| 서비스직 |

성격도 무난해야 하지만 친절하면서 세심한 면도 있어야 한다. 이마가 넓으면서 눈이 크고 입이 크면 성격이 밝다. 서글서글한 눈매를 가졌다면 눈빛에서 인간적인 매력과 감성적인 느낌이 묻어나 주변에 좋은 사람이 따르게 마련이다. 고객의 불편을 요모조모 잘 살피고 마음을 편하게 해주는 유형이다.

서비스업 종사자들은 대개 코 높이가 낮다. 이 인상의 소유자는 남들 앞에서 자신을 낮출 줄 안다. 초승달 모양의 옅은 눈썹을 가진 사람도 서비스업에 잘 맞는다.

|연구직|

코끝과 턱이 뾰족한 사람이 상당수다. 이 인상의 소유자는 사람들과 어울리는 것보다 혼자서 연구하는 것을 좋아한다. 볼의 살이 적은 사람도 연구직에 잘 맞는다. 이마 상정의 추리력 및 직감력이 필요하다. 중정의 기억력은 그리 창조적이지 못하다. 네모난 이마는 연구심이 강하므로 이 분야에 적합하다. 네모 이마는 어떤 직을 수행하든 연구하는 자세로 접근하므로 꾸준히 발전하는 모습을 보인다. 연구에는 코가 높아 자존심이 강한 쪽이 더 잘 어울린다.

|총무 부서직|

종사자 중 넓고 각진 이마는 자기주장을 관철시키는 형이다. 일자형 눈썹은 꼼꼼한 성격과 강한 의지를 나타낸다. 일을 할 때 정확하게 보고 꼼꼼하게 살피면서 마무리를 잘하는지를 알려면 입을 본다. 우리가 생각하거나 집중할 때는 입을 꼭 다물고 있어 입이 작아진다. 입이 단정하고 윤곽이 뚜렷하면 작은 입이 적합하다.

부서 배치에 따라 직원이 발휘하는 능력은 천차만별이다. 이 특성을 이해하고 지금 있는 조직 부서와 배치를 곰곰이 생각해보자. 그리고 본인의 동의를 전제로 회사 발전을 위해 부서 이동을 추진해보자.

04

이 회사에
합격할 얼굴인가

취업 사이트 잡코리아가 면접관 경험이 있는 국내 거주 기업 인사 담당자 523명을 대상으로 '인상이 면접에 미치는 영향'에 대해 조사를 했다. 설문에 참여한 인사 담당자 가운데 98.1%가 '현재 근무하고 있는 회사는 사원 선발 시 지원자의 인상을 채용 기준의 하나로 고려한다'고 답했다.

업종별로는 고객을 직접 상대해야 하는 업무가 많은 교육 및 서비스 업종 분야가 96.8%로, 면접 시 지원자들의 인상을 고려하는 경우가 가장 많았으며, 다음으로 금융·보험업(95.1%), 유통·외식업(94.1%) 등의 순이었다. 반면, 제조업(73.4%), IT정보통신(77.0%), 기계·철강·중공업(76.7%) 등의 분야에서는 지원자의 인상 반영률이 가장 낮았으며, 이 외에 건설업(81.3%), 전기·전자(83.8%)도 타 업종에 비해 낮았다.

또 실제 '면접 시 지원자의 인상 때문에 감점을 준 적이 있는지'에 대

해 조사한 결과, 조사 대상 인사 담당자 76.3%가 '감점을 준 적이 있다'
고 답했다.

면접 시 감점을 받은 남성 지원자의 구체적인 얼굴 특징을 보면 눈빛
이 흐린, 즉 멍한 눈빛의 지원자가 69.7%로 가장 높았다. 다음으로 사나
운 눈매(날카롭고 매서운 눈매) 52.9%, 무표정(표정 변화가 없고 웃음기 없
는 얼굴) 52.4%, 미간을 찌푸린 얼굴(찡그린 얼굴) 52.1%, 단정하지 못한
머리 모양(긴 머리, 정리 안 된 머리) 46.6%, 눈을 잘 마주치지 못하는 지원
자 43.9%, 지저분한 피부(거친 피부와 흉터) 20.8% 등의 순이었다.

지원자의 인상을 보는 이유로 1위는 사람 됨됨이를 파악하기 위해서
라는 응답이 66.2%로 가장 많았다. 17.3%는 '회사 또는 경영자와의 궁
합이 좋은 사람을 채용하기 위해'라고 답했다. 또한 회사에 해를 끼칠
까, 운이 좋은지, 체력이 좋고 건강한지를 보기 위해서라는 답이 그 뒤
를 이었다.

그렇다면 면접관들은 어떤 얼굴을 선호할까?

이마의 중앙은 직업과 출세 관운을 보는 곳이다. 이마가 넓으면 총명
하고 두뇌 회전도 빨라 윗사람들이 좋아한다. 이마의 양옆이 각이 진 사
각형 이마는 실행력이 뛰어난 사람이다. 둥글고 튀어나온 이마는 센스
와 붙임성이 있다. 이마는 너무 좁으면 답답해 보이고, 고지식하고 성격
이 급해 보인다. 손가락 세 개를 옆으로 하여 눈썹까지 이마에 대었을
때, 그 이하라면 이마 언저리의 머리카락을 조금씩 뽑아주어 이마가 넓
어 보이게 하라. 시간이 지나면 자연스런 피부처럼 보인다. 이마는 늘
깨끗하고 환하게 표현하는 게 좋다.

눈썹은 대인관계의 운을 상징하며 사람의 눈에 가장 잘 띄는 부분이다. 눈썹이 짙으면 에너지가 넘쳐서 리더십이 있으며 옅으면 자기가 직접 수행하기를 좋아한다. 가늘고 부드러운 눈썹은 몸도 약하고 섬세하므로 사무직이 적합하다. 성품을 구분하는 부분이므로 정갈하면서도 너무 진하거나 연하지 않도록 관리하는 게 좋다.

눈보다 조금 길게 그려 편안한 인상을 만들면 상사와의 마찰을 피하고 조직생활을 순탄하게 할 수 있다. 눈썹과 눈썹 사이가 좁아지면 미련한 이미지를 주기 때문에 검지와 중지가 들어갈 정도로 사이를 띄어주는 것이 좋고, 눈썹산을 아치형으로 만들어 발랄한 느낌을 주는 것이 중요 포인트이다.

《채용면접기술》의 윤광희 작가는 '지원자의 눈은 지원자의 생명이며 그 사람의 성품을 나타내고 자신감을 판단할 핵심 포인트'라고 하였다. 눈은 빛이 생명이며, 눈빛에 생기(生氣) 에너지와 자신감이 고스란히 나타나기 때문이다.

눈빛의 색깔이 맑으면 마음도 맑다. 얼굴과 조화롭고 선한 눈은 성실하고 좋은 인성으로 평가한다. 반면 눈을 자주 깜박이면 성미가 급하고 서두르는 성격으로 판단하며, 면접관을 외면하는 눈은 진실성이 없다고 본다. 눈을 아래로 향하고 있으면 심성이 여리고 집중력이 약하다. 다른 곳을 자주 응시하거나 두리번거리면 산만한 형으로 평가한다.

눈은 눈빛과 눈동자의 위치가 중요하다. 눈동자가 중앙에 위치하고 눈빛이 강하고 안으로 감아들도록 평소에 좋은 생각을 많이 해야 한다. 큰 눈은 상황 판단이 빠르고 통찰력이 있어 문제 해결이나 상황에 대응하는 능력이 뛰어나다. 작은 눈은 인내심이 강하고 끈기 있고 부지런하여 공무원 조직, 기업체에서 성실한 실무형으로 인정을 받는다. 열정적으로 말하는 사람은 순간적으로 동공이 확대되며 눈빛이 반짝거린다. 면접에서도 그 회사에 대해 치밀하게 준비하고 열의를 보이는 사람은 표정부터 다르다.

눈썹과 눈썹 사이의 미간이 넓은 사람은 통이 크고 시원스러운 성격이다. 항상 맑고 깨끗해야 좋은 운을 받을 수 있는데 앞머리를 내려 가리지 않도록 하는 것이 중요하다.

눈썹과 눈 사이, 즉 전택궁이 넓으면 전략을 쓰는 사람이다. 일단 기다려본 후에 행동을 취하는 느긋한 성격으로, 일일이 따지기보다는 직감적으로 상황을 파악하는 능력이 있다. 자신이 하는 일에 창의적이고 아이디어를 잘 만들어내는 편이며 조직 내에서는 기획 부서에 적당하다. 눈썹과 눈 사이가 좁으면 기다리기보다는 먼저 행동해버리는 유형이다. 행동이 민첩하고 예리하게 따지는 면이 강하다. 상대의 본심을 하나하나 따지고 상황 변수를 놓치지 않고 꼼꼼히 챙긴다. 조직 내에서는 관리 부서가 적당하다. 상황이 어려워지면 주위 사람에 대해 의심을 하고 따지는 경향이 있다.

얼굴의 중심 부위인 코는 실행력을 나타낸다. 아무리 좋은 두뇌를 가지고 계획하더라도 그것을 실행으로 옮겨 완성시키는 데는 코가 중요한 역할을 한다. 코가 높은 사람은 자존심이 강하다. 코가 낮은 사람은 자신을 낮추는 형으로 타협적이고 실리 위주이며 지시받는 일이나 정형화된 일을 좋아한다. 코가 길면 융통성이 없고 고지식하나 자기관리를 잘하며 책임감도 있다. 코가 짧은 사람은 성격이 급해서 일을 빨리

처리하고자 하며 판단이 빠르고 결단력이 있고 융통성이 있고 겸손하여 서비스업종에 잘 맞는다. 코의 시작 부위는 선명하고 밝은 인상을 줄 수 있도록 하이라이트로 음영을 표현해 높게 보이지 않도록 하는 것이 좋다.

귀는 정보를 판단하고 활동하는 안테나, 즉 레이더 역할을 하고 활용 능력을 의미하므로, 얼굴 정면에서 볼 때 양쪽 귀가 보이지 않는 사람은 엔지니어와 사업가적 자질이 있다. 귀의 상부가 날카로우면 이성적이고 창의력이 있다. 귀의 중간 부분이 튀어나오면 고집이 세고 남에게 지기 싫어하며 튀는 기질이 있다. 귓불이 늘어져 있으면 인맥을 중시한다. 헤어스타일을 귀가 잘 보이도록 신경 써서 면접관에게 신뢰감을 높이도록 한다.

입이 큰 사람은 포부가 크고 체력이 좋아 실행력이 뛰어나다. 그래서 큰일을 도모하고 목표를 잘 달성한다. 입이 작은 사람은 소심하고 신중하여 관리 혹은 참모 보좌역이 잘 맞는다.

치아가 고르지 않거나 돌출입이거나 웃을 때 잇몸이 보이는 경우, 자신감 있게 웃지 못하고 어색하게 웃는 지원자들이 있다. 면접을 볼 때마다 잇몸에 신경을 쓰느라 입을 억지로 다물어 굳은 표정을 짓기도 하는데 면접관은 구직자의 외모 자체를 보는 것이 아니라 그 사람의 자세와 태도를 본다는 점을 기억하기 바란다. 콤플렉스 때문에 자신감 없고 어색한 모습을 보여주기보다는 차라리 그것을 당당하게 드러내면서 자신을 어필하는 모습을 보여준다면 면접에서 좋은 점수를 얻을 수 있다.

입 모양은 입술관리를 통해 만들 수 있다. 양쪽 입 끝이 약간 올라간 듯한 표정이 걱정 없어 보이고 밝은 인상을 주므로 입술 올리기 연습을 많이 하는 게 좋다. 크고 선명한 입술은 야망과 꿈이 크고 리더십이 있음을 나타내므로, 립라이너를 이용해 크고 또렷하게 그려준다. 입이 얇고 작으면 소심한 성격을 나타내니, 면접을 볼 때에는 입술을 또렷하고 입체감 있게 보이는 것이 좋다. 입술은 윗입술과 아랫입술의 비율이 1:1.5가 되어야 밝고 명랑한 이미지를 줄 수 있는데, 여기에 각이 살아 있는 입술이라면 총명한 이미지까지 줄 수 있다.

턱이 둥글고 살이 풍부하면 성격이 온화하며 포용력이 있어 남을 잘 돕고 보살핀다. 모든 사람에게 신뢰를 얻어 많은 사람이 따르는 유형이다. 턱이 V 라인이면 남과의 관계에서 도움을 받기보다 자신의 뛰어난 능력을 발휘하여 혼자 힘으로 길을 찾는 것이 좋다.

면접 시 시선은 면접관의 눈과 눈 사이를 보는 게 좋다. 그렇다고 면접관 한 명만 뚫어지게 바라보는 것은 옳지 않다. 지나치게 도전적인 이미지를 주기 때문이다. 질문을 한 면접관을 3초 정도 본 뒤 다른 면접관에게 시선을 천천히 옮기면서 대답하는 것이 바람직하다. 말을 하지 않을 때는 입을 다물고 '음' 하는 소리를 내듯이 입꼬리를 살짝 올린 상태를 유지한다. 이 표정은 상대방에게 긍정적 생각을 하는 사람이라는 인상을 준다.

면접에서 제스처는 과하게 쓰면 안 되고 모든 행동을 절도 있고 부드럽게 해야 한다. 몸의 방향이 항상 면접관을 향해야 하고 고개를 끄덕이는 등 공감을 표하는 제스처가 바람직하다. 반대로 손으로 턱을 괸다든지 손을 입으로 가져가는 행위, 불안정하게 눈을 계속 움직이는 것은 면접관에게 불안감을 주고 거짓을 이야기하는 것처럼 느끼게 할 수 있으므로 삼간다.

면접에서는 면접관에게 자신의 존재를 확실히 알려야 한다. 짧은 면접 시간을 최대로 활용하려면 본인이 이야기할 것이 무엇인지를 알고 있고 또한 분명하게 전달해야 한다. 본인의 강점을 분석하고 매일 거울을 보고 연습하자. 취업 전 과정인 면접, 미소로 여유와 자신감을 잃지 않는 것이 좋다.

Part 4

유명인으로 보는
얼굴의 특징

01

노무현 전 대통령의 관골

내가 메이크업 아티스트로 일하던 시절, 2001년 대통령 선거 당시 TV 토론회에 출연하는 노무현 전 대통령 분장을 해드린 적이 있다. 내가 기억하는 그 당시의 노무현 전 대통령은 편안한 얼굴에 소탈한 동네 아저씨 같은 인상이었다. 분장을 할 때 얼굴에 유분이 많아 기름종이로 피지를 제거해드렸다. 피부가 다른 사람에 비해 두껍고 얼굴에 깊은 주름이 많았다.

천만 관객의 영화 〈변호인〉은 실제로 노무현 전 대통령이 변호사 시절 겪었던 부림사건이 모티브다. 지방 상업고등학교 출신의 노무현 전 대통령은 독학으로 고시에 합격해 인권변호사로, 1980년대 민주화 운동에 투신한 변호사로 젊은 시절을 보냈다. 부산에서 인권변호사를 하던 30대 후반과 40대 초반은 여권이 열악했던 당시로, 고민과 스트레스 때문에 뺨에 살이 없는 관골만 솟아오른 마름모형 얼굴이다.

노무현 전 대통령은 청문회 스타로 화려하게 등장했다. 당시 국회의원이었던 그는 5공 정권의 전두환 전 대통령 청문회에서 자신의 명패를 던져버림으로써 화가 난다는 표현을 했다. 당시 나는 새도 떨어뜨린다는 권세를 등에 업고 대통령직을 역임한 사람 앞에서, 그것도 군부 세력의 의리가 여전히 펄펄 살아 있는 마당에 말이다. 어지간한 사람으로는 절대 나올 수 없는 행동이었다. 그때 노무현 전 대통령의 얼굴 좌우에는 들쑥날쑥한 형태로 높낮이가 보였다.

좁은 이마, 이마의 한 줄 주름(人紋), 튀어나온 관골, 크게 높지 않으면서 튼실한 코, 큰 입이 노무현 전 대통령 얼굴의 특징이다. 조상이나 윗사람들의 음덕보다는 본인 스스로의 노력으로 대통령의 자리에까지 오른 입지전적인 자수성가형이다. 좁고 편편한 이마의 일자형 주름은 강한 힘을 발휘하면서 주변 사람들에게 신망을 얻음과 성공함을 상징한다. 눈썹 사이에 세로로 난 주름은 느긋하거나 낙천적이지 않고 고뇌하며 살아온 세월의 흔적으로 본다. 세로 주름은 깊은 생각을 하면서 저돌적으로 밀기 때문에 진보주의 386세대의 힘이 그에게 쏠린 것이라고 볼 수 있다.

노무현 전 대통령은 이마에 천문(天紋, 부모나 윗사람과의 관계를 보는 부분)과 지문(地紋, 자녀나 부하, 수하 등 아랫사람과의 관계를 보는 부분)이 없다. 그러다 보니 재임 기간 중에도 탄핵을 당하거나 수모를 겪고, 당이나 노장 세력의 지지를 받지 못하는 등 고립무원이었다. 다행히 노사모를 위시한 국민의 성원으로 그 생명을 이어갈 수 있었다. 그의 이상은 높고 고결하였으나 위아래의 뒷받침이 없어 전체적으로 약한 기운이 이마에 새겨졌고, 퇴임 후에는 주변 인물들의 실수로 겪지 않아도 될 불운을 겪게 된 듯하여 아쉬움이 남는다.

동양학자 조용헌 박사는 《조용헌 살롱》에서 노무현 전 대통령의 기질을 이렇게 말했다.

노 대통령이 타고난 원초적 기질은 '전이불항(戰而不降)'이다. '싸움이 붙으면 항복하지 않는다'가 전이불항이다. 노 대통령은 일단 전투가 벌어지면 후퇴하거나 중간에 협상을 하지 않고 앞으로 돌격하는 스타일이다. 정면 승부를 즐기는 기질이라고나 할까.

정치의 미학은 협상과 타협에 있는데, 노 대통령은 정치인이면서도 협상과 타협 쪽보다는 정면 승부를 즐겨 택하는 경향이 많았다. 그의 정치 이력을 돌이켜 보면 인생의 고비마다 전이불항의 연속이었다. 3당 합당에 불참한 일이라든지, 떨어질 줄 알면서도 부산에 계속해서 출마한 일을 꼽을 수 있다.

결정적으로는 2004년에 벌어진 탄핵 사건이다. 보통 정치인 같으면 이 상황에서 적당히 양보하면서 타협책을 찾았을 텐데, 그는 탄핵 정국에서도 건곤일척(乾坤一擲)의 승부를 걸었다. 이 점이 참 특이하다. 하지만 이제까지의 결과는 성공이었다. 대통령이 되었고, 탄핵 정국을 돌파하면서 불리했던 상황을 한번에 역전시켰으니 말이다.

노무현 전 대통령은 참여정부에서 온갖 수난을 겪고 보수신문들이 이런저런 트집을 잡는다며 임기 내내 기분 나쁘다는 것을 표현했다. 그의 특유의 저돌성은 어디서 나오는 걸까? 바로 둥글고 큰 관골이다. 관골이 푹 꺼진 사람도 있고 너무 나온 사람도 있으며 관골이 좁게 자리 잡은 사람도 있다. 관골은 광대뼈라 부르는 곳으로 강한 명예욕을 나타낸다. 관골이 정면으로 나오면 에너지가 왕성하고 성미가 급하고 하고 싶은 이야기를 하는 성격으로, 적극적이며 의지가 강해 남과의 다툼이 잦을 수 있다.

노무현 전 대통령 관골은 코에 비해 높은 편이다. 자존심이 강해서 다른 사람들에게 비판을 받으면 무척 견디기 힘들어하는 성격이다. 고달픔이 엿보이는 모습이기도 하다. 코가 임금이면 관골은 신하다. 관골에 비해 코가 약하니 부하의 기세가 주인을 누르고 있다. 그러나 적당히 자리 잡고 그것이 튼튼하게 받쳐주어 뚝심과 오기가 숨어 있다. 칭찬하면 몸이 부서져라 잘하지만 명예에 손상을 입으면 언론과의 전쟁도 불사하는 스타일도, 그의 큰 관골을 보면 이해가 된다. 그래서 그런지 임기 말까지 자기가 하고 싶은 말이나 행동을 전혀 주저하지 않았다.

관골이 나온 사람은 턱에서 그 마무리를 짓게 된다. 다시 말하면 턱이 두툼하게 생기고 그것을 받쳐주면 관골이 드러나지 않고 오히려 숨어 지내면서 그 나름대로 내공을 가지게 되는 것이다. 그러나 명예를 상징하는 광대뼈가 좋고 정력적이나 턱이 강하지 않다. 만사형통할 때는 무난하게 넘어가도 위기가 오면 부족한 턱 부분에서 문제가 발생한다.

마름모형 얼굴은 승부욕이 강하고 자존심이 세며 사리 판단력이 좋다. 목표를 높게 둘 경우 크게 성공하나 마름모형은 만년이 편치 않다. 얼굴이 푸석푸석해 보이고 탄력이 없고 얼굴에 어두운 색이 보이면 구설이 있거나 좋지 않은 일이 생길 징조이다. 대통령에 취임할 때는 특별히 분장을 하지 않아도 화사하게 화색이 돌았다. 그러나 퇴임 후 정치적 입지가 어렵거나 구설이 있는 경우에는 얼굴의 찰색이 좋지 않게 변했다.

퇴임한 지 14개월여 만에 결국 스스로 생을 마감한 노무현 전 대통령. 그의 삶은 '정치 풍운아'라는 이름답게 극적이며 질곡이 가득한 한 편의 드라마였다. 그의 삶이 드라마 같기에 인상학에서 노무현 전 대통령을 많이 다룬다. 어찌 되었든 우리나라 역사에 다시 나올 수 없는 인물임은 확실하다.

02

마이클 잭슨의
코

여섯 살 때 그룹 잭슨파이브의 리드 싱어로 데뷔해 팝의 황제로 군림한 마이클 잭슨. 1979년 솔로 데뷔 앨범 '오프 더 월(Off The wall)'로 700만 장이라는 판매고를 올리며 톱스타 대열에 합류한다. 1982년 마침내 대박을 터뜨리며 세계적 스타, 즉 '팝의 황제'로 군림하기 시작한다. '스릴러(Thriller)'는 발매 당시 37주 연속 빌보드 차트 1위는 물론 무려 80주 동안 톱10 안에 올랐다. 이후 1990년대에도 '데인저러스(Dangerous)' 등을 히트시키며 팝계의 최고 스타임을 재확인했다.

마이클 잭슨은 브룩 쉴즈와의 열애 및 결별, 엘비스 프레슬리의 딸이자 가수인 리사 마리 프레슬리와의 결혼과 이혼 등 연애사에서도 결코 평탄하지 않은 삶을 살았다. 또한 뜻하지 않게 아동 성추행 사건에도 휩싸였다. 하지만 이러한 각종 구설수에도 불구하고 팝의 황제로서의 그의 입지는 여전했다.

영화 〈미녀는 괴로워〉에서 주인공 한나가 전신 성형수술을 받은 뒤 붕대를 풀었을 때 담당 의사는 다시 붕대를 감으며 말한다.

"코는 인간의 얼굴 한가운데에서 좌우 균형을 맞추는 축 역할을 한다. 조금이라도 비뚤어지거나 휘어 있으면 얼굴 전체가 제 빛을 내지 못한다."

코는 눈이나 입처럼 표정을 인위적으로 표현할 수 없는 기관이다. 얼굴 중앙에서 지렛대와 같은 역할을 하고, 집에 비하면 대들보나 기둥과 같으므로 코는 곧게 이어져야지 비뚤어지거나 콧등에 각이 져 있으면 안 된다. 성형에서 가장 중요한 포인트는 균형과 조화다.

소년 시절의 마이클 잭슨 코는 준두(코끝)가 튼실하게 살집이 있었고 좌우 콧방울은 둥글고 탄력 있게 생겨 주먹코처럼 견실한 모습의 복코였다. 그런데 낮고 큰 코가 콤플렉스였던 마이클 잭슨은 사춘기 시절 긍지와 자존심이 실린 콧등의 우뚝한 콧대와 코끝을 붕괴시켜버렸다.

좌우 콧방울은 재물을 보관하는 금고라 하여 금갑(金甲)이라고도 하는데, 재물 창고이며 배우자운도 함께 담겨 있는 곳이다. 그런데 마이클 잭슨은 처음 성형수술을 받은 후 그 부작용으로 점점 얼굴이 변해갔고 정상적인 사람들의 코와 달리 살집이 없고 뾰족하게 들린 코가 되어 얼굴의 조화가 완전히 깨져버리고 말았다.

거기에다 사진에 찍힌 마이클 잭슨의 귀 모양을 보면 예전보다 전체적인 크기가 눈에 띄게 작아져 있고, 모양도 상당 부분 변형되어 있다. 그 때문에 마이클 잭슨이 귀까지 성형했나 하는 의문이 제기되었다. 이에 대해 성형외과 전문의들은 마이클 잭슨이 코 성형을 위해 귀의 연골을 여러 번 잘라냈기 때문에 귀 모양이 일그러졌다는 분석을 내놓고 있다.

어쨌든 마이클 잭슨의 변형된 귀를 보고 있으면 '혹 떼려다 혹 붙인 격'이라는 말이 저절로 떠오른다. 코 모양은 바로잡혔지만, 귀는 머리카락으로 가리고 다녀야 할 만큼 변형이 심했기 때문이다. 마이클 잭슨의 경우는 부작용이 심해 1차 시술로는 복원할 수 없었을 것이고, 이 때문에 과도하게 귀 연골을 채취해 반복 시술한 것으로 보인다. 특히 한두 번의 코 수술로는 이 지경까지 올 수 없다는 게 다수 전문의의 설명이다. 마이클 잭슨의 코를 보면 콧대는 높은데, 코끝이 무너지고 짧아져 있음을 확인할 수 있다.

새 음반을 발표할 때마다 그의 얼굴은 조금씩 달라졌다. 뭉툭했던 콧날을 좁고 오뚝하게 세우고, 턱과 입술, 이마에 피부색까지 손을 대면서 창백한 백인의 모습으로 바뀌었다. 가수생활 30년 동안 마이클 잭슨은 적어도 100번의 성형수술을 받은 것으로 알려졌다.

백인이 되고 싶었던 마이클 잭슨은 무리하게 코를 높이려다 자신의 운명에 영향을 미친 큰 문제를 야기했다. 코 성형의 가장 중요한 진실은 무리하게 높이기보다는 자기 얼굴과 균형이 맞고 조화롭게 해야 한다는 점이다. 코는 자기 위상이며 자기 자신을 상징한다. 그런데 치솟는 인기와 주체하기 힘들 정도의 부를 누리는 전성기에 때맞추어 제 코끝을 성형으로 잘라버렸다. 자신에게 칼을 겨눈 것과 같다. 나 자신을 낮추고 깎아버렸으니 주변으로부터 기가 눌린 것이다. 얼굴 면적에 비해 코가 지나치게 작거나 휘거나 혹은 결함이 있으면 주변 환경에 휘둘려 화려한 무대와는 거리가 멀어지기에 재물은 바닥을 치고 온갖 불운을 겪게 된다.

세계 최고의 부자 워런 버핏, 카를로스 슬림은 모두 백인이다. 그러나 이들은 흑인의 외모였던 마이클 잭슨의 청년기의 코보다 더 크다. 코는 돈이 들어오는 금고다. 재물과 비단이 들어오는 곳이라 하여 재백궁이라고 한다. 재물은 수명을 관장한다. 즉, 잘난 코를 깎아내리면 재물은 물론 목숨도 깎이는 것이다.

지난 2009년, 마이클 잭슨의 죽음이 잦은 성형수술에 따른 우울증과 각종 후유증 때문이라는 지적도 제기되면서 팬들의 안타까움은 더욱 컸다. 마이클 잭슨은 분명히 한 시대의 위대한 음악가였지만 성형을 통해서 관상이 나빠지는 방향으로 변한 대표적 사례이다.

03

프리다 칼로와 재클린 케네디 오나시스의 명궁

운명은 있다고 생각하는가? 자신의 뜻과는 전혀 상관없이 이미 정해져 있는 운명 말이다. 여기서 소개할 여인은 운명처럼 화가가 된 멕시코의 초현실주의 화가 프리다 칼로로, 그녀의 얼굴 중 명궁을 보고자 한다.

그녀는 여섯 살에 소아마비를 앓고 열여덟 살에 끔찍한 교통사고로 온몸이 부스러져 생명조차 장담할 수 없었다.

"하지만 나는 죽지 않았다. 살고 싶었고, 깁스를 하고 누워 있는 것이 끔찍하게 지루해서 무엇이든 해보기로 했다. 나의 그림은 그렇게 시작되었다."

그림을 통해서 멕시코의 혁명파 화가 디에고 리베라를 만나고 스무 살 연상인 그와 결혼했다. 1938년 디에고 리베라의 지원으로 멕시코 화단에 등단한 그녀는 1939년 파리에 진출하여 칸딘스키, 피카소, 뒤샹과 교류하였다. 그녀의 그림은 남미 화가로는 최초로 루브르 박물관에 소장되었다.

디에고의 끊임없는 외도로 고통받다 이혼하고 비로소 그녀만의 색깔을 지닌 화가로 다시 태어났다. 육체적 고통, 상처받은 사랑과 고독, 세 번의 임신과 유산 등 불행은 그녀에게 치열한 창작의 원동력이 되었다. 그녀의 그림은 자화상이 많았는데, 그 이유로 그녀는 "나는 혼자일 때가 많았고 내가 가장 잘 아는 소재가 바로 나이기 때문이다", "울고 싶을 때면 우는 대신 차라리 울고 있는 내 모습을 그렸다" 등의 말을 했다.

1953년 멕시코에서 열린 첫 개인전 때 그녀는 의사의 만류에도 불구하고 참석했다. 그녀의 고집으로 침대를 통째로 옮겼다. 그녀는 마지막이 다가오고 있음을 알고 있었을까? 1954년 7월 13일 새벽, 폐렴까지 얻어 고생하던 프리다 칼로는 자신이 태어났고 평생 살았던 멕시코의 푸른 집에서 그녀의 고통을 끝냈다. 자신의 죽음을 예견한 그녀의 마지막 일기에는 이렇게 적혀 있었다.

'내가 떠나는 이 외출이 행복하기를 그리고 다시 돌아오지 않기를.'

유러피언에 가까운 미모의 소유자였던 그녀는 여인으로서의 과장된 미모를 부정하며 면도하지 않은 자연스러운 얼굴을 유지했다. 그 결과, 그녀의 트레이드 마크인 콧수염과 '순악질 여사'를 떠올리게 하는 가운데가 이어진 짙은 눈썹을 가지게 되었다. 또한 자랑스러운 맥시코인임을 강조하기 위하여 현대적 의상보다 맥시코 고유 의상을 고집했다.

프리다 칼로의 얼굴 중 두드러진 부위는 검고 진한 눈썹으로 거의 닿을 것 같은 명궁, 즉 눈썹과 눈썹 사이의 미간이라고 부르는 곳이다. 영락없이 쓰리랑 부부의 김미화 씨가 일자 눈썹으로 붙이고 나오는 검은

테이프다. 그녀는 자화상마다 눈썹과 눈썹이 완전히 붙은 모습으로 자신을 표현했다.

우리가 흔히 쓰는 '미련하다'는 표현은 명궁의 모습을 보고 말하는 것이다. 미련은 눈썹 미(眉)에 잇닿을 련(連)을 쓴다. 즉, 눈썹이 이어져 연결되어 있을 때 미련하다고 하는 것이다. 사람의 운명을 가늠할 때 무시할 수 없는 중요한 자리인 명궁은 희로애락을 비롯한 감정의 기복을 모두 보여주며 중요한 기운을 띠고 있다. '행운이 들어오는 대문'이며 얼굴에서 눈에 가장 띄는 곳으로, 심성과 덕성을 알 수 있는 '제3의 눈'이라고도 한다.

프리다 칼로는 쓸데없는 잔걱정이 많았다. 걱정거리를 늘 갖고 있거나 고민이 많다는 것은 긍정적으로 생각하기보다는 부정적 사고방식을 가지고 있다는 의미이겠다. 부정적 생각(걱정)을 습관적으로 하다 보면 잘 풀릴 일도 꼬이게 된다. 또한 남의 의견을 참고하지 않는 똥고집에다 융통성이 없고 고지식하며, 경직되어 있고 소심하며, 지나친 도덕심과 잡념을 달고 살기 때문에 운이 약간 늦게 트이는 형이다.

좁은 명궁은 소견이 좁은 대신 섬세한 면은 있다. 미련이 나쁜 것만은 아니다. '미련이 담벼락을 뚫는다'는 말이 있다. 미련한 사람이 일을 시작하면 끈기가 있어 끝을 보기도 한다. 일에 집중하면 한눈팔지 않는다. 이런 점에서 매우 성실하며 대단한 노력파이다. 꼼꼼하고 섬세한 일, 오늘 내일 모레 계속 반복적이고 큰 변화가 없는 직종이 잘 맞는다. 대인관계에 진지함이 있다. 정신적으로 기댈 만한 누군가가 있어야 안심하고 힘을 내는 형이다. 그러나 배짱과 기개가 부족하고 통솔력과 사교성 또한 그리 좋지 못하다. 조그맣고 잔잔한 것까지 세심하게 체크하여 실수가 적다.

명궁은 손가락 두 개를 붙인 정도의 거리가 적당하다. 미간을 찡그리고 있는 사람은 마음이 항상 고달프고 세상을 부정하며 산다. 시력 때문이든 심리적 이유 때문이든 개선하지 않으면 남까지도 불쾌하고 기분을 상하게 할 수 있다. 당연히 자신도 좋은 운과 복을 받지 못한다고 본다. 이럴 경우 눈썹의 털을 뽑거나 밀기를 추천한다.

넓이는 위에서 말했듯이 손가락 두 개 정도의 거리가 적당하다. 이렇게 명궁을 열어주면 막혔던 운세 또한 열린다. 단, 눈썹 털은 뽑아도 계속 나기 때문에, 꾸준히 뽑아주는 노력이 필요하다. 사람을 반갑게 만날 때 눈썹 사이의 명궁을 펴주는데 그게 반복되면 그 부위를 운동시키는 결과를 낳고 명궁에 탄력과 살집이 두꺼워진다. 그러면 바로 복이 들어오는 문이 된다.

미간 사이를 빽빽히 메운 눈썹, 거뭇거뭇 콧수염이 자리한 인중, 고집스럽게 꽉 다문 입술, 정면을 응시하는 꼿꼿한 눈빛의 자화상. 프리다 칼로는 자신의 운명을 미리 내다보기라도 한 것일까? 눈썹과 눈썹 사이가 좁다 못해 거의 붙다시피 한 경우, 이는 눈썹의 털이 명궁을 덮고 있는 것으로 상당히 안 좋다. 명궁이 막히면 운명이 막힌다. 돌아오기 싫었을 만큼 고통으로 가득했던 삶이었지만 아무것도 이룰 수 없고 아무것도 가질 수 없는 그녀의 불행한 삶이 명궁에 고스란히 남아 있지 않았나 생각된다.

반면, 재클린 케네디는 결혼 후 남편의 정치 활동을 내조하였으나, 남편의 병력과 여성 편력으로 관계가 원만하지는 않았다. 1961년 남편이 대통령에 취임하면서 30대 초반에 영부인이 되었다. 우아한 기품을 가진 젊은 퍼스트 레이디로서 미국뿐 아니라 외국에서도 큰 인기를 얻었으나, 1963년 남편이 살해당하여 34세에 미망인이 되었다.

존 F. 케네디 사망 후 미국인들은 그녀가 남편의 죽음을 애도하면서 조용히 두 자녀를 키우며 살아가는 미국의 영원한 퍼스트 레이디가 되어주기를 바랐다. 그러나 그녀는 1968년 그리스의 부호 아리스토틀 오나시스와 재혼했다. 그러나 결혼생활에 행복을 느끼지 못하고 이혼 소송 절차를 밟던 중 1975년 오나시스가 사망하여 다시 미망인이 되었다.

이후 사회에 진출해 출판 관련 일을 하였다. 뉴욕에서 저술 활동과 자선 사업을 하며 지냈고 벨기에 출신의 보석상 모리스 템펠스만과 교제를 시작했다. 이들은 결혼하지 않고 뉴욕의 고급 아파트에서 함께 살았다. 미국의 퍼스트 레이디였던 그녀는 어떻게 이렇게 자유롭게 재혼과 연예를 할 수 있었을까?

　바로 그녀의 명궁을 떠올리면 쉽게 이해할 수 있다. 그녀는 자유로움을 추구하는 기질이고. 자유분방한 삶을 추구하며 남자를 어려워하지 않는다. 사교적이고 개방적이며 사람들과 어울리는 것을 좋아한다. 예측 불허의 행동도 할 수 있고 파격적인 결혼도 할 수 있는 것은 그녀의 유난히 넓은 명궁 때문이다. 스케일이 크고 성격이 시원시원하면서 낙천적이다. 그야말로 사교에 능숙해서 일을 잘 만들고 사람을 잘 사귀어 일찍 성공하는 유형이다.

　틀 안에 갇혀 있는 것을 싫어하는 나머지 주변의 질서를 무시하고 제멋대로 행동하는 경향이 있어 주변 사람들을 늘 당황시키기도 한다. 조직 능 틀에 얽매이기를 싫어하거나 책임감·질서·도덕심 결여, 사람 좋다는 등의 평을 듣기도 하지만 맺고 끊는 걸 잘 못하고 결단력이 부족하다. 도량이 넓고 사물을 보는 관점이 여유가 있으며 윗사람을 좋아하고 큰일을 떠맡게 된다. 경계심이 없고 사소한 것에 얽매이지 않으며 뛰어난 재능을 가졌기에 사람을 자연스럽게 끌어들이는 매력이 있다. 눈썹을 그릴 때 앞머리를 안쪽으로 약간 당겨서 그리고 앞쪽은 약간 진하게 뒤쪽은 조금 연하게 그리면, 흐릿한 느낌이 없어지고 또렷한 인상으로 타인에게 인정받는다.

활짝 웃는 긍정적 감정을 나타내는 표정은 눈썹 사이 명궁이 넓어지며 펴진다. 슬픔, 짜증, 분노 등 부정적 감정을 표현할 때 얼굴에서 가장 뚜렷하게 차이가 나는 부위가 명궁이다. 한 사람의 명궁을 보면 긍정적 감정을 많이 느끼면서 살았는지 아니면 부정적 감정을 많이 느끼면서 살았는지를 알 수 있다. 항상 명궁을 펴서 웃는 얼굴을 만들자.

04

마크 저커버그의
성공 이마

미국 기업가이자 소프트웨어 개발자인 마크 저커버그. 세계에서 가장 큰 소셜 네트워크 서비스(SNS) 페이스북(Facebook)의 공동 설립자이자 회장 겸 CEO로서, 차세대 디지털 거인을 대표하는 인물이다.

1984년 미국에서 태어난 마크 저커버그는 치과 의사 아버지와 정신과 의사 어머니 밑에서 유대교적 교육을 받고 자랐다. 중학교 때부터 아버지에게 프로그래밍 언어를 배웠고 집 근처의 머시 칼리지 대학원에서 관련 수업을 청강할 정도로 프로그래밍을 좋아했다. 이후 아버지 사무실 직원들의 커뮤니케이션을 돕는 애플리케이션을 고안하기도 하고 게임을 만드는 등의 열정을 보이면서 페이스북 탄생의 전조를 알렸다.

하버드대학교 입학 후 마크 저커버그는 기숙사의 얼짱 여학생 사진을 자신이 만든 사이트에 올려놓고 누가 더 매력적인지 투표하는 '페이스매시(facemash)'라는 사이트를 만들었다. 인기를 끌자 그는 지금 페이스북의 모태인 '더페이스북닷컴' 서비스를 실시했다. 2004년 친구들과 함께 하버드대학교 학생들끼리 연락처를 공유하고 인맥을 관리하는 서비스인 페이스북을 만들었고, 스탠퍼드대학교·컬럼비아대학교 등 미국 전역 대학으로 가입 대상을 확대시켰다.

'더페이스북닷컴'은 서비스 출시 2주 만에 전체 학생 중 절반 가량이 가입하는 폭발적 반응을 보였다. 마크 저커버그는 함께 서비스를 만든 룸메이트 더스틴 모스코비츠, 크리스 휴스턴과 함께 본격적으로 페이스북을 창업했다. 이후 2005년에는 1,270만 달러라는 거금을 투자받았고 이후 모든 사람이 페이스북에 가입할 수 있는 서비스를 내놓았다.

2006년 〈뉴요커〉와의 인터뷰에서 마크 저커버그는 프로그래밍뿐만 아니라 서양 고전 연구에도 관심이 많음을 드러냈다. 심리학을 공부한 이유에 대해 그는 "사람들이 가장 흥미를 가지는 것은 다른 사람들이기 때문"이라고 답했다. 페이스북이 커뮤니케이션 혁명을 일으킬 수 있었던 것은 바로 마크 저커버그의 인문학 DNA 덕분이다.

세계 최대의 소셜 네트워크 서비스인 페이스북을 만들고 현실과 가상 세계를 하나로 만들고자 하는 그의 포부는 지금까지 진행 중이며 전세계가 이 젊은이를 주목하고 있다. 시사 잡지 〈타임〉이 선정한 2010년 올해의 인물로 뽑혔는데, 1927년 대서양을 횡단한 찰스 린드버그 이래 최연소 선정이다. 마크 저커버그의 재산은 69억 달러(약 7조 9,000억 원)로 〈포브스〉의 평가에 따르면 세계 35위다.

마크 저커버그는 말했다.

"당신이 진짜 하고 싶은 것을 한다면 모든 것은 쉬워진다."

자기가 진짜 하고 싶어 하는 일을 하며 30세 이전에 창업해 일찍 성공가도를 달린 이 청년 재벌의 얼굴 어디에 성공 비결이 있는지 읽어보자.

마크 저커버그의 얼굴은 정면이 약간 길면서 폭이 좁다. 물론 동양인에 비해 서양인의 얼굴 폭이 좁기 때문에 서양인을 기준으로 보자면 좁다고 할 수는 없다. 사생활을 나타내는 측면 얼굴은 볼록형으로 자신이 하고 싶은 일은 적극적으로 활동했을 것이다.

이마는 초년운, 조상과 부모의 덕을 나타내는 두뇌 부분으로서 논리적 사고력, 이해 지능, 직관력, 관찰력 등을 볼 수 있다. 부모의 자리를 말해주는 일각과 월각이 좋아 부모의 관심과 사랑을 듬뿍 받으며 자랐음을 알 수 있다. 이마는 그 사람의 성격과 사상이 담겨 있는 부분인데, 그의 이마는 시대의 흐름을 빨리 읽어내고 빠른 판단력과 직관력으로 사업에 성공을 이룰 수 있게 한다. 이마 부위에 해당하는 뇌 부위는 전두엽으로, 뇌의 3분의 1을 차지하는데 주로 판단하고 학습하는 등 사고를 담당한다.

특히 마크 저커버그는 이마가 넓어 논리적 사고력과 창의력, 문제 해결 능력이 뛰어나다. 이마 하부가 발달해 있고 미골, 즉 눈썹뼈가 두툼해서 난관에 부딪혔을 때 돌파력이 뛰어나 어떠한 시련도 극복하는 정신력이 대단하다. 감각적이고 감수성이 매우 뛰어나다. 예술적 감각이나 문학적 감각 또한 탁월하다. 사물에 대한 추리 능력이나 분석 능력이 탁월하고 기억력도 매우 뛰어나다. 진취적이고 매사 강한 돌파력과 의지로 밀고 나가는 유형이다. 상식이 풍부하고 사물에 대한 연구나 관심이 타인보다 폭넓다. 부모에게서 재산을 물려받아도 만족하지 않고 자신의 힘으로 사업을 일구어내는 적극성을 발휘한다.

약관의 나이에 페이스북을 창업해 단기간에 세계적 기업으로 성장시킨 그는 적극성과 집념의 소유자이다. 그의 넓은 이마와 솟은 미골은 부모로부터 물려받은 재산 없이 스스로 성공 근육을 만들어 세계적인 갑부가 되었다고 할 수 있는 자수성가형이다.

05

희망의 셰프 제프 핸더슨의
마음경영

"핸더슨 피고에게 징역 235개월을 선고한다."

"Shit. Oh my god."

제프 핸더슨은 자신도 모르게 두 손으로 얼굴을 감싸 쥐었다. 19년 7개월이라는 징역을 선고받은 제프 핸더슨 뒤에서 가족들은 서로 부둥켜안은 채 흐느꼈고 울부짖었다. 당시 상황에 대해 제프 핸더슨은 이렇게 고백했다.

"나는 더 이상 내가 어디로 가는지 내 앞에 무엇이 놓여 있는지 알 수 없었다. 내 앞날이 어떨지 상상도 할 수 없었다."

24세 되던 해 마약 밀거래 죄로 체포되어 235개월 형을 선고받은 제프 핸더슨은 LA 사우스 센트럴의 가난한 흑인 동네에서 유년 시절을 보냈다. 그는 어린 시절 부모의 이혼으로 홀어머니와 어렵게 생활하였다.

10대 시절 샌디에이고로 이사하면서 마약 세계에 발을 들여놓았는데, 암흑의 제왕으로 불릴 정도였다. 20세 무렵 마약을 조제해 팔아 일주일에 거금 4만 달러를 버는 샌디에이고 최고의 마약 밀거래 딜러가 되었다. 마약 밀거래로 체포되어 교도소생활을 하던 어느 날 제프 핸더슨은 청소를 게을리했다는 이유로 재소자들이 가장 꺼리는 교도소 내 주방 설거지 일을 배정받게 되었다. 그것은 하루 여덟 시간 매끼마다 1,500명 몫의 그릇을 닦는 일이었다. 하지만 제프 핸더슨은 이 일을 계기로 자신의 꿈을 발견하게 되었다. 바로 요리의 세계에 눈을 뜨게 된 것이다.

어깨 너머로 본 요리법을 공책에 적어두었다가 외우고 신문에 소개된 요리사들 이야기를 읽으며 잠 못 이루기를 여러 해, 그는 변하기 시작했다. 뜨거운 증기에 살갗이 갈라질 때, 방탕했던 예전과 지금이 비교되면서 그동안 저지른 잘못들 때문에 고통을 느끼기 시작했다. 이때부터 그는 세계 최고의 요리사가 되기 위해 요리를 배우며 새로운 인생을 설계하기 시작했다.

복역 10년을 감형받아 교도소생활을 마치고 1996년 출소한 제프 핸더슨은 LA의 한 레스토랑에 취직해 접시닦이로 일을 시작했다. 설거지를 하는 틈틈이 조리부 허드렛일을 지원한 끝에 주방에 들어가 어깨 너머로 요리를 배웠다. 이후 메리어트 호텔, 리츠칼튼 호텔 등의 주방을 거치며 고급 요리 경력을 쌓아 자신의 꿈을 차근차근 실현해나갔다.

주방 일을 시작한 지 채 5년이 되지 않아 마침내 제프 핸더슨은 라스베이거스 시저즈팰리스 호텔의 최초 흑인 총주방장이 되었다. 마약 밀거래 딜러에서 전과자로, 최고의 요리사로! 인생 역전의 주인공 제프 핸더슨. '불가능은 없다! 세상에 오르지 못할 나무는 없다!'는 것을 몸소 보여준 희망의 증인에 다름 아니다.

죄수 시절 제프 핸더슨의 얼굴과 현재의 얼굴을 보더라도 현저하게 차이가 난다. 상이 바뀐 것이다. 희망을 가지고 열심히 노력하면 얼굴도 차츰 좋은 쪽으로 바뀌는 것이다. 인상 중에 최고의 상이 심상(心相)임을 방증하는 사례다.

상해임시정부의 주석 백범 김구 선생은 17세인 1892년, 조선에서 마지막으로 실시된 과거에 응시했다. 집안을 멸시하던 양반들을 압도하고 평생의 한이었던 상민이라는 굴레를 벗어나고 싶어 오랫동안 공부에 전념했다. 돈이 없어 과거를 치를 동안 먹을 좁쌀을 등에 지고 주막에도 들지 못하고 아버지 지인의 집에 숙소를 정해도 희망에 부풀었다. 하지만 정치가 극도로 부패하여 돈으로 장원급제자를 결정하던 시절이라 실력에 관계없이 매관매직이 판친 부패한 조선의 과거 시험은 형식뿐이었다. 시험도 보기 전에 이미 장원을 비롯한 합격자가 정해져 있었다.

그는 과거 공부에 대한 미련을 단호히 버리고 풍수와 관상을 공부하기로 인생 방향을 바꾸었다. 그는 석 달 동안 두문불출하며 거울 앞에서 자기 얼굴을 보며 책을 한 줄씩 읽어갔다. 그런데 어느 한 군데도 부귀한 좋은 상은 없고 천하고 가난하고 흉한 상뿐이었다. 형편없는 관상이었다. 가난과 살인으로 감옥살이를 할 상이 아닌가!

'이렇게 나쁜 관상을 가지고 누구의 관상을 봐준단 말인가?'

탄식하며 책을 계속 읽어가던 중 중국의 마의선사가 쓴 관상책《마의상법》에서 운명을 바꾸는 구절을 만났다. 그 구절은 마의선사의 경험에서 비롯된 것이었다.

하루는 마의선사가 시골길을 걷고 있는데 나무를 하러 가는 머슴의 관상을 보았다. 죽음의 그림자가 드리워진 모습이었다. 마의선사는 그 머슴에게 "얼마 안 가서 죽을 것 같으니 너무 무리하게 일하지 말라"고 당부했다. 그 머슴은 낙심하여 하늘을 향해 탄식하며 계곡물을 보고 있는데, 나뭇잎에 매달려 떠내려오는 개미 떼를 보았다. 머슴은 자신과 같은 처지라는 연민의 정을 느껴 개미 떼를 살려주었다. 며칠 후 마의선사는 그 머슴을 마주하게 되었는데, 이게 웬일인가! 그의 얼굴에 어려 있던 죽음의 그림자는 사라지고 어찌 된 일인지 젊은이의 상이 귀하게 바뀌어 있었다. 마의선사는 그 젊은 머슴이 개미 떼를 구해준 이야기를 듣고 크게 깨달아 이미 완성된《마의상법》마지막 장에 아래의 구절을 다시 추가했다고 한다.

相好不如身好(상호불여신호, 얼굴 좋은 것이 몸 건강한 것만 못하고)

身好不如心好(신호불여심호, 몸 건강한 것이 마음 착한 것만 못하며)

心好不如德好(심호불여덕호, 마음 착한 것이 덕성이 훌륭한 것만 못하다)

김구 선생은 그 후 깨달음을 얻어 '觀相不如心相(관상불여심상)', 즉 "관상이 아무리 좋아도 마음 씀씀이보다는 못하다"는 유명한 말을 남겼다.

부와 명예가 없는 천하고 흉한 관상의 그는 이후 운명에 굴복하지 않고 자신만을 위한 삶에서 벗어나 나라와 민족을 위한 삶을 살았다. 그의 생활 신념 덕분에 그는 오늘날 우리가 가장 존경하는 위인으로 우리 가슴속에 살아 있다. 이처럼 관상이란 마음먹기에 따라 변하는 것이다. 관상이 아니라 심상이 제일이다.

공자도 "사람 얼굴은 배 속에서 나올 때 부모가 만들어준 것이지만 그다음부터는 자신이 만들어가는 것이다"라고 하였다. 마음이 곱고 심성이 착하고 남에게 배려하고 베풀어 덕성을 쌓으면 사람의 관상은 은은하고 편안하게 변한다고 한다. 그래서 선하게 살면 해맑은 얼굴로 꽃 피고 세상을 불편하게 살면 어두운 얼굴로 그늘이 진다. 마음의 거울이 바로 얼굴이기 때문이다.

제프 핸더슨은 혼자만의 성공에 멈추지 않고 교도소의 10년과 바꾼 값비싼 인생의 가르침을 적극적으로 나누고 있다. 그와 비슷한 배경을 지닌 청소년들을 직접 찾아다니며, "너희에게는 잠재력이 있다. 너희는 특별하다. 정열적으로 네 꿈을 좇아라"라고 강조한다.

세계 최고의 요리사가 되기 위한 몸부림 속에서 어두웠던 과거를 뒤로하고 건강하고 진취적인 인생을 새롭게 만들어가고 있는 제프 핸더슨! 그야말로 자신의 인생을 멋지게 얼굴경영한, 진정한 세계 최고의 셰프가 아닐까?

06

빈센트 반 고흐의
잘린 귀

빈센트 반 고흐는 세상에서 가장 불행한 인생을 살았던 사람이라고 할 수 있다. 27세 나이로 남들보다 늦게 그림을 시작했고 권총으로 생을 마감한 37세까지, 실제로 화가로서 보낸 시간은 그리 길지 않았다. 그 기간 동안 고흐는 900점에 가까운 작품들을 탄생시켰다. 특히 죽기 전 70일 동안 무려 70점의 걸작을 탄생시켰는데, 아이러니하게도 살아생전에 그림 단 한 점, '붉은 포도밭'만이 팔렸다고 한다.

평생을 지독히 가난하게 살았던 고흐, 여자 복도 없어서 임신한 매춘부와 함께 동거하다가 생활비를 대지 못하여 여자를 버리고 시골 마을로 도망갔다. 그림은 미술관은커녕 서민들이 많이 가는 허름한 식당에 전시했으며, 죽기 직전까지 지독한 가난에 시달렸다. 살아생전에 오랜 친구라고는 친동생 테오뿐이었다. 사람들은 고흐가 세상을 떠나고 나서야 그의 작품 가치를 인정했다.

1887년 고흐는 폴 고갱을 만났고, 두 사람은 화가로서 친구로서 특별한 우정을 쌓아갔다. 1888년 고흐는 자신의 아를 작업실로 온 고갱을 위해 특별한 준비를 했다. 작업실을 노란 해바라기 그림으로 꾸미기로 한 것이다. 당시 고흐가 동생 테오에게 보낸 편지에는 이런 내용이 있다.

'고갱이 우리 작업실로 온다고 하니 작업실을 장식하고 싶어졌다. 오직 해바라기로만 말이다. 꽃은 빨리 시들어버려서 나는 매일 아침 해가 뜨자마자 그림을 그리고 있단다.'

고흐는 화가이자 친구 폴 고갱을 몹시 좋아했고 그와 함께 살았다. 고흐가 귀를 자른 이유에 대해 사람들은 고갱과의 불화를 든다. 고흐가 귀를 자른 시점이, 고갱이 그와 다투고 아를의 노란 집을 떠난 직후이기 때문이다. 화가 공동체를 꿈꾸던 고흐에게 유일한 동반자일 것 같았던 고갱이 떠나자 고흐의 절망은 이루 말할 수 없었다. 그 절망과 이후에 올 외로움에 대한 두려움을 이기지 못하고 귀를 잘랐다는 설이다. 자화상을 그리던 중, 고갱과의 의견 차이로 귀를 잘랐다는 설도 있다. 고갱이 고흐의 자화상과 실제 귀의 모양이 다르다는 지적을 했고 계속 고쳐 그렸지만, 이 또한 마음처럼 되지 않아 잘라버렸다는 것이다. 또 하나는 정신병적 이유를 드는데, 오랫동안 앓았던 메니에르병(난청과 이명을 동반한 병) 때문에 낮과 밤을 가리지 않고 귀가 윙윙거리니까 자신의 귀를 잘랐다는 설이다.

'별이 빛나는 밤에'에서 고흐가 겪은 고통을 유추할 수 있다. 고흐는 별빛이 마치 소용돌이치듯이 밤하늘에서 빛나는 모습을 멋있게 표현하였다. 그러나 이 그림은 고흐가 실제 회전하는 어지럼증을 겪었기 때문에 표현할 수 있었다고 한다.

당시 고흐를 죽음으로 몰고 간 요인 중 하나는 '압생트'라는 독주였다. 이 술은 알코올 도수 70~80%인 데다가 환각 작용까지 일으켜 19세기 화가나 시인들이 많이 즐겼다. 드가, 보들레르, 랭보 등도 즐겨 마셨다고 한다. 고흐가 바로 이 술에 중독되어 귀를 잘랐다는 설도 있다.

평소 고갱은 하루에 한 작품씩 그림을 그리는 고흐에게 질투심을 느끼고 있었다. 당시 고흐는 술집 여주인을 좋아하고 있었는데, 어느 날 고흐와 고갱이 함께 그 여주인의 그림을 그리게 되었다. 고흐는 술집 주인을 아주 고고하게 그린 반면, 고갱은 그녀를 술집 작부로 적나라하게 묘사했다. 고흐는 자신이 사랑하는 여인을 작부로 묘사한 고갱에게 분노했다.

당시 고흐는 미쳐가고 있었다. 가까운 사이지만 자신을 질투하는 친구 고갱과 아무리 열심히 그려도 팔리지 않는 자신의 작품들, 그리고 평소 갖고 있던 간질과 우울증이 그를 덮쳤다. 그런 상황에서 성탄절을 앞두고 고흐와 고갱은 심한 말다툼을 벌였고 고흐는 발작에 휩싸여 자신의 귀를 잘라버렸다. 그리고 자른 귀를 술집 작부에게 선물로 건넸다.

결국 고흐는 스스로 정신병원에 입원하고, 충격을 받은 고갱은 아를을 떠났다. 그 뒤 고흐는 '까마귀 나는 밀밭'을 그리고 나서 4일 만에 권총 자살로 삶을 마감했다.

평소 눈에 띄지 않았던 귀가 불만이 생기거나 불신이 강해지면 눈에 들어오는 이유는 무엇일까? 귀는 상대가 말하고자 하는 바를 이해하기 위해 의식을 집중하는 부분이기 때문이다.

인상학적으로 귀는 채청관(采聽官)에 해당해 소리를 잘 경청하는 기능을 가진다. 때로는 귀로 인생을 읽기도 한다. 귀가 유년 시절의 성장 과정을 알려준다고 했다. 귓바퀴가 고르게 둥글고 귓불이 도톰하게 달라붙어 있으면 어린 시절 좋은 가족관계 속에서 가정교육을 잘 받고 자랐다고 보면 된다. 귀의 연골조직이 튀어나오면 순응적이지 않고 개성이 강한 편이다. 귀는 얼굴 정면이 아니라 측면에 위치해 앞에서 볼 때 잘 보이지 않고 클수록 좋은 귀의 상이다. 이러한 귀는 경청 능력이 탁월하며, 할 말을 가려서 하는 타입이다.

사람들은 똑같은 요구라도 자신의 말을 잘 들어주는 사람의 요구를 더 수용하는 심리적 특성이 있다. 말을 잘 들어준다는 것은 상대에 대한 이해의 폭이 넓다는 장점과 상통한다. 나와 대화하는 상대가 내 입장을 이해하고 공감해준다면 마음은 자연히 열리게 되어 있다. 이렇듯 인간 관계는 듣기만 잘해도 풀리는 문제가 많고도 많다. 말을 잘하는 것보다 남의 말을 들어주는 것이 훨씬 어렵다.

사람의 마음을 움직이는 귀는 대인관계에서 중요한 부분이다. 고흐는 친구라고 믿었던 고갱이 자신을 진심으로 이해해주지 않고 자신의 이야기를 들어주지 않자, 귀가 몹시 거슬렸던 것은 아닐까? 귀로 말하는 방법이란 결국 다른 사람의 말을 경청하고 내부에서 울리는 자신의 목소리를 듣는 것이다.

사람의 마음을 움직이는 무기로 입을 택할 것인가, 아니면 귀를 택할 것인가? 인생을 살아가는 데 몹시 중요한 선택이 아닐 수 없다.

고흐는 아주 많은 자화상을 남겼다. 자화상을 그리면서 끊임없이 자기 자신을 비쳐보았던 것 같다. 절친한 친구와의 불화, 정신질환과 자해 행위, 그리고 약물 부작용으로 고통을 겪다 간 천재 화가 고흐. 그렇게 힘들게 그린 그림이 지금 와서 최고로 비싼 가격에 팔린들, 고흐에게 무슨 소용이란 말인가!

끌리는 얼굴에 숨겨진 비밀

페이스 리딩

초판 1쇄 인쇄 2015년 10월 5일
초판 1쇄 발행 2015년 10월 15일

지은이 | 김서원
펴낸이 | 전영화
펴낸곳 | 다연
주　소 | 경기도 파주시 문발로 115, 세종출판벤처타운 404호
전　화 | 070-8700-8767
팩　스 | 031-814-8769
메　일 | dayeonbook@naver.com

본　문 | 미토스
표　지 | 오몽

ⓒ 김서원

ISBN 978-89-92441-69-8 (03320)